QUE VIENNENT LES ÉTOILES

QUE VIENNENT LES ÉTOILES

Regards et attentes... avec Benoît Lacroix

Conversations avec Simone Saumur-Lambert et Pierrot Lambert

FIDES

Nous remercions le père Denis Gagnon, o.p., qui a relu le texte de ces entretiens et nous a formulé des commentaires fort utiles.

L'éditeur tient à remercier monsieur Bernard Descôteaux, directeur du quotidien *Le Devoir*, pour son aimable autorisation de reproduction des éditoriaux du père Benoît Lacroix.

En couverture
Photo de Benoît Lacroix : © Martine Doyon, 2012
Ornement : © enderstse/iStockphoto

Conception de la couverture : Gianni Caccia
Mise en pages : Yolande Martel

Catalogage avant publication de Bibliothèque et Archives nationales du Québec et Bibliothèque et Archives Canada

Lacroix, Benoît, 1915-

Que viennent les étoiles : regards et attentes... avec Benoît Lacroix

ISBN 978-2-7621-3095-9 [édition imprimée]
ISBN 978-2-7621-3300-4 [édition numérique PDF]
ISBN 978-2-7621-3387-5 [édition numérique ePub]

1. Lacroix, Benoît, 1915- – Entretiens. 2. Vie spirituelle.
3. Théologiens – Québec (Province) – Entretiens.
4. Dominicains – Québec (Province) – Entretiens.
I. Lambert, Pierrot. II. Saumur-Lambert, Simone. III. Titre.

BX4705.L234A5 2012 230'.2092 C2012-941502-2

Dépôt légal : 3e trimestre 2012
Bibliothèque et Archives nationales du Québec

La maison d'édition reconnaît l'aide financière du Gouvernement du Canada par l'entremise du Fonds du livre du Canada pour ses activités d'édition. La maison d'édition remercie de leur soutien financier le Conseil des arts du Canada et la Société de développement des entreprises culturelles du Québec (SODEC). La maison d'édition bénéficie du Programme de crédit d'impôt pour l'édition de livres du Gouvernement du Québec, géré par la SODEC.

IMPRIMÉ AU CANADA EN SEPTEMBRE 2012

I LA BRUNANTE

II LES VISITEURS DU SOIR

III SOUVENIRS

IV LUEURS D'INFINI

I

LA BRUNANTE

Nous devrions partir d'une image pour parler de ce que vous vivez maintenant.

Je dirais : « la brunante ».

Oui, j'en ai vu, vécu, des soirs et des soirs et des nuits et des nuits.

La brunante. Le crépuscule, comme disent nos gros livres.

La « brune », comme l'appelle Musset, me fait tout de suite espérer le petit matin, qui lui ressemble, alors que la lumière va prendre le dessus. La brunante, et même si le mot risque de vieillir, appelle l'autre jour qui, finie la nuit, continuera la suite de la vie.

C'est tellement beau, la brunante.

La brunante m'impressionnera toujours. La brunante, c'est le jour en train de faire la paix avec la nuit. La lumière s'affaiblit comme pour permettre à la noirceur de prendre la relève.

La brunante a toujours été pour moi un temps d'espérance.

Prophétesse en plus : de ses variantes je devine la journée qui vient.

Si la brunante est un peu… troublée, mon père prédit : « Demain, c'est pas du temps clair. »

Si le brun s'attarde, tant mieux !

La lumière de fin d'après-midi… l'automne en particulier, nous donne de très belles heures. Mais vous, vous parlez de la période qui suit le coucher du soleil.

Quand le soleil s'endort sur le fleuve et que la montagne s'ennoircit, c'est l'heure où l'on se parle plus doucement. L'heure des bilans. Le temps des confidences. La fatigue. L'endormitoire.

Vous faites un lien entre le groupe d'âge auquel vous appartenez et cette image de la brunante sur le fleuve ?

Après le midi de la vie, après le démon du midi, ainsi que le nommaient les ascètes du désert, arrive, pour moi du moins, l'avant-nuit, l'heure inévitable du combat entre la lumière et les ténèbres. Liturgie cosmique. Quelques étoiles tremblantes qui ont très hâte de paraître… Ça me fascine encore.

Quand j'étais petit, dans le rang 3, et surtout l'hiver, j'étais certain que les étoiles nous invitaient à aller dormir… à la brunante.

Vienne la nuit. S'éteint peu à peu la brunante.

Silence. Paix parfaite.

Ce cycle naturel a un sens profond.

« Sainte nuit ! » chante la liturgie de Noël. Inimitable en un sens. Même avant de lire Péguy, la nuit me mystifie. Pourquoi ? À cause des étoiles, qui ne voyagent que la nuit. Davantage : à cause de son silence. « Les enfants, allez dormir et n'oubliez pas votre prière… »

Plus tard. il m'est arrivé de lire les poètes. Lequel n'a pas parlé de la nuit ? Ce joli titre d'un de nos grands, Alain Grandbois, *Les Îles de la nuit.*

C'est l'heure des enfants qui vont au lit, l'heure attendue de la politesse et de la gratitude, et du pardon pour les erreurs commises durant la journée. L'heure des amours qui rendent les sociétés vivantes et viables.

Ici, en ville, en 2012, il ne me reste de la nuit que le rêve et le bruit des autres.

Jamais la nuit ne m'a vraiment trompé. Il m'arrive encore de souhaiter mourir la nuit. Mystère de la nuit. Bienheureuse nuit !

Avez-vous des regrets d'être rendu en ville ?

Bien sûr, oui. Mais ce n'est pas absolu. J'aime ces liturgies domestiques – les vêpres – qui chaque soir au 2715, chemin de la Côte-Sainte-Catherine tendent à apprivoiser la nuit urbaine.

Comme chez les moines. Un verset psalmique merveilleux à dire avant d'aller dormir : « Je remets mon âme entre tes mains. » « Sainte nuit ! Nuit de paix ! »

On a souvent parlé de la vieillesse en termes de nuit. Mais vous n'êtes pas tellement d'accord…

Ah ! la manière dont on envoie les gens âgés à leur sort pour les faire vieillir le plus vite possible. Ces lieux de grand confort invitent à perdre les grâces de la vieillesse !

J'aurais mieux à raconter sur la vieillesse comme richesse de vie. « Vie montante », « le bel âge » ! L'âge de la mémoire sélective. L'âge des axiomes, des proverbes, des maximes, des mots de sagesse. Temps merveilleux pour réfléchir, lire, méditer, prier, voire étudier.

Mais, tout en notant les bienfaits possibles d'une solitude éclairée, il faut l'avouer : l'âge avance peut-être aussi le « carrefour des solitudes » (Ronsard).

Vous qui aimez les axiomes, quels sont ceux que vous préférez présentement ?

« Les vieilles rides font les plus beaux sourires. » « Au vieil arbre, les meilleurs fruits. »

« Cheveux blancs, couronne d'honneur », proclame la Bible.

Mais le soir, l'âge avancé, ont leurs côtés moins lumineux...

Le vieillard, de par sa nature physique et encore davantage s'il est lucide, ne peut que se questionner sur l'avenir de tous ces jeunes et moins jeunes sans travail, sans culture, enfants de parents séparés ou indignés. Tous ces jeunes, victimes des prédateurs sexuels. Tous ces orphelins. Sans oublier les enfants affamés de l'Afrique.

Vieux célibataire au chaud, entouré de frères, sœurs et confrères heureux, il m'arrive comme mon ancêtre saint Dominique au XIIIe siècle de m'inquiéter et aussi de me poser de graves questions sur la chance d'une situation privilégiée.

Est-ce que je dois me satisfaire de mon sort ou travailler davantage au bonheur des autres ?

Que vont devenir les autres qui vivent sans vraiment connaître les bienfaits d'une vie à la recherche du meilleur ?

La paix du soir, la sérénité d'un âge avancé est donc un temps de questionnement.

Bien que déjà nonagénaire, et nonagénaire avancé, vous vous questionnez encore sur le jour, le matin, la nuit, la brunante. Vous vous interrogez plus que jamais sur tout ? Ne risquez-vous pas d'être un éternel incertain ?

Pourquoi exister ? Et tout cet univers ? Et cet esprit qui nous habite ? Et ce destin propre à chacun, chacune ?

J'aime ces questions éternelles, si gauches soient-elles parfois. L'humanité tout entière depuis toujours incertaine cherche des réponses. Elle cherchera toujours.

Des incertitudes, l'univers en est plein. Pline l'Ancien l'a écrit dans son *Histoire naturelle* (Livre II, 7) : « La seule certitude, c'est que rien n'est certain ! »

Ça me rappelle que, dans mon enfance, à la ferme, nous vivions le plus souvent dans l'incertitude. Fera-t-il beau pour les foins, pour les sucres, pour le bétail à la grange ou au champ ?

Pas riches, nous ne rêvions pas de tout avoir ni d'être certains du lendemain.

Un mot résumait tout: «Nous, les habitants, c'est la terre qui nous mène… et elle sait quoi faire.» «Il y aura toujours du mystère dans l'air», disait papa.

Notre univers est un univers à mystères. Chacun, chacune de nous en est marqué.

Des incertitudes, la Bible en est pleine. Déjà Adam voulait tout savoir. Avoir des réponses toutes faites, c'est tellement plus rassurant. Mais la vérité? Toute la vérité?

Ce temps de la brunante comme vous l'appelez serait marqué par une spiritualité simplifiée avec l'âge.

Plus le temps va, plus la vie avance, plus il me faut constater que je ne possède ni passé, ni avenir, ni temps, ni pays, ni parents (tous décédés), ni frères, ni sœurs (tous décédés), ni même parfaite santé – toujours aussi fragile.

Alors les vieilles prières reviennent en surface. Toujours les mêmes. De plus en plus insistantes.

«Seigneur, donne-moi aujourd'hui le pain de ce jour.»

«Sainte Marie, prie pour moi maintenant.»

La chrétienté de notre enfance ne favorisait pas beaucoup la recherche personnelle. Notre foi s'est nourrie pourtant de notre liberté intérieure, au-delà des formules, des dogmes.

Danger des mots qui, à force de se répéter, nous éloignent de la réalité. Les mots ne sont que des mots. L'essentiel est ailleurs, plus loin, au-delà.

Le mieux est d'admettre que je ne sais pas tout, que je ne saurai jamais tout…

Un jour, j'ai médité sur les incertitudes de Marie de Nazareth. J'en ai même repéré une quinzaine.

Jésus de Nazareth semble avoir subi dans son humanité l'épreuve de ne pas tout savoir, ni aussi de tout dire ce qu'il savait.

Étrange !

Des lois ? Pour nous empêcher de penser ? Des dogmes ? Pour empêcher la contemplation du mystère ? Mais les dogmes ne seraient-ils pas aussi la réponse du ciel pour éclairer nos incertitudes et finalement les apaiser ?

Vous qui avez été prédicateur (frère prêcheur), qui avez donc affirmé la foi, vous accueillez maintenant le doute.

Plus j'affirme ma foi, plus je vois les limites de mes mots. Par exemple, je vois comment l'Église enseignante fonctionne. Tous ces dogmes qui ont fait sa réputation d'infaillibilité n'ouvrent-ils pas davantage sur le mystère de Dieu ? Dieu l'insondable ! Dieu caché ! Que faire de la seule récitation du Credo avec des mots venus d'ailleurs ? Ces mots sont aussi ceux de nos ancêtres croyants dont plusieurs sont allés jusqu'au martyre. Mots témoins ! Mots mystères. Comme nos mots pour dire l'amour.

Est-ce que le doute ne vient pas surtout du fait que maintenant on n'est plus une société totalement chrétienne … que les autres autour de nous pensent autrement…

Pierre Claverie disait : « Les musulmans m'aident à croire. » Eux, ils croient. D'une façon violente. Et ferme. Ils sont peut-être à la foi ce que les juifs sont à l'espérance messianique et ce que les chrétiens sont à l'amour.

Moi aussi, j'ai encore besoin des juifs, des musulmans, comme j'ai besoin des athées pour purifier ma foi et contrôler positivement mes doutes.

Pierre Claverie écrit aussi : « Rien de plus étranger à la foi musulmane que les débats de conscience ou l'angoisse de la recherche. Et si, par hasard, le doute venait entamer sa tranquille assurance, la communauté serait là pour rétablir l'ordre troublé en sanctionnant le transgresseur ou en accueillant à nouveau le repenti dans son sein nourricier[1]. »

Dans notre société, les autres nous incitent à douter. Mais pourquoi pas ? Les incroyants, ou les gens d'autres appartenances, introduisent la possibilité de plusieurs points de vue. Nous avons connu une société tellement plus unanime…

Unanimité de surface. Unanimité conventionnelle. Souvent la rencontre des autres demeure une grâce. De même, la découverte d'une nouvelle étoile. Les astrophysiciens que je lis saluent souvent leurs découvertes comme des chemins de connaissance. Non pas connaissance définitive mais connaissance en devenir.

J'aime ces savants à la manière d'Einstein et de Trinh Xuan Thuan. Loin d'être déshonorable, le mystère fait partie de leur vie. Tu ne sais pas tout. Tu ne vivras pas toujours. Donc, accepte les limites de l'existence… et de ton savoir. Le doute, la question, chemins des croyances « adultes ». Foi en devenir. Comme la vie.

Vous parlez des astrophysiciens. Nous lisons comme vous en ce moment Le Cosmos et le Lotus[2] *de Trinh Xuan Thuan… Pouvez-vous commenter ce livre ?*

Oh ! il est facile pour moi d'aimer ce livre, et pour plusieurs raisons. Son auteur est plein de sagesse, tout en délicatesse de mots et de sentiments. Il raconte son difficile parcours du Vietnam jusqu'en Amérique et en France. Grande simplicité de cœur et d'esprit. Si généreux. Je pourrais citer des pages et

1. Pierre Claverie (dominicain algérien, évêque d'Oran, assassiné en 1996, deux mois après les moines de Tibhirine), *Petite introduction à l'islam*, Paris, Éditions du Cerf, 2010, p. 17.

2. Paris, Albin Michel, 2011.

des pages. Tant d'amour pour l'humanité. Tant de respect pour la recherche scientifique en recherche continue.

J'adore quand il m'entretient de « l'immensité de l'univers », du sentiment ineffable de la connexion cosmique, ou encore du vide interstellaire, « des milliers de fois plus vide que ce qui nous entoure sur terre ». Il me parle de milliers d'années de civilisation déjà écoulés, il me parle des cent milliards de galaxies de l'univers observables… Je ne peux qu'être fasciné par le savant et par ce mysticisme bouddhiste qui se refuse à tout dogmatisme.

Votre attrait pour le bouddhisme ne date pas d'aujourd'hui. Ça nous intrigue. Vous en avez parlé à propos de Sénèque.

Depuis quelque temps, il m'arrive de rencontrer des Québécois qui eux aussi sont mordus de cette sagesse strictement orientale. Il m'arrive de fréquenter à l'occasion Émergence, un centre de méditation marquée davantage par l'hindouisme.

Personnellement, depuis la lecture et l'enseignement d'un certain Pseudo-Denys, écrivain grec anonyme (V^e^-VIe siècle), je réfléchis sur la beauté de l'univers dans son immensité, son interdépendance, et à cette communion avec le cosmos.

Pour toutes ces raisons, Trinh Xuan Thuan est devenu un auteur important de ma vieillesse. Pour vous convaincre, je cite la page 196 du *Cosmos et le Lotus* :

> La science a montré qu'elle pouvait agir sur le monde. Aujourd'hui, il n'existe plus de sphère de la vie humaine qu'elle n'affecte pas. Si nous sommes tous d'accord sur son rôle primordial, nous sommes pourtant beaucoup moins sûrs des critères à adopter pour guider ses applications. La science en soi est en effet incapable de nous conférer les qualités humaines nécessaires pour guider notre utilisation du monde. Ces qualités ne peuvent venir que d'une « science de l'esprit » ou spiritualité. Celle-ci est à même de nous éclairer dans nos choix moraux et éthiques afin

que nos connaissances servent le bien de tous. Loin d'être secondaire par rapport à la science, voire superflue, la spiritualité doit avoir partie liée avec elle.

La lumière que nous voyons a mis des millions d'années à arriver jusqu'à nous... Nous regardons une image d'un passé très lointain, sauf pour les planètes proches.

Pourtant, la lumière est championne de vitesse.

Vous voyez l'attrait de la science et en même temps les limites de notre compréhension.

Avez-vous déjà eu l'expérience, par exemple, de vous retrouver à côté du rocher Percé, qui est plus vieux que les Rocheuses, en voyant votre existence comme toute petite, mais à la fois légère et joyeuse ?

Le rocher Percé mystifie, mais il ne pense pas : il ne réfléchit pas. Nous sommes plus grands que lui, tout en nous sachant mortels. À Percé, l'océan est tout près. Proximité du mystère spatial. Lieu merveilleux pour l'approche du mystère. Existence du mouvement, de la vie, de la durée océanique. C'est exaltant, Percé.

Même devant ce qui dure beaucoup plus longtemps, beaucoup trop longtemps pour nos petites têtes...

Ce qui émerveille Pascal et parfois le désespère. Aujourd'hui, grâce à la science, tout devient mystère. Et moi, dès que je veux mieux connaître le monde, je deviens incertain. Cette incertitude vient de moi et non des choses.

Je veux tout savoir, je veux tout posséder. Je veux tout aimer.

Mais je sais bien que je ne réussirai jamais.

Il me faut m'accrocher à ce qui est réel aujourd'hui. Ça s'appelle poétiquement s'attacher à une étoile.

Si vous permettez, nous citerons une poète que vous aimez beaucoup. Hélène Dorion, dans Ravir : les lieux, *dit …*

> *Le temps avance sur ses propres traces*
> *Qu'il ne reconnaît pas. Un vieillard*
> *traverse la place qu'il croit déserte.*
> *Le présent court derrière sa mémoire*

Venait-elle de perdre un être cher quand elle a écrit ces jolis mots ?

Elle dit plus loin :

> *Obscure, dénudée*
> *parmi les ossements du siècle*
> *la marée s'agrandit*

« Les ossements du siècle », c'est intéressant ! Hélène Dorion dit aussi :

> *« ce monde en friche file droit sur les falaises du passé ».*

Pour elle le monde est en devenir. Donc il est en friche. C'est juste. Cette poétesse qui n'en finit pas de réfléchir est à sa manière, je dirais exemplaire, comme Saint-Denys Garneau, poète et philosophe.

Et une dernière citation :

> *d'aubes en crépuscules*
> *de chair et d'os, le corps*
> *craquelle, dans les mains*
> *le sable ronge les pierres*

Une image de la durée… Est-ce que vous pensez à votre empreinte sur le monde ?

Vous ne sculptez pas votre statue…

J'aime cette allusion à Plotin. Personnellement, je suis comme en extase devant ces propos.

D'autre part, je n'ai jamais pensé être un Fernand Dumont, ou un Pierre Vadeboncoeur.

J'ai d'immenses limites. Récapitulateur d'idées, je ne deviendrai jamais un « maître » à penser.

Pas plus qu'un animateur de soirée n'égalera l'artiste qui amuse.

Est-ce que votre maladie récente[3] *(une embolie pulmonaire, début août, puis une phlébite après une semaine) vous a inspiré des idées nouvelles ?*

Oui, et d'abord avec un peu de culpabilité : ces malaises, je les ai préparés, je les ai provoqués en évaluant mal mes forces. Écouter les deuils de celui-ci, préparer les funérailles d'un ami, courir visiter J. aux soins palliatifs, préparer un dossier d'étudiant, c'est beaucoup, j'en conviens.

C'est trop.

Ça ne marchait plus…

J'ai appelé une amie qui est médecin.

Elle m'a dit : « L'hôpital tout de suite. » À l'urgence, trois jours, trois nuits. C'est long, mais avec de si bons soins que tu oublies tes malheurs.

Vous étiez très sollicité ces derniers temps.

J'ai la réputation d'être un peu facile à tous égards et de ne pas savoir dire non. Témérité ? Générosité ? Vanité ? Qui sait ?

Trop à faire.

Mon supérieur m'a obligé finalement à m'absenter. J'ai protesté, pour concéder finalement au-dedans de moi qu'il avait raison. « Lacroix, tu n'es pas essentiel. »

Vous aviez déjà raconté il y a quelques années un épisode d'hospitalisation. Vous disiez que vous aviez appris des choses sur vous-même. Aviez-vous encore des choses à apprendre ?

3. En 2010.

Non, je n'irai pas souhaiter à tout le monde d'être malade au point de passer par l'hôpital. Il reste que ce peut être un moment de vérité très intense.

Un moment d'humilité aussi. Je me croyais déjà, plus jeune, devenir presque nécessaire. Tout à coup, rien. L'humanité marche comme avant. Même mieux.

Il y a un détachement...

Oui.

Et en même temps une volonté de vivre...

La volonté de vivre en même temps que le détachement.

Ça m'a surpris de voir jusqu'à quel degré j'étais prêt à continuer, autant qu'à partir.

Ce que j'ai aimé en tout ça, ça a été de retrouver l'essentiel de la vie.

L'essentiel, c'est-à-dire ?

Ta vie, tu la donnes, comme font les parents – certains grands-parents. Moi qui ai animé tant de baptêmes, j'ai vu des parents tout donner aux enfants, toujours les plus beaux du monde...

Je me dis qu'eux, ils l'ont, la solution : ils donnent leur vie. Non pas en spectacle, mais confidentiellement, quotidiennement. Vrai amour ! Vrai bonheur ! Plus vrai de donner que recevoir !

Je dois imiter ces couples amoureux de leurs enfants.

Vous parliez de l'essentiel. Quels sont vos ports d'attache ? Votre repère préféré ?

L'essentiel, moi, tout de suite, mon repère témoin préféré est nul autre que Jésus de Nazareth, Jésus itinérant heureux sur les routes de la Galilée et de la Judée. Jésus douloureux, Jésus flagellé, Jésus revivant, Jésus revu à Emmaüs.

Psychologiquement, l'essentiel c'est, comme diraient mes amis les stoïciens, l'acceptation froide du réel. Le bonheur premier est dans l'acceptation et non pas dans la lutte pour diminuer le déjà-arrivé. Oui, sois toi-même, deviens toi-même, à mesure que l'avenir te propose une autre réalité. Certains mystiques vont jusqu'à parler de saint abandon.

Avec l'âge, j'ai découvert que l'essentiel de ma vie, c'est peut-être et toujours donner. Cela ne me diminuera pas. Au contraire, tu grandis en donnant, beaucoup plus en donnant qu'en recevant.

Je l'ai vérifié en rencontrant des gens, voire des amis proches, qui s'occupent d'un parent atteint de la maladie d'Alzheimer. Ils sont à la fois prisonniers, libérés et gratifiés par le don qu'ils font à leur manière pour accompagner l'autre. L'essentiel est là, vrai, difficile, le don de soi… qui est l'essentiel de la vie.

Revenons à nos ports d'attache. Quand vous vous sentez, par la maladie, obligé de jeter du lest, qu'on vous oblige à vous détacher, à laisser tomber votre programme, vous perdez vos repères habituels. Il y a d'autres repères plus fondamentaux qui réapparaissent…

Première réaction, je proteste en dedans de moi. Je suis encore capable, capable d'officier à mes tâches habituelles… après quelques heures de repos. « Les gens m'attendent. Les amis aussi, la famille… »

D'autre part, si j'étais un saint, je devrais à la lettre et sans broncher obéir à mes supérieurs religieux, qui me demandent de tout cesser. La chance de devenir un saint obéissant selon la méthode ignacienne. Mais je suis religieux selon saint Dominique. Oui, je me dois de respecter mon supérieur, d'écouter son ordre, puis de délibérer avec ma conscience pendant que le médecin délibère avec mon corps.

Finalement j'ai opté pour un repos absolu de plusieurs semaines, et après vérifications médicales j'ai peu à peu repris mon travail. Mon travail, non pas pour moi, mais pour répondre à de nouvelles demandes d'aide.

Le travail, à un certain âge, prend la forme du bénévolat.

Le don de soi prend des proportions immenses, avec le bénévolat. Jacques T. Godbout souligne que le bénévolat est un don de temps à des étrangers[4].

Qui est bénévole dans les organismes de bienfaisance? Souvent des vieilles sœurs, des vieux messieurs, des dames octogénaires. Ils sont là, sans dire un mot…

Personne ne le saura.

C'est étonnant de voir ces personnes âgées qui continuent à travailler dans des centres pour sans-abri, dans des hôpitaux…

L'avenir de la société il est là, à son meilleur.

Vive le bénévolat libre, héritier des corvées d'autrefois à la campagne. On n'a pas besoin de demander la permission pour aller garder un vieux. Adieu la bureaucratie!

Même à la brunante, vous réfléchissez beaucoup, notamment sur les questions de la vie en société, de la vie personnelle, de la vie intérieure.

Quand on a enseigné en divers lieux et pays comme le Rwanda, le Japon, la France, et qu'on revient chez soi, la question de l'identité prend une autre tournure.

Avec des sentiments contradictoires?

1. Quel mystère déjà que l'existence! Je suis. Je ne suis pas seul au monde.
2. Mais comment me justifier d'exister?
3. Où en suis-je?

4. Jacques T. Godbout, *Le Don, la dette et l'identité. Homo donator versus homo œconomicus,* Montréal, Éditions du Boréal, 2000, p. 74.

Si « petit », si fragile ! Je lis nos Saintes Écritures : « Qu'est-ce que l'homme, pour que tu le connaisses. Semblable à un souffle, ses jours sont comme une ombre qui passe » (Psaume 143, 3-4).

Vite encore au jardin des psaumes. Et me voici au psaume 139 (9-10), qui risque de devenir mon hymne national : « Je prends les ailes de l'aurore. Je me loge au plus loin de la mer. Même là, ta main me conduit, ta droite me saisit. »

Avec ces mots glorieux de Trinh Xuan Thuan pour hanter ma mémoire, à propos de la beauté physique du monde,

> celle qui nous saute aux yeux et qui nous éblouit. Ainsi, le Soleil n'est pas seulement source de vie, de lumière et d'énergie ; il est aussi source de splendeur et d'émerveillement. En jouant avec les gouttelettes d'eau, les molécules d'air et les cristaux de glace, en rebondissant sur la surface des grains de poussière, des arbres et des montagnes, en se reflétant sur les eaux des océans et des lacs, ou en se faufilant dans les nuages et les brumes, notre astre solaire est à l'origine de spectacles naturels qui apaisent le cœur et mettent du baume à l'âme. Une beauté qui nous console souvent et parfois nous sauve[5].

Me voilà rassuré… Je lis, je lis… Dieu m'affirme en outre qu'il aime chaque homme, chaque femme. Avec Isaïe 43, 4 : « Tu comptes beaucoup à mes yeux, tu as du prix et je t'aime. »

Et qu'ensuite le Christ m'offre sa vie ! Plus que rassurant.

Rassurant !

Moi, pécheur ! Lui, Miséricorde.

À supposer même – mais c'est la vérité souvent – que je sois vaincu par le mal, vaincu par un ressentiment, une volonté de pouvoir, une sorte de possession dite charnelle, aussitôt j'appelle au secours :

5. *Le Cosmos et le Lotus*, p. 135.

« Viens vite à mon aide...

Seigneur, mon roc, ma forteresse », « le rocher qui m'abrite, mon bouclier... »

« Tu es la lumière de ma lampe. »

« Tu éclaires ma nuit. »

« Tu es mes Laurentides ! mes Appalaches ! »

Y a-t-il ici une spiritualité de l'identité ?

Oui, à condition d'y retrouver les rythmes intérieurs de la réflexion. Gestes essentiels de toute spiritualité.

Quelle forme a-t-elle, cette spiritualité de l'identité ?

Qui dit spiritualité dit esprit. Qui dit esprit dit énergie de l'âme. Ce qui nous renvoie à une part de nous-même davantage intérieure, invisible, parfois secrète. Soit certaines manières de penser, de vouloir, de comprendre, d'aimer, de croire, d'espérer... et d'imaginer. De tous les êtres qui existent sur la terre, seuls les humains, semble-t-il, sont capables d'une conscience du spirituel et d'en parler convenablement (Pascal). En soi, la spiritualité intègre, assume, tel le souffle qui par l'air assure la vie.

Tout le monde maintenant s'intéresse à la spiritualité. Cela vous inquiète ou vous stimule ?

La spiritualité, je l'ai trouvée chez des juifs, chez des musulmans, chez des chrétiens, tous monothéistes croyant en un Dieu unique. On la rencontre aussi chez les bouddhistes et autres, souvent chez des incroyants, des athées. La spiritualité peut se manifester chez les moins instruits et quelquefois mieux que chez les diplômés de carrière. Il n'est pas nécessaire non plus d'être un saint, une sainte, à genoux dans une église, ou debout dans une synagogue, ou en prostration dans une mosquée.

Marcel Légaut[6] *reprochait à l'Église catholique d'avoir beaucoup insisté sur les sacrements dans un contexte de médiocrité spirituelle. Des auteurs plus récents comme André Comte-Sponville*[7] *et Luc Ferry*[8] *nous invitent à une spiritualité sans religion. Il semble bien que le divorce entre la spiritualité et la religion soit assez ancien…*

Oui et non. Toutes les religions ont leurs crises et leurs opposants. Des spiritualistes, des platoniciens de l'esprit, il en existera toujours.

Vous diriez que, malgré toutes leurs « misères », toutes les religions sont devenues historiquement un fait à considérer positivement ?

Je parle de ces grandes religions et du confucianisme, de l'hindouisme, du bouddhisme, qui ont surmonté le défi des siècles.

L'historiographie m'enseigne que les religions sont inévitables. D'autre part, elles ont toutes leurs crises et leurs bons moments.

C'est ainsi que les personnes qui vivent des deuils, des échecs, des épreuves, et qui sont encore en mesure de penser, de réfléchir, sont davantage portées à spiritualiser leur vie. Il y a peut-être au même moment face aux mêmes épreuves les rationalistes, les cyniques, les humoristes, les blasphémateurs de métier.

Pour sa part, à cause de son insistance à juger nos mœurs publiques, à cause de la vérité et de la franchise de ses propos, à cause de certains prédicateurs toujours obsédés par le besoin d'avoir raison, il arrive et il arrivera que l'Église catholique (comme certaines Églises protestantes) soit mal reçue.

6. Voir notamment *Mutation de l'Église et conversion personnelle*, Paris, Aubier Montaigne, 1975.

7. *L'Esprit de l'athéisme. Introduction à une spiritualité sans Dieu*, Paris, Albin Michel, 2006.

8. *La Révolution de l'amour. Pour une spiritualité laïque*, Paris, Plon, 2010.

Il ne faut pas s'y méprendre. Le message essentiel de ces Églises est la charité quotidienne. À la manière du Christ, insiste l'Église catholique, celle que je connais le mieux. Historien de métier des vertus... et de certains vices de la religion du peuple, je peux certifier que l'objectif premier de l'Église catholique demeure l'amour de charité.

Mon Église est avant tout l'assemblée de toutes les personnes, enfants ou adultes, pratiquantes ou non, qui aiment, qui, à la manière de Jésus de Nazareth, aiment, pardonnent à l'occasion, obéissent en toute liberté au meilleur de leur conscience, une conscience informée bien sûr.

La grande misère à prévoir: la bureaucratie à tous les niveaux et chez tous les cultes en progrès.

Vos références sont celles du bréviaire catholique. Mais on dirait que le bouddhisme intéresse de plus en plus les Québécois.

Mes références premières – aussi prétentieux que cela paraisse – sont d'abord les Saintes Écritures, les Évangiles surtout, mais je trouve beaucoup de profit à lire Sénèque, Camus, Luc Ferry, et d'autres auteurs non catholiques. J'ai appris de mon « bréviaire catholique » à ne jamais refuser une bonne volonté, ni une parole d'amour, de justice sociale, d'où qu'elles viennent. Bref, la culture actuelle me nourrit.

Je suis heureux de voir que mes « anciens » catholiques fréquentent les enseignements du Tao et de Bouddha et d'autres groupes spirituels inspirés par l'hindouisme. Je le répète : la rencontre des spiritualités d'Orient et d'Occident est promise à un grand avenir.

J'ai l'impression qu'à l'heure actuelle le bouddhisme qui renaît ici et là est une sorte de stoïcisme. Or, il fut un temps où les moines ne cessaient de s'inspirer des auteurs stoïciens, en même temps que le Christ demeurait leur référence première.

Encore maintenant, même chez les jeunes, ce retour à la méditation, au silence, parfois à des espèces de promesses de chasteté, signifie avant tout la recherche de bonheur intérieur. Stoïcisme intimiste qui varie selon les âges et les personnes. Une grâce !

Le stoïcisme, ça veut dire faire le passage entre ce qui est subi et ce qui est assumé.

Oui. En prônant ouvertement la distinction entre le nécessaire, l'utile, l'absolu, le relatif et le superflu.

Mais beaucoup de gens, à les entendre, subtilement ou non, sont victimes de quelque chose dans leur vie. Vous, si un jour vous deviez abandonner des activités, vous vous replieriez sur quelque chose de très important ? Quoi ?

Les lectures, la liturgie, la méditation, l'écriture, surtout l'Écriture.

Déjà, en repos ou à l'hôpital, je relisais les œuvres complètes de sainte Thérèse de l'Enfant-Jésus. Je soulignais ces passages où elle éprouve beaucoup de difficulté à endurer ce qu'elle appelle des « coups d'épingle » de la part de ses compagnes.

Venant de saintes carmélites, l'épingle devait être pointue. Ça m'aidait à recevoir les piqûres des infirmières.

Vous avez un projet de vie, encore maintenant ?

Ma difficulté, en pensée, c'est plutôt de me résoudre, à l'hôpital ou en repos forcé, à ne plus être socialement aussi nécessaire, aussi utile ou aussi agréable. Parce que le côté spontané de ma vie publique en prend trop. Et je pense – à mon âge ! – au jour où, malade, handicapé, je devrai en venir à l'érémitisme. Déjà Marc L'Ermite m'intéresse. Pourquoi ? Marc est un solitaire. Il a été édité par un confrère dans *Sources chrétiennes,* numéros 445 et 455. J'aimerais aussi lire Évagre ou plutôt Cassien.

Mon imaginaire travaille-t-il trop ?

La force de l'ermite, c'est qu'il se met en ligne directe avec la volonté du Seigneur. Donc, encore une fois, le spirituel devient une noble façon de se retrouver et de s'équilibrer.

Le spirituel, ce n'est pas une fuite, c'est une recherche.

J'ai trouvé dans ces jours de maladie la halte, le merveilleux repos. Mais dès que je reviens un peu à la santé, Marc L'Ermite est oublié. Il demeure en stand-by !

Il y a des gens qui croient au destin. Ce n'est pas chrétien, le destin. Comme dit Margaret Visser[9]*, le christianisme propose une destinée, et non un parcours obligé.*

Pas chrétien, le destin, mais pas à mépriser.

Il y a de ces gens qui sont sensibles à leur propre existence. Ils se sentent responsables devant leur agir : « Si je me conduis bien, mon karma sera meilleur. »

Il y a dans cela comme une sorte de stoïcisme, en même temps qu'un goût noble, parfois excessif, de prendre soin de soi… seul !

Il y a l'autre côté, moins agréable : le fatalisme, la démission. Démission de la liberté active. Ça frôle la superstition du moi – « par moi » et « pour moi ».

C'est absurde, l'idée du destin. Pourtant, bien des gens ont un sentiment du destin. « Son heure était venue… »

Toutes les religions sont menacées par la superstition. Plus tu crois, plus tu risques d'être trop crédule jusqu'à croire que tu peux faire ta vie et réussir ta mort simplement par ta piété à toi. Le salut, pour moi, ne s'achète pas. C'est un cadeau. Comme la vie.

9. *Au-delà du destin*, traduction de Michel Buttiens, Sainte-Foy, Presses de l'Université Laval, 2006.

Vous avez mentionné les stoïciens. C'est bien de revenir à ces philosophes qui nous inspirent, sans emprunter un langage religieux. Vous rejoignez plus de monde.

Pour vivre en chrétien, il faut être humain. Le Christ a passé trente ans à le dire et à le manifester.

Né laïque, socialement il le demeure. Sa première « prédication » est simplement d'être là. Incognito, juif et citoyen romain, stoïcien à ses heures, mais avant tout « fils du Père », il dirait : généreux, altruiste au possible.

Pour parler du stoïcisme, cette philosophie prône notamment une soumission à la nature. Mais de là à en faire une loi, la fameuse loi naturelle ! Qu'en dites-vous ?

L'Église de Rome dit souvent : « Ceci est contre nature. » Elle s'inspire d'Aristote, notre cher ami…

Voyons ! La nature, oui, mais en devenir. En plus de ma nature première, j'ai la raison qui la dirige, la science pour la vérifier et ma volonté pour agir.

La nature humaine accepte qu'on se marie pour avoir des enfants, mais en même temps elle est prête à composer et à raisonner pour que ça ne soit pas toujours un acte purement physiologique et seulement naturel.

La raison élargit le projet immédiat de la nature. La naissance peut être alors planifiée, choisie, libre. C'est ainsi qu'elle devient plus naturelle et plus respectable.

Qui contredit la nature humaine s'expose souvent à mettre en danger sa santé physique et même psychique.

La nature nous a tous précédés. Obéir à la nature, c'est un principe.

La science observe, confirme, au besoin régularise. La nature, elle, doit être entendue.

Moi, je pense avoir été marqué davantage, durant un quart de siècle du moins, par la nature que par la religion domestique.

C'est en lisant la Bible et surtout les premiers chapitres de la Genèse (qui m'enthousiasment encore) que je suis devenu « religieux ». C'est en aimant de plus en plus la nature, le cosmos entier, que j'ai appris à aimer personnellement et « de tout mon cœur, de toute mon âme et de toutes mes forces » l'Initiateur de toute beauté.

Quand Jésus de Nazareth parle de Dieu, qu'il l'identifie même comme un Père réel, je comprends vite et n'ai plus besoin de savoir. Je comprends. Je crois tout ce qu'il me dit. Je le crois sur parole. Qu'il m'offre sa vie, oui, peut-il faire davantage ? Et sa mort aussi. C'est de l'amour au maximum. Je sais. Je crois, la nuit autant que le jour. Les enseignements reçus par la suite, je les vois comme un deuxième livre.

Le premier demeure le livre de la nature. Dixit aussi saint Bonaventure !

Le second, celui des Écritures et surtout les Évangiles, m'est devenu peu à peu indispensable.

Parlant de stoïcisme toujours, l'amitié des Pères avec Sénèque a sans doute marqué le Moyen Âge chrétien… et vous aussi, l'historien qui, grand parleur, avez un jour écrit sur le silence[10].

Ce grand silence qui a précédé l'avènement du ciel et de la terre m'impressionne encore, tout comme le choix antérieur du Seigneur me désarçonne. Comment est-ce possible ? Pourquoi moi ? En vertu de quel droit ?

Désarmant !

Ô mystère d'être vivant, d'être pré-médité, d'être désiré, attendu !

Les bénédictins m'ont demandé de parler du silence. Imaginez. Parler du silence pour une communauté spécialisée dans le silence ! Faut être téméraire pour le faire.

10. *Le Silence*, Montréal, Éditions du Silence, 1989.

Je leur ai dit : « Allons ensemble sur un terrain neutre, idéal : celui d'avant la création du monde. »

Le monde est né du silence.

Dans ce silence fut le désir de Dieu pour chacun et chacune de nous.

Silence de la Pensée éternelle. Encore maintenant, toute vraie pensée naît du silence.

Dans l'office choral, lundi soir, troisième semaine du mois, une réflexion de saint Paul aux Éphésiens (1, 3-4) ne cesse de me fasciner. D'après la version française d'usage dans ma communauté :

« Qu'il soit béni le Dieu et Père de Notre Seigneur… Il nous a choisis dans le Christ AVANT que le monde fut créé… » Pour moi, ça dépasse la mesure. Je réfléchis sur ce proverbe venu de France, à savoir que *le silence est l'âme des choses*, et sur les propos de Sénèque voulant que ce soient les misères de la vie qui enseignent le mieux le silence.

Notre ami Jacques Flamand écrit : « Le silence n'est pas absence. Il ne s'entend pas. Il s'éprouve. » Il a dirigé un recueil de poèmes publié à Ottawa qui s'intitule Du vide au silence. La poésie[11].

Pourquoi y a-t-il du vide ? Une question merveilleuse que pose la science d'aujourd'hui…

Or le vide nous ramène avant… avant leur mythologique big-bang. Avant nos propres récits de la Genèse.

Je rencontre des savants, parfois des astrophysiciens, qui se posent des questions sur la couleur des étoiles, sur la nature du vide. Eux s'interrogent, mais pas de la même manière que moi… Tous émus par le silence de « ces espaces infinis ».

11. Jacques Flamand, *La Nuée du silence,* Ottawa, Vermillon, 2011, p. 20 ; *Du vide au silence. La poésie,* sous la direction de Jacques Flamand, Ottawa, Éditions du Vermillon, 2001.

J'aime ces savants qui apportent des choses extraordinaires à la croyance. Ces vrais chercheurs procèdent par interrogations et non par affirmations. Bonne leçon. Ils procèdent dans l'incertitude. Ils ne s'inquiètent pas d'être incertains parce que toute incertitude, pour eux du moins, est un pas vers une possible découverte. Ici le silence prophétise la parole.

C'est une ouverture.

C'est une attitude face au mystère. Foi savante, je dirais. C'est le rôle premier des mythes comme des religions d'affirmer le mystère.

Des gens nous reprochent parfois d'avoir remplacé le mystère par le dogme.

Je comprends. Le mystère donne naissance aux religions. Exemple: dans la Bible, l'on rappelle souvent à l'homme sa petitesse, ses infirmités:

« Qu'est-ce que l'homme, pour que tu le connaisses… semblable à un souffle, ses jours sont comme une ombre qui passe » (Psaume 143, 3-4).

Mais qu'ensuite le même homme soit valorisé à ce point que Dieu affirme qu'il aime chaque homme, chaque femme. Surtout que le Christ offre sa vie, mort incluse, en lien avec la survie de cet homme… voilà qui est *cool*, dirait mon arrière-petite-nièce.

Vous parlez encore d'une sorte de sérénité qui fait confiance à la brunante ou à la nuit… à cause de la bonté du jour. Est-ce qu'on peut parler ainsi d'une intuition de la bonté de la nuit à partir de la bonté du jour, sans convoquer trop vite les enseignements religieux?

La nuit du péché, disaient les anciens prédicateurs de retraite… Heureuse nuit, commente la liturgie pascale.

Silencieuse en principe, la nuit est aussi bonne que le jour, à condition que je veuille considérer tout ensemble et le jour et la nuit. Il y eut d'abord les ténèbres et la lumière et d'elles sont nés le jour et la nuit. Les deux au tout début.

Elles sont inséparables, dans la vie comme dans les récits bibliques.

Peut-être d'avoir été relié à la ferme, aux rites du jour et de la nuit, d'avoir connu les bienfaits de l'alternance, peut-être d'avoir connu la bonté de la terre, qui, elle, travaillait pour nous jour et nuit, hiver comme été, j'ai toujours espéré et aimé la nuit comme le jour. Comme durant les orages violents subis en pleine solitude rurale, je constatais que la vie continuait tant à la grange qu'à la maison. Continuité et persévérance astrales.

Vous citez les Écritures comme un religieux cite les Écritures. Nous, nous sommes marqués sans doute par notre monde sécularisé.

Nous hésitons à affirmer trop de choses par rapport au monde invisible. Nous ne savons pas ce qui arrive après la mort. Nous croyons, tout en observant une certaine distance culturelle par rapport au bagage de la foi.

Ça me paraît juste. Le Christ n'a pas beaucoup apprécié les gens qui voulaient savoir ce qui allait arriver et quand… il a même dit : « Je ne le sais pas… » Les indiscrétions des théologiens, à partir du XVe et du XVIe siècle, sont énormes. De longues considérations sur le ciel, le purgatoire, l'enfer. Les peintres en ajoutent. Même Dante en suppose beaucoup…

Trop d'indiscrétions… Et dans l'imagerie donc !… À un certain moment, on a dit : « Assez, c'est assez ! »

Le Christ a parlé d'une façon plutôt sévère de l'au-delà. Attention ! Son message essentiel c'est : « Je suis avec vous tous les jours jusqu'à la fin des temps. » Fernand Dumont dirait qu'on en a trop dit sur ces sujets de la fin du monde et du péché final, mortel, pour ne pas s'être trompés à l'occasion. Exact !

Il y a aussi la peur qui joue. La peur des lendemains, de la mort.

Nous nous méfions un peu de ceux qui croient tout connaître de la pensée de Dieu.

Dieu nous parle par la nature, dans la conscience. Et à travers la tradition chrétienne. Il nous parle par le Christ. Le reste ? Moins essentiel.

Les croyants qui ont l'esprit critique pourraient avoir l'apôtre Thomas pour patron…

Le XXe siècle, c'est Freud, c'est Nietzsche, c'est l'apôtre Thomas.

Je me souviens de Pierre Péladeau qui avait choisi – avec son épouse – de faire baptiser son fils. Il allait s'appeler Thomas. « C'est mon cas », disait-il.

Parlons-en du doute, si souvent considéré autrefois comme un péché.

Un doute peut être positif. Un doute n'est pas un refus.

Un doute ouvert peut mener loin en avant et bien au-delà des affirmations purement verbales, même celles qualifiées de dogmatiques.

Mais vous, à ce moment-ci de votre vie, y a-t-il des choses que vous voyez dans votre miroir, que vous ne voyiez pas avant, surtout sur le plan de vos croyances ?

J'accepte plus facilement le doute. J'accepte plus facilement l'incertitude, le questionnement, beaucoup plus qu'au moment du « par cœur » du catéchisme et des diplômes.

J'ai l'impression que le doute fait partie de ma foi. L'incertitude est un événement nécessaire de ma foi. La foi, c'est l'appel au mystère. J'adore le mystère.

Nous parlions de la brunante, des conversations du soir. D'une certaine sérénité devant la fin de la vie. Nous parlions du stoïcisme.

Mais la faveur actuelle de l'euthanasie, par exemple, semble indiquer que le stoïcisme ancien s'est perdu.

J'ai été marqué par Épictète, Marc-Aurèle, Sénèque et d'autres qui réfléchissent sur la vie sans chercher à se justifier face à tel ou tel événement. Je suis étonné qu'aujourd'hui l'on veuille s'en remettre si allégrement à des lois plutôt qu'assumer sa responsabilité. Il y a de ces lois qui signifient refus de réflexion à long terme et « pensée toute faite ».

La loi signifie parfois la paresse face au choix personnifié. Non, s'il vous plaît, ne légiférons pas trop sur ce qui relève nécessairement des droits normaux de la personne qui se doit en tant que telle de procéder à des choix éclairés.

Nous venons de perdre une amie chère, qui a combattu un cancer pendant quinze mois. Ce qui nous frappe, dans son parcours, c'est le besoin constant d'espérer. Il y a un besoin d'espérer chez nous. L'être humain, et le chrétien notamment, espère contre toute espérance.

Je peux négocier avec un cancer.

Entre-temps, le corps résiste. La nature se défend. Difficiles moments. Difficiles options.

L'espérance influe sur la réalité.

« Malade qui prie, malade qui guérit. » On dit aussi : « Malade qui rit, malade qui guérit. »

Il y a de ces proverbes qui expriment des tendances non négligeables de l'esprit humain.

Y a-t-il là une façon de bousculer la réalité ?

Oui, de négocier avec elle. Je vois des gens qui ne veulent pas le cancer, mais qui se disent : « Il faut être réaliste, je vais négocier. » Ce qui s'appelle négocier sans piquetage.

Je souhaite qu'on puisse réfléchir sur les mots accepter, négocier.

Accepter, en prendre son parti, n'est pas nécessairement vouloir, désirer.

Prier, c'est souvent espérer le meilleur du pire. Il y a souvent dans la prière comme une libération du moi brisé par le mal.

Ça s'applique notamment aux personnes handicapées…

Ça s'applique à tout le monde.

Ça veut dire faire le bilan de ce qu'on a, sans perdre de temps à déplorer ce qu'on n'a pas… essayer de profiter de la vie avec ce qu'on a.

Intégrer ce qu'on a et ce qu'on est… J'introduis ici le mot espérance. Cette petite flamme qui brûle au vent, dirait Péguy. La petite flamme vacille, elle assume le temps, elle assume la maladie, la vieillesse, elle tremble, elle brûle pendant qu'il vente.

Vous qui vivez un deuil présentement, vous vivez un fait. Vous intégrez le départ d'une femme que vous aimez beaucoup. Vous l'intégrez en y mettant beaucoup d'humanité et de spiritualité. L'espérance dont parle Péguy n'est pas loin. Probablement qu'autour d'elle, votre amie partie, d'autres vont intégrer leur deuil par d'autres moyens.

« Maman n'est plus, mais on va vivre pour elle. » « Maman n'est plus, mais on va faire comme elle ferait. »

Votre amie elle-même, malade, ne s'est pas apitoyée sur son sort. Elle a continué à vivre, à survivre, à vous aimer jusqu'à la fin. Elle devient votre modèle d'intégration d'une réalité en soi inacceptable.

On parle beaucoup, surtout à l'égard des soins de santé, de qualité de vie…

Il y a la qualité de vie dite extérieure : être capable de ne pas trop souffrir, de pouvoir m'en aller à la mort sans trop m'en rendre compte. Une pilule. La morphine, une présence amicale.

Il y a l'autre attitude, encore plus matérielle. Mon corps est limité. Il est matière et tissus. J'accepte ce que je suis. Je ne m'énerve pas. Ce sont des tissus qui vont s'effilocher. Et je rejoindrai disons l'univers de cette manière-là. Je vais me dissoudre. Un point, c'est tout…

Ce qui me frappe ici, c'est ce besoin de raisonner la mort même chez ceux qui ne veulent pas en parler. On pense l'avenir en termes de dissolution.

Il y a une attitude plus spiritualiste. Je réfléchis à mon épreuve, à ma maladie, à ma mort. Je réfléchis à la qualité de vie. Je suis plus que tissus. Je suis actif par mon intelligence dans le choix des traitements et même à propos de l'euthanasie, je dépasse l'opinion populaire, si légère, si superficielle à plusieurs égards.

Moi qui ai accompagné tant de grands malades, je crains souvent que les théories reçues ne soient pas toujours réalistes. À chacun sa mort, comme à chacun sa naissance.

Mais c'est quoi la qualité de vie? Est-ce que vivre à un âge où certaines fonctions sont absentes, c'est avoir perdu une part de sa qualité de vie?

La qualité de vie varie selon les personnes.

Quelqu'un est seul, sa qualité de vie est d'en arriver, si possible, à survivre avec ses propres moyens et limites de temps et de vie.

Pour quelqu'un qui vit avec d'autres, c'est d'en arriver à ne pas imposer aux autres ses propres malheurs, de pouvoir écouter l'expérience des autres qui éprouvent eux aussi le besoin de se raconter.

L'expérience de l'âge n'est-elle pas aussi celle de la force de votre esprit et de votre cœur, de la profondeur contenue dans l'accueil du présent?

Ce que l'âge propose est une projection du présent: soit au nom du passé surévalué, soit en fonction de l'avenir que l'on souhaite moins pour soi que pour ceux et celles qui viendront.

Ce qui m'intéresse est moins de raconter ma vie que d'apporter ma petite chandelle menacée de s'éteindre. *Historia magistra vitæ,* disaient mes premiers amis, les historiens de l'Antiquité. La plupart des historiens grecs se sont dévoués pour raconter l'histoire, moins pour se valoriser que pour valoriser le passé tel quel, pour instruire la postérité. Maîtres à penser, ces historiens grecs me guident sur le chemin à suivre au jour le jour. Génie des Grecs ! Sagesse de l'Évangile. L'expérience, ça se partage.

Vous avez de la chance, vous, nonagénaire expérimenté. Vous ne jouez peut-être plus au tennis, mais vous faites pas mal de choses.

J'ai de la chance.

N'y a-t-il pas une tendresse envers cette vie qui continue de renouveler ses coups de cœur ?

Pour apprendre la vie, j'ai la chance, et souvent, de baptiser de tout jeunes enfants. Je vois chaque fois la vie. Ce sont eux, elles, les premiers maîtres de la vie. Chaque fois, je mesure le privilège de fréquenter encore des gens de plusieurs générations. Et ce privilège, je l'éprouve à la joie des personnes qui assistent à la cérémonie du baptême qui me renvoie à l'enfance.

Il m'arrive de me redemander, devant cet enfant à baptiser, pourquoi moi j'existe, pourquoi la terre, pourquoi le cosmos, pourquoi la lune voyage la nuit (question naïve), pourquoi les étoiles attendent la noirceur pour se dévoiler ? Pourquoi le temps ?

Si nous revenions à cette image de la brunante en nous inspirant des poètes.

Notamment une expression de Fernand Ouellette.

Dans un poème intitulé Demain.

Il dit :

De l'odeur la rose se dépouille,
Des hautes clartés l'œil se détourne.
Il n'y a plus de temps que vertical

C'est sûr que notre temps horizontal est limité.

Est-ce qu'on ne doit interpréter ce vers que de cette façon ?

Si je regarde à l'horizontale, je sais où se trouve Ottawa, je sais où se trouve Paris. Si je regarde à la verticale, c'est la montagne, ses pics, ce sont les nuages, la lune, le soleil, les étoiles et le ciel !

Le temps vertical, c'est le temps spirituel. Temps du feu. Temps de l'esprit. Un temps de l'au-delà du temps. Temps au-delà de l'immédiat. Temps du feu qui ne brûle qu'en s'élançant.

Le temps horizontal est d'un autre ordre. Je pense au fleuve.

Toujours l'image du fleuve…

Oui. J'ai toujours aimé. À sa manière, le fleuve s'en va, coule, avance comme s'il y avait une ligne qui l'appelait vers l'est ou vers l'ouest. Comme lui, l'eau exprime, même en action, une certaine stabilité horizontale. Le feu demande toujours d'aller plus haut, plus haut. Vertical. Ligne du spirituel ! L'eau avance à pas de vagues. Le feu dépasse tout.

Vous qui avez une vie marquée par le fleuve, vous parlez maintenant du feu.

J'ai en moi toujours une image violente du feu. Devant chez nous, j'ai vu brûler la grange d'oncle Amédée. J'avais 10 ans à peu près. J'entends encore les crépitements, le cri apeuré des animaux brûlés vifs. Je revois ces lueurs étranges à l'horizon.

Cette image du feu m'a toujours obsédé. Je pense au feu, élément majeur des grandes spiritualités orientales.

C'est l'histoire orientale du papillon, qui s'approche du feu. Il se laisse brûler, il brûle. Le feu l'identifie.

Le feu joue aussi un rôle majeur dans nos liturgies populaires. Il nous faut à chaque cérémonie allumer au moins un cierge, une bougie.

Allumer un cierge, le faire brûler, est-ce une invitation continue à suivre aussi la dimension verticale de nos vies ? Plus haut ! Plus haut ! Vers l'inaccessible étoile, ainsi que dit la chanson.

Viennent les étoiles ! Vienne le feu !

Ça me rappelle le Christ qui a dit : « Je suis venu allumer un feu sur la terre. » Où ? Comment ?

Cette vision convoque l'invisible. Une autre image qui nous fascine est celle que saint Paul emploie quand il dit : « Je vois comme à travers un miroir. »

Le Moyen Âge voyait toute la réalité comme le miroir de Dieu. Tu ne vois pas réellement Dieu, tu le vois uniquement à travers un miroir.

Les faits, tels que nous les connaissons, sont le miroir d'une histoire sacrée. On ne saura jamais tout dire ni tout comprendre. C'est le mot de saint Paul : « Aujourd'hui, nous voyons dans un miroir, d'une manière confuse » (1re épître aux Corinthiens 13, 12). À plus tard, le vrai face-à-face !

Quand une personne comme notre amie perd la vie progressivement, son existence devient en quelque sorte une histoire sacrée.

Elle vous a en quelque sorte donné sa mort, par ses paroles, par sa préparation, par l'exemple…

Mais comment la mort peut-elle être une chose donnée ? C'est la chose subie par excellence…

Mais je crois que le pouvoir de la pensée peut transformer une réalité et lui imposer une sorte de liberté intérieure.

La liberté intérieure est meilleure que la liberté extérieure.

Notre amie a marqué beaucoup de gens par ce qu'elle a vécu, par sa façon de lutter et d'accepter en même temps…:

L'acceptation des lois de la nature n'empêche pas la nature de protester… avant de donner.

Le Christ aussi se révolte. Il dit : « Je ne veux pas », puis : « Non pas ma volonté, mais la tienne. »

Ce n'est qu'à la fin de sa vie d'ici, après être tombé trois fois, donc après, que tout à coup, il dit : « Je remets mon esprit entre tes mains. » « Tout est consommé ! »

Encore une fois, la mort n'a pas eu le dernier mot.

Je vois souvent la vie célébrée lors de funérailles dans un contexte chrétien. La mort y apparaît nettement comme une étape de la vie. Un passage. L'autre midi, aux funérailles de mon ami Paul-A. Crépeau, la cérémonie se termine par le chant de l'Alléluia, dans la version du grand Montréalais Leonard Cohen. Triomphe de la mort !

Beaucoup de gens, beaucoup plus jeunes que vous, doivent composer avec des pertes importantes. Leur « qualité de vie » diminue, du moins en apparence.

Je connais des médecins qui ont le Parkinson depuis quinze ans et qui pourtant réussissent à faire leur travail. Sauf qu'ils doivent parfois s'arrêter une semaine, un mois, un semestre. Leur persévérance est un hommage à leur courage et à la vie.

La qualité de vie se définit mieux par la personne elle-même.

La société, elle, est parfois superficielle. La qualité de vie ? Oui, si tu peux conduire ta voiture, si tu peux encore aller au cinéma, au restaurant.

Alors que la qualité de vie est d'abord une façon de dire oui à la vie à tout moment, comme dit Frédéric Lenoir[12].

12. *Petit Traité de vie intérieure*, Plon, 2010, premier chapitre.

La vie est en soi une expérience, d'abord limitée et reliée à un certain temps. Expérience partielle : on reçoit la vie, on ne se la donne pas. Elle est, je pense, multidimensionnelle. Je suis corps et esprit. L'esprit survit. Je le crois.

Pour vraiment aimer la vie, j'estime pour ma part qu'il convient en tout premier de l'observer d'abord chez les enfants. Le Christ a dit : « Regardez-les ! »

La vie, dit Jacques Brel, c'est marcher vers une étoile.

La vie, un combat, mais un combat en montagne. Ça monte toujours. Il n'y a pas de qualité de vie idéale, sans surprise, comme il n'y a pas de marée sans vagues.

Pas de vieillesse idéale. Sauf dans les livres.

Ma vie en images ? C'est une rivière, un fleuve en route vers l'océan. C'est un pont : n'y construis pas ta maison.

La vie ? Pas un cercle, mais une ligne continue. Je peux le redire à mon âge : ma vie est une journée faite de lumière et de nuit.

Chacun, chacune doit se maintenir face à la souffrance, à la maladie, au mal, à la mort.

Fais comme la brunante quand vient le soir : négocie, adapte, accepte, intègre l'ombre comme la brunante.

Au lieu de subir et de fuir, intègre. Au lieu de fermer ta maison, ouvre la porte à l'Ami qui vient. En attendant que viennent, après la brunante, la nuit et les étoiles !

II

LES VISITEURS DU SOIR

Vous donnez des conférences un peu partout, et vous êtes appelé constamment à célébrer des baptêmes et des funérailles. Vous êtes plus un témoin du présent que du passé, vous êtes plus un témoin du présent que la plupart d'entre nous. Nous aimerions savoir comment vous vous situez face à notre société, dans vos nombreuses rencontres.

Beaucoup de personnes me demandent ce que je pense de la société actuelle. Moi qui vis depuis 1915, j'ai pratiquement connu un siècle. À travers leurs questions, je devine une grande déception que ce nouveau siècle tributaire des expériences du XXe siècle soit si peu instruit du passé. Cette déception est dans l'air. Je la comprends. Je la partage. Je partage cette incapacité de l'homme à promettre la paix aux jeunes qui viennent. D'autre part, je partage l'espérance des jeunes. Ils sont mondialistes, ils sont ailleurs. Leurs rêves sont différents des nôtres. Plusieurs ont la sensation de vivre dans un univers élargi. L'Orient n'est pas loin de l'Occident. Le yoga, pour donner un exemple, est mieux connu que la méditation monastique. Ce n'est pas que les jeunes nous rejettent. Ils pensent autrement. Ils vivront peut-être autrement.

Good luck to you!

Ai-je un projet de société spécifique ? Je parlerais plutôt d'un rêve. Le rêve que les jeunes, qui nécessairement fonctionnent selon l'encadrement subtil des univers capitalistes, réagissent contre l'armement des grandes puissances. Et pour l'instant j'inclurais le Canada. Au lieu de l'armement, donner de l'aide aux pauvres qui se multiplient.

De l'aide ? Pas de la manière capitaliste en leur envoyant plus d'argent, mais en leur enseignant l'art de l'entraide et du partage. Ça me rappelle qu'en revenant du Rwanda j'ai été invité au restaurant à Montréal par un ami plutôt fortuné. Mais en observant le gaspillage de nourriture, j'ai vraiment eu de la peine. Je pensais à cette famille pauvre que le père Sylvestre et moi avions visitée près de Butare. J'en ai perdu l'appétit. Puis, comme les autres, je suis entré dans l'ordre établi sans m'en rendre compte.

Que dites-vous de ce siècle encore neuf?

Il y a eu dans l'histoire de l'humanité des siècles préparatoires. Telle la Renaissance du XIIe siècle. Ce XXIe siècle débutant serait-il préparatoire d'un nouvel âge ?

Un portrait de la société de demain ? Depuis que j'ai lu et relu *The Making of Europe* de Christopher Dawson (édition de 1939), je m'interroge par exemple sur l'avenir de la société française en Amérique du Nord. Je constate une mobilité aussi étonnante que l'incertitude qui la meut. La technique sera-t-elle le nouveau tyran à maîtriser ? Pourtant quels progrès grâce à elle ! Sans elle, où en serions-nous aujourd'hui ? Avant, et au-delà de la technique, il y a l'évolution inévitable des mentalités.

Plusieurs jeunes que je connais sont orientés vers de nouvelles formes de réflexion et sans doute de pratique religieuse. Le sacré est dans l'air. Ils le devinent à travers la technologie. La pensée revient sous forme de silence, de méditation. Comme le désir de revaloriser la parole et la gestuelle. Tel jeune metteur en scène fait tout pour servir un texte. C'est la technologie au service des mots et, par eux, de la pensée. Je pense tout à coup à Saint-Denys Garneau, ce « drôle d'enfant », qui survole le paysage. Le paysage l'inspire durant son voyage. Le voyage de sa vie ! En fin de compte, jeunes ou pas jeunes, nous sommes tous invités à traverser un temps expérimental. Courage !

Vous donnez des conférences constamment, et bien souvent les groupes qui vous invitent sont des « ainés ». Dans cette université nouvelle, l'Université du Troisième Âge (certains parlent d'un quatrième âge), qu'est-ce que vous apprenez ? Qu'est-ce que vous voulez apprendre ?

J'aime écouter les autres, ceux et celles de ma génération. Dépassé l'âge de créer des institutions. Je me dois de toute manière à 97 ans de servir les autres sans autre attente que de les aider… à vieillir à leur tour.

Je parle pour mieux les écouter à l'heure heureuse des questions, qui viennent nombreuses.

Étrange : j'aime encore donner ces cours, j'adore rencontrer les gens, saisir les réflexions de mes héritiers éventuels du quatrième âge.

Parler, c'est résumer. Écouter, c'est apprendre.

Que désirez-vous apprendre aujourd'hui ?

Que désirer apprendre de ma situation de « vieux garçon » formé par les universités ? Apprendre à croire mieux pour mieux espérer, à mieux espérer pour mieux aimer. Et ce ne sont pas des mots reçus que je répète. C'est la vie, c'est ma vie.

Dois-je le redire : j'aime croire, croire aux autres que je rencontre, croire à la beauté des personnes et des paysages qui ne cessent de se renouveler devant moi. Forcément je rencontre de plus en plus de gens de mon âge. Je les trouve beaux, d'une autre façon qu'autrefois : chaque mot est comme l'écho d'une longue vie souvent éprouvée, chaque sourire orné de nouvelles rides devient comme un éclatement d'une pensée inédite.

Je trouve dans les maisons religieuses féminines de plus en plus de saintes de l'amour en profondeur. Des silences d'une éloquence sans pareille. Je me tais pour les imiter. De toute façon, mes propos à ce sujet sont interminables.

Votre nouvel univers est aussi relationnel que dans le passé…

Autant. Sinon davantage.

Les historiens s'occupent du passé. L'écologie rêve d'avenir. Mes confrères sociologues sont plus en sécurité lorsqu'ils évoquent le passé que lorsqu'ils analysent le présent. De même les historiens et plusieurs gens âgés.

Je peux parler de l'avenir. Mais soyons réalistes ! Mon univers temporel est celui d'aujourd'hui, l'aujourd'hui que la nature me prête, l'instant-aujourd'hui.

Non. Personne n'est à l'aise avec le présent. On le soupçonne. On lui fait moins confiance. Il passe, il passe vite. Je dois m'en contenter. *No choice !*

De quoi parlerez-vous, par exemple, aux gens de Joliette, que vous rencontrerez cet après-midi ?

De la façon dont on vit ses peines, de la façon dont on vit ses joies. Je leur rappellerai que les gens âgés sont encore capables d'aimer et souvent de façon exemplaire. En un sens leur amour, à court terme, objectif, est si intense qu'il est inimitable. En principe, la raison de vivre des aînés est d'aimer le plus noblement possible, aimer pour aimer, aimer et faire aimer l'amour.

Vous parlez du présent, mais vous demeurez historien…

Dois-je vous expliquer pourquoi je suis encore aujourd'hui historien d'esprit ? C'est à cause du fleuve Saint-Laurent. Tout petit, très petit, j'étais impressionné par le fleuve, je le voyais chaque fin de semaine. Dans les rangs à Saint-Michel-de-Bellechasse, c'était la stabilité. La terre ne bouge pas, la forêt ne bouge pas, les montagnes ne bougent pas. Et tu arrives au fleuve… il bouge. Il vague, il divague…

Comme le temps, il bouge, il avance, il divague… De même, l'histoire avance… les événements se multiplient, le courant est mobile, le chenal aussi. L'invisible chenal. Mais en fin de compte, le fleuve, c'est lui.

Devant moi, le même fleuve qui « marche » encore. Chaque jour le même, et jamais le même. Comme ma vie.

J'aime aller voir les vagues, la couleur de l'eau qui change selon les saisons.

Je suis frappé par la mobilité du fleuve et en même temps par sa durée. En hiver, il gèle tout rond. Il est là. S'est-il arrêté ? Mon père a dit : « Le fleuve n'arrête jamais en hiver. Ça se passe en dessous. »

L'histoire me permet d'être intérieurement mobile.

Ce qui me frappe en histoire, l'humanité marche, avance et reste la même. Les mêmes défauts. La même volonté de paix et de justice. Le même chenal.

Les institutions changent, je le sais, mais il y a des constantes. Telle la hiérarchie, partout dans la nature. N'essayons pas de la refuser. La bureaucratie elle-même fonctionne selon un modèle hiérarchique, hiérarchie des dossiers et des fonctions. Comment en même temps donner aux personnes la primauté sur les institutions, à l'esprit la primauté sur la loi ?

Vous avez connu plusieurs évolutions depuis le début du XXe siècle…

Oui, je suis passé d'une culture orale à une culture écrite, puis j'entre dans la culture visuelle qui, par la nouvelle technique, revalorisera la parole réduite à une culture de l'instantané, et ce, à l'échelle mondiale. En fait, j'ai vécu en tout premier une culture à longue durée, comme le disait le cher et vieil historien Braudel. Une culture à saveur paysanne, éprise de généalogie familiale, identifiable comme telle, à l'imitation gestuelle autant qu'idéologique. Catholique pratiquant, certain de sa langue comme on est certain de la terre qui ne trahit pas son habitant.

L'arrivée en ville a tout bouleversé mes réflexes mentaux, tout comme l'étude assidue des écrits bibliques et de leurs commentaires autorisés à l'époque. Entre-temps, je constate que mes compatriotes demeurent encore ce que Vigneault appelle justement des « gens de parole ». Moi, personnellement, je suis porté davantage par le livre, l'écriture. Plus par l'écriture que par l'écoute visuelle que propose la télévision depuis les années 1950.

J'ai nettement l'impression que je n'appartiens plus à cet univers de dernière heure, univers turbulent de la parole à tout propos et sans la vérification écrite. D'autre part, je constate que le troisième rang de Saint-Michel débouche sur l'autoroute qui l'intéresse davantage que le fleuve. Oui, j'accepte que ces changements soient promis à de grandes réalisations… Pour le moment, je ne peux deviner l'orientation définitive de la société occidentale et, par là, de la société québécoise. Preuve que je prends de l'âge !

On parle souvent des personnes âgées comme de gens qui subissent le présent en vivant dans le passé. Vous semblez plutôt vous nourrir du passé pour mieux vivre dans le présent et voir ainsi positivement le temps s'écouler.

J'en ai vu passer des bateaux. Je me suis habitué à distinguer entre la réalité et les apparences. Entre ce qui est stable et ce qui est instable.

Le corps est instable. Il se fatigue plus vite. La mémoire est là, elle cherche ses mots. Mais plus stable, la nature humaine est la même partout dans le monde, avec ses habitudes de croire, de désirer, d'aimer.

Mais vos repères sont redéfinis par le temps. L'Église, par exemple, ce n'est plus du tout la même chose que dans votre jeunesse.

L'Église est aujourd'hui coincée entre un passé, son passé qui passe, et le Royaume qui vient pour un éternel temps durable. Entre-temps, le fleuve ecclésial obéit à ses vagues. Normal. Le chenal – l'Esprit – la mène.

Et même si vous faites partie d'un ordre presque millénaire, la vie religieuse n'est plus ce que vous avez connu.

J'ai été éduqué dans la vie religieuse, à la manière monastique. Et aujourd'hui je vis à la manière dite pastorale. Comme le Christ – moine – qui ne passera pas tout son temps à Nazareth ; il s'en ira en Judée et en Galilée pour y prêcher et y mourir.

Pour ma part, je ne regretterai jamais cette formation monastique antique faite de rites quotidiens et d'une liturgie étapiste, elle aussi, répétition d'alternance, d'action et de contemplation, de travail et d'oraison.

Aujourd'hui c'est un autre monde. Il faut s'adapter sans trahir le chenal.

Vous, vous êtes encore en mouvement. Votre horizon change constamment. Ce n'est pas quelque chose que vous subissez simplement. Vous avez été quelqu'un aux premières loges du changement.

Mon père était ainsi à l'affût de l'avenir. Par exemple, cultivateur, il cherchait toujours quel engrais serait le meilleur pour la prochaine saison. Ou encore, la meilleure scie pour le bois, la meilleure hache pour tailler, fendre. Révolutionnaire pacifique et pratique. Il m'aurait subtilement marqué.

L'essentiel, dans vos « conférences », n'est-il pas tant dans ce que vous dites que dans ce que vous êtes ?

Exactement. Je viens d'en faire l'expérience une fois encore.

Je devais en novembre parler de spiritualité au cimetière Côte-des-Neiges. Le tout en souvenir d'un sculpteur, M. Brunet. Donc, je devais parler de la spiritualité du cimetière, de la spiritualité du sculpteur, et de M. Brunet, celui qui a fait le premier une statue du Frère André.

J'ai commencé à discourir en disant: «Écoutez, moi, j'ai l'âge d'être ici. J'ai 95 ans.»

Je voyais des gens de 30 à 70 ans, leur attente était: «Qu'est-ce qu'il peut nous dire à cet âge-là? À cet âge-là, il ne peut pas mentir, il n'a pas besoin de se valoriser. Donc ce qu'il dit est important.»

J'avais l'impression qu'ils attendraient ou écouteraient mon testament. Nous étions, en plus, sur le terrain du cimetière Côte-des-Neiges.

Le plus important était quand même la proclamation de l'espérance dans un lieu déjà par lui-même assez provocateur: un midi d'automne, dans un cimetière!

Alors je leur ai parlé de spiritualité: comment on vit par la pensée, la méditation, la prière.

La spiritualité, ce n'est pas d'abord une histoire de religion, une histoire de communauté religieuse. Chaque personne peut avoir une spiritualité. Même les enfants. Chaque personne a le pouvoir de penser, de vouloir, de désirer, d'imaginer, de se souvenir.

Il ne faudrait pas faire en sorte que la spiritualité soit réservée à une caste de célibataires baptisés.

Parce que certaines personnes pieuses et rangées ont écrit des livres, ça ne veut pas dire qu'elles sont meilleures. Il existe en plus une spiritualité orientale qu'on ne connaît pas et qui est là, aussi importante peut-être que la nôtre. Elle est faite d'intuitions et moins de raisonnements. Le Christ, oriental d'esprit, crée moins des traités d'oraison qu'il n'invente des paraboles pour se faire accepter et se faire comprendre.

Tout cela dit au froid, et en souriant.

Les gens veulent sentir une certaine compassion chez vous...

Ils veulent de la compassion et ils veulent surtout savoir comment je raisonne la mort.

Quand je leur dis, au cimetière encore, qu'un sculpteur, c'est quelqu'un de spirituel qui se bat contre quelque chose de rude, contre la pierre et le granit... Et renaît le souvenir de M. Brunet. Une seule image leur a suffi ! J'avais, moi, dans la tête le mot de Plotin : « Ne cesse de sculpter ta statue. » C'est-à-dire écoute, vis, sculpte, travaille.

Les gens que vous rencontrez vous posent des questions. Sont-ils inquiets ?

Oui. Ils veulent connaître le « comment » de leur vie, plus que le « pourquoi ». Et ils se méfient des idéologies presque autant que des réponses toutes prêtes. Ils veulent du sens.

De plus en plus, et depuis le prestige de la technique partout, en toutes les avenues de la société, il me paraît évident que nos jeunes sociétés sont obsédées par le « comment faire » pour réussir. Moi je suis à l'âge des « pourquoi faire ».

Pourquoi devenir riche si... ? Pourquoi être en santé si... ? Pourquoi le prestige si... ?

J'estime que, malgré les apparences du quotidien supermédiatisé, les gens cherchent encore le sens de leur vie plus qu'ils ne l'affirment. Je rencontre des jeunes assez libres dans leur conduite quotidienne qui se demandent sérieusement s'ils doivent un jour avoir des enfants dans une société qui évalue ses qualités de vie à partir du seul succès immédiat. Ces jeunes sont ainsi plus épris du sens de leur vie que nous qui sommes établis dans les routines de nos bonheurs à la pige. Ces jeunes disent *pourquoi* plus souvent que *comment*.

Leur recherche de sens me rassure au plus haut point, bien que leur turbulence puisse quelquefois m'inquiéter. Les nonagénaires n'aiment pas trop le bruit…

Mais ce que vous êtes, vous… On parlait déjà de monastère portatif comme sainte Catherine de Sienne. Tous les jours, vous portez l'habit blanc, vous êtes dans un cloître, puis vous allez du cloître à la ville. Constamment. Vous avez cette grande respiration entre la présence aux gens d'aujourd'hui et la présence à la vie d'une communauté dominicaine, qui prie, qui réfléchit, qui se rattache à des éléments d'une tradition monastique.

Je suis très attiré par le monachisme. Malgré ma légèreté d'esprit… et d'action.

Je me dis qu'un jour je vais finir comme un moine dans ma communauté. Je ne ferai que lire, écouter, prier et méditer. C'est un rêve!

Mais si vous êtes assez malade, il se pourrait que vous alliez dans une autre résidence, en dehors de la communauté.

Oui. Déjà choisi. J'ai déjà signé. J'irais chez les pères de Sainte-Croix. Leur infirmerie est communautaire et hospitalière. On y prie tous les jours. Puis il y a des livres… et la proximité du Frère André, sans oublier saint Joseph, «patron de la bonne mort».

Mais présentement, les gens recherchent chez vous, peut-être sans le savoir… quelqu'un qui tire sa substance tous les jours d'un contact vivant avec la grande tradition monastique.

Oui. Pour moi, l'office divin, l'eucharistie, c'est majeur. Depuis toujours. Le travail aussi. *Ora et labora.* «Prie et travaille.» Alternance!

L'alternance n'est-elle pas aussi une loi de la nature? Jour-nuit, été-hiver, froid-chaud… Je me souviendrai toujours de ce qui crée à mon avis la sagesse des bénédictins, qui, malgré tant d'épreuves, vivent, survivent… en chantant des alléluias:

l'alternance des heures de la prière selon les saisons, surtout l'alternance chaque jour entre le travail et la prière. Duo génial ! Je le conseille à mes amis, bousculés par la compétition.

Je me souviens que j'accompagnais autrefois des jeunes filles en Europe, j'étais comme un chaperon qui rassure les parents. Je faisais le tour de l'Europe, avec cinq ou six étudiantes en droit… J'étais surpris de voir jusqu'à quel degré je réussissais à célébrer l'eucharistie presque tous les jours. Besoin intérieur, quasi compulsif !

Alternance ! Visites des villes. Arrêts dans les cathédrales. Et messe.

Les étudiantes y assistaient ?

Quand c'était possible. À l'époque, ça allait de soi : le rituel religieux alternait avec le quotidien normal. Un peu comme la musique aujourd'hui rythme nos vies domestiques.

Pour revenir à votre vie, ce va-et-vient entre le monastère et le monde définit un peu votre personnalité…

Ça définit mes limites aussi. Je ne suis pas un mystique. Le mystique en un sens se suffit. La grâce chez lui s'impose.

Je suis plutôt celui qui vit le va-et-vient entre sa maison et celle des autres.

Le quotidien m'éblouit. L'actualité me menace.

Il y en a qui réussissent très bien à joindre action et contemplation. Je pense à Jean Vanier et à son ministère auprès des handicapés. Il est en même temps mystique. Non, je n'ai pas la profondeur de Jean Vanier, encore moins celle de Thérèse de Lisieux… Mais j'aspire, je désire.

Mais être mystique, est-ce que ça ne peut pas vouloir dire simplement vivre dans la conscience de l'amour de Dieu ?

Moi, je cherche à identifier chez les autres ce que Dieu me dévoile par eux.

Je cherche à dire aux autres ce que Dieu voudrait que je dise ou que je fasse en représentant la joie d'un Dieu à la fois Créateur, Sauveur et Rédempteur.

Il y a une conscience en vous de la présence de Dieu.

Mais pas d'une façon mystique, à la manière carmélitaine. Dieu, pour moi, est davantage chez les autres qu'en moi. Ou plutôt : les autres me disent, parfois me prouvent, Dieu. Mieux que je peux le faire moi-même. Dieu, c'est les autres !

Vous avez une image pour représenter votre attachement à la vie dominicaine ?

Ici, au 2715, chemin de la Côte-Sainte-Catherine, par exemple, ce qui frappe, c'est la lumière. Une maison aux larges fenêtres, tout en lumière.

C'est un beau couvent.

Très beau, modèle architectural assez unique. Pour les étudiants qui s'intéressent à l'architecture religieuse du Québec, une œuvre d'avant-garde.

Du moins, une brisure avec la tradition conventuelle reçue. En même temps, un certain équilibre des formes mises au service d'une communauté de consacrés à l'étude sacrée et à la prière communautaire.

Réfléchissant sur la vie dominicaine, vous avez écrit un livre sur saint Dominique.

Question de revenir aux sources.

J'y rappelle les textes fondateurs, et en plus un court commentaire pour éclairer mes lecteurs éventuels.

Saint Dominique crée un ordre de mendiants, instruits, mais qui ne cherchent pas à impressionner par autre chose que leur science et leur charité.

Oui. Nous avons en général conservé cette tradition. Beaucoup étudier, dire ce qu'on a à dire, donner son point de vue. C'est beau.

Pourtant, l'Église – et les dominicains – ont longtemps cherché à convaincre ceux qui pensaient autrement…

Est-ce que les dominicains cherchent à convaincre ? Oui, comme tout le monde qui aime les idées. Ici et là, il y a ceux qui veulent tout de suite avoir raison. Il y a ceux qui sont prêts à discuter. D'autres qui doutent. Si je dresse le bilan, je note que mes confrères de la pensée sont en général assez généreux. Ça vient de notre formation. Notre maître demeure Thomas d'Aquin, toujours prêt à lire, à écouter l'autre, à le commenter au besoin et s'il faut discuter… voire concéder parfois.

Autant les bénédictins aiment la *lectio divina*, la « lecture spirituelle » qui deviendra méditation, autant les dominicains ont tendance à « disputer », à discuter, voire à conclure.

Après tout ce que vous avez acquis de la vie communautaire, de la culture, de la religion dominicaine, que nous souhaitez-vous aujourd'hui ? Que demanderiez-vous en ces moments de crise et de refus ?

Je demanderais aux gens d'étudier davantage leur patrimoine religieux.

Pour retrouver ce qu'il y a de plus important dans la vie consacrée, telle l'importance du culte, des rites, l'importance du pèlerinage, l'importance du jeûne, de l'aumône, de la halte dominicale, de la prière, de la méditation, du silence.

Le patrimoine nous ramène aux racines de la piété populaire faite surtout de fidélité, de générosité et d'acceptation des inconvénients de la vie.

L'Église doit-elle plutôt suivre le temps de la société marchande ?

Je ne crois pas, même si chacun espère une Église mobile, en marche, l'Église qui va là où va le peuple. En camping, plutôt qu'à la sacristie ?

Il nous faut retrouver un jour choisi, une halte collective.

Dimanche. Il faut à tout prix retrouver le mot et sa réalité. Urgent pour l'équilibre de chacun et de notre vie sociale en général.

Semaine sans « dimanche », semaine essoufflée.

Parlant du dimanche, nous nous rappelons Messe sur le monde, *que vous avez créée à la radio de Radio-Canada… Vous avez été marqué par Teilhard de Chardin ?*

J'ai même donné plusieurs conférences sur lui.

Vous l'avez beaucoup fréquenté ?

J'ai tout lu, ou presque, de son œuvre.

Quelles sont vos œuvres préférées ?

J'ai d'abord aimé ses textes sur la matière : La matière, véhicule du spirituel.

Ensuite ses réflexions sur le Christ comme étant relié au cosmos. En se faisant homme, Jésus se relie à l'eau, à l'air, au feu, à la terre.

À propos de l'amour, comme puissance d'action, Teilhard écrit des choses extraordinaires. Et quel style !

Il y a aussi son testament… « Si jamais je n'ai plus l'esprit… » Il offre à l'avance sa vie, sa mort, au Seigneur. Ainsi que l'avaient fait Ignace de Loyola et Charles de Foucauld.

Dire qu'il est mort le jour de Pâques ! Sainte coïncidence !

Donc il vous inspire toujours.

Il m'inspire par sa manière de relier l'univers à nos croyances.

Il m'encourage à suivre mes petites tendances dites cosmiques. Moi qui aime le fleuve, la montagne, la terre et les étoiles.

Ses textes m'ont servi à créer dans les années 1970 avec Paul Tremblay *Messe sur le monde*, à Radio-Canada. Émission poursuivie jusqu'à aujourd'hui par Radio Ville-Marie.

Pouvez-vous dire que, dans votre dialogue avec des centaines de gens, vous continuez de grandir ?

Oui. Et d'apprendre.

Historien de formation, j'étais trop intéressé par les faits. Aujourd'hui, j'adore réfléchir autrement. De plus en plus, je suis intéressé par les idées.

Je me demande si ce changement n'est pas un signe de vieillissement.

Vous devenez plus philosophe qu'historien ?

Peut-être. Avec la vie et l'âge, ce qui me préoccupe idéologiquement aujourd'hui, c'est davantage le temps, le temps qui se déroule.

Avant, on disait : *Carpe diem.* « Saisis le temps. » « *Seize the day.* » On allait moins vite qu'aujourd'hui.

Le passé n'est plus ; l'avenir est virtuel. Le présent est le seul temps réel.

Il y a pourtant cette tendance aujourd'hui à valoriser l'instant… quitte à nous créer des illusions. L'instant passe, comme le temps qui le crée.

Au moment où je parle il est passé.

Il n'y a que le présent qui existe. Et l'instant, oui, mais si fuyant !

Peu de gens vivent vraiment dans le présent. Beaucoup le gaspillent.

Moi, je ne sais pas si je vis le présent ou le passé, tellement, à mon âge, le temps me fuit.

Vivre ? N'est-ce pas marcher sur un tapis roulant ? Tu demeures sur place en imaginant que tu as perdu du poids et gagné du temps.

À mesure que les gens vieillissent, le risque est grand d'idéaliser le passé. Nostalgie d'adulte !

Mais comment intégrer ses misères, ses péchés comme on dit dans le christianisme ?

Tant de situations dramatiques ! Des gens qui sont sur leur lit de mort et ne sont pas encore capables de se pardonner. Ou des gens qui ne sont pas capables de pardonner à celui qui va mourir. Je me souviens d'une jeune femme dont le père, un grand savant, avait eu une distraction, une seule, pendant sa longue carrière. Elle, dans la trentaine, ne pouvait pas pardonner à son père d'avoir laissé tomber sa mère une nuit... cinquante ans plus tôt !

Je me suis rendu à l'hôpital. C'était la fin. Ils se sont parlé. Enfin ! Tout a fini en larmes. Peu de paroles. Le pardon a tout fait. Le pardon, signe d'un cœur adulte.

Mais pourquoi tant d'années à ruminer un passé irréversible ?

À force de coudre du vieux, tu vas perdre ton fil.

Comme disent les Africains, si tu rames à contre-courant du temps, les crocodiles rient.

Le Christ dit la même chose : qui met la main à la charrue ne doit pas regarder en arrière.

De ce point de vue-là, le christianisme est généreux. Il s'agit moins pour lui du passé à valoriser que d'une ouverture continue à l'avenir. Le Royaume ! La Vie durable ! En attendant : « Donne-nous le pain de chaque jour. »

Peut-être que je devrais vous parler du pardon, celui qui, sans toujours éteindre le remords, les regrets, signifie la générosité possible du cœur humain. Pardonner, n'est-ce pas aimer ? Aimer sans nécessairement tout oublier. Aimer dans la gratuité. Le surplus d'un amour est d'autant plus noble qu'il prend l'initiative de faire intérieurement les premiers pas : ce qui s'appelle ou suppose le pardon.

Est-ce à dire que Pope a raison de proclamer qu'errer est humain et pardonner divin ? Je le crois, pour la bonne raison que, m'étant souvent trompé, chaque fois le pardon reçu a été une joie merveilleuse, une joie d'un autre ordre. Avec cette précision inattendue : Dieu aime pardonner sans oublier nos manquements. Dieu qui perd la mémoire ! La confiance et l'amour ont droit à leurs extravagances… Pas vrai ?

Vous parliez des gens qui critiquent le passé. On voit ça pas nécessairement chez des personnes âgées… On s'en prend à la génération actuelle parce qu'elle n'est pas ceci ou cela… C'est comme des coups d'épée dans l'eau, de toute façon. Pendant ce temps-là, on est complètement à côté de la vie.

Pourquoi les gens âgés sont-ils parfois, sinon souvent, portés à critiquer ? Permettez-moi de vous dire à tous les deux que les gens âgés n'ont pas inventé la critique. La critique en soi obéit à un manque, mais aussi au rappel d'un idéal souvent sublime. Nous critiquons la société parce que nous lui souhaitons le meilleur au moment où peut-être elle a des conduites légères ou erronées. Un mot d'un ami psychanalyste pour tout boucler : on ne critique que ceux qu'on souhaite aimer davantage.

L'actualité racontée nous voile le temps quotidien vécu, comme la dentelle cache le tissu, comme la vague cache le chenal.

C'est le règne de l'opinion. À partir d'un cas particulier d'un passé pas toujours analysé, on généralise, on dogmatise.

Pouvez-vous expliquer un peu ?

J'étais tout petit – les années 1925 – et nous étions descendus au village Saint-Michel pour la grand-messe. Nous, les garçons, nous attendions le dernier coup de la dernière cloche pour entrer à l'église. Un dimanche matin où il y avait des orages sur le fleuve et des vagues. Passait une goélette venue de Montmagny et en route vers Québec.

Les vagues nous paraissaient si énervées que, pour nous les petits, le naufrage était imminent.

On entre à l'église, nous disons des chapelets pour les gens qui se sont noyés.

Or, à la sortie de l'église, la goélette cape déjà vers Lévis.

Sur la route du retour à la maison, je raconte ma peur et mes chapelets à mon père qui me répond : « Regarde le fleuve, il y a les vagues, elles s'en vont mourir à Beaumont et à l'île. Le vrai fleuve, il est en dessous. Tu ne le vois pas. C'est le chenal. Lui seul est vrai. Aussi vrai que l'océan qui l'attend au bout. »

Plus tard, réfléchissant sur mon quotidien, je comprendrai, j'accepterai la durée, chenal de la vie.

Le temps vrai n'est pas mesurable à partir de ma montre, ni surtout des vagues. De même, la vie, la vie vraie, est ailleurs. Cadrée, comme le chenal.

C'est un courant de fond.

La vraie vie est un courant de fond. Le temps passe et je ne le vois pas. À des moments, c'est long.

La vraie vie, ma vraie vie, ma vraie actualité, vague ou pas, c'est mon quotidien.

Je travaille quand le soleil se lève
Je me repose quand le soleil se couche
Pour boire je creuse mon puits
Pour manger je laboure mon champ
Que m'importe la puissance de l'empereur

Ça vient de la Chine.

Les gens qui vous invitent cherchent le sens de la vie. Et vous leur dites quoi ?

Le vrai sens de la vie, c'est de la donner.

J'appelle ça l'offrande. *La Donation,* comme dirait le cinéaste Bernard Émond.

On offre ses pensées, ses désirs, son imagination, sa vie…

Don de soi qui va comme de soi.

Aujourd'hui on dit : « Il faut se réaliser, il faut se construire… », parfois même aux dépens des autres. Et moi je dirais : « Il faut se donner aux autres. »

Il faut donner sa vie à l'autre et si possible à plus grand que soi.

Don de soi qui irait comme de soi.

N'est-ce pas déjà le sort naturel des animaux qui meurent pour nous ?

Et des arbres, coupés pour nous ?

Le Christ parle aussi du don de soi…

« Il y a plus de bonheur à donner qu'à recevoir. Il n'y a pas de plus grand bonheur que de donner sa vie… La vie, vous l'avez reçue gratuitement, donnez-la gratuitement. »

Ces paroles ont de fait orienté toute ma vie. Don de soi aux autres et à plus grand que soi ! Plus facile à raconter qu'à réaliser ! J'en conviens.

De très près, j'observe présentement à ma fenêtre une maman qui conduit son enfant à l'hôpital pour enfants, l'Hôpital Sainte-Justine. Quelle attention ! Tant de délicatesse ! La vraie donation !

Il y a un aspect dans votre phrase : « Plus grand que soi. » Ce n'est pas évident, si on croit à une certaine horizontalité… Il n'y a rien qui dépasse. Certains ont voulu avoir un projet politique mobilisateur, ça ne semble pas fonctionner. Il n'y a plus grand transcendance.

Les artistes donnent souvent leur vie à plus grand qu'eux-mêmes. D'où leur grandeur. Parfois, leur héroïsme.

Les grands pianistes, les grands artistes, aujourd'hui, vont jusqu'au bout de leurs forces. Leurs efforts sont quotidiens, répétitifs. Admirable.

Aznavour chante encore (en 2012). Vigneault chante encore. Pablo Casals jouait du violoncelle à 96 ans.

Donner, c'est le plus souvent faire plaisir aux autres. Ça double l'amour des autres. Exemple : tu passes une heure avec tes petits-enfants, à les mettre sur ton genou et à les faire sauter, et ça peut durer toute la nuit… C'est le bonheur ! Le tien, et celui de ton enfant. Le don appelle la joie.

On dit : se donner à plus grand que soi… On parle de vivre pour les autres. C'est un peu comme si on dit : c'est plus grand que nous, la famille, les gens vers qui on se tourne pour le bénévolat…

Vous êtes importants, vous êtes plus âgés, vous avez des expériences multiples…

Vos petits-enfants, les mettant tous ensemble, sont plus importants que chacun de vous.

Je crois que le service du bien commun est une raison première de vivre.

L'individu n'a de raison d'être que d'être avec les autres.

Je crois au soldat qui s'en va au front… Je crois qu'il représente le bien commun, et moi je suis le bien particulier.

Ça s'applique même à un moine ?

Absolument. Le moine vit dans un autre contexte. Il n'en finit pas, parfois malgré lui, de « rêver » aux autres… qu'il a quittés.

C'est paradoxal.

Oui. Le moine a choisi d'être seul… L'est-il vraiment ? Sûrement pas dans sa prière, ni en pensée, ni au travail.

Les ermites ? Très rare que ça réussisse ! L'homme seul risque de se diminuer lui-même.

Un malin proverbe du Moyen Âge veut que l'ermite, à force de vouloir être plus parfait que les autres, risque de devenir un diable à la fin de sa vie… Comme un incendiaire de vingt ans qui finirait ses jours pompier !

Si nous comprenons bien : vous ne serez jamais ermite. Le seul don personnel de votre vie à Dieu ne vous suffit pas ? Vous voulez toujours vous associer aux autres ?

Ça va dans tous les sens. Mes parents m'ont donné leur vie. Ma communauté, les Frères prêcheurs, me donnent la leur. Le don des autres m'incite à imiter leur générosité. Leur vie m'invite tantôt à l'imitation, tantôt au dépassement de soi.

Notre société marchande abuse. À moins d'être donné, partagé, l'argent ne te protège pas. Illusion des riches. Force intérieure des pauvres. Tandis que le don dans toute sa force ennoblit la personne qui librement le pratique.

La dimension de la donation, concrètement…

Donner, pour moi, c'est offrir, s'offrir. Tout offrir. Même sa mort.

Mort-offrande. Ça m'a toujours frappé chez saint Ignace… Charles de Foucauld aussi… Thérèse de l'Enfant-Jésus… Ils offrent leur mort, à l'avance, pendant qu'ils sont lucides…

Des carmélites demandaient la permission de mourir. Je ne suis pas rendu là, disons… J'ai encore à apprendre…

Revenons à votre âge.

Pour beaucoup, le troisième âge, c'est une période de don intense, un temps consacré aux petits-enfants, mais c'est aussi une période où on a perdu de la vigueur, de l'énergie, peut-être l'usage d'un membre, et en même temps, c'est un âge où beaucoup de gens se donnent…

Il m'est arrivé souvent de rencontrer des malades qui n'ont rien à faire sinon attendre la fin… Et je leur dis: « Pensez beaucoup à vos enfants, à vos petits-enfants. Si vous les voyez, il faut leur dire que vous les aimez. Si vous ne les voyez pas – il y en a qui n'ont plus de famille –, pensez à eux, à elles. Si vous êtes croyant, ajoutez une prière. » Faire entrer les autres dans sa pensée est une forme élégante de bénévolat. Possible. À tout âge.

Les vieux ont un immense pouvoir de pensée, un pouvoir du souvenir: ils ont emmagasiné dans leur vie beaucoup d'événements et de faits. Leur mémoire est plus alerte et beaucoup plus riche. Leur intelligence crée, recrée des lieux souvent inattendus avec le passé des familles, des pays, voire avec toute l'humanité.

Vous considérez le vieillissement autrement que comme un appauvrissement continuel.

Mais c'est l'heure de la liberté intérieure ! C'est le grand enrichissement personnel en ce sens que je peux parler sans m'inquiéter de ce que les autres peuvent penser ou de ce qu'ils vont dire, à l'université, ici, ailleurs. Liberté de parole, la liberté de penser… Je peux dire tout ce que je veux, à condition, bien sûr, que je pense, que je me raisonne.

La semaine prochaine, je parle à L'Émergence (rue Saint-Denis à Montréal). Quand je suis là, ils sont parfois une centaine. Je me sens heureux, je le suis. L'esprit de Bouddha !

Ils sont jeunes d'âme. Ils sont à l'aise. Ils savent qui je suis. Ils me demandent de dire ce que je pense.

On s'entend sans s'exclure, bouddhistes, chrétiens, agnostiques. Pourquoi ? Parce qu'on s'aime. Or l'amour est le plus grand. Plus grand que la foi.

Ce sont les jeunes qui vous impressionnent toujours le plus ?

Faut dire que ma vie de professeur y est pour beaucoup ! Il y a davantage. Leur audace. Leur confiance face à nous… leur témérité aussi.

Quand j'ai été « aumônier » à la Sorbonne, dans les années 1950, j'ai fait à trois reprises le pèlerinage de Chartres avec des étudiants. (On était 15 000.) Merveilleux jeunes de plusieurs pays, réunis en fraternités provisoires. Tous ces voyages avec eux, avec elles, en Europe et jusqu'en Palestine, même à Athènes, m'ont à jamais marqué.

Aujourd'hui des jeunes chrétiens encore, encore ici et là.

Ces jeunes ! Ils cherchent le sens de leur vie : pourquoi exister ? comment vivre ? comment aimer, espérer, croire ?

Toutes des questions normales pour qui veut vivre sa vie sans se laisser avoir par les modes du temps. Leurs questions, leurs doutes me renouvellent sans cesse le cœur et l'esprit.

Chez plusieurs personnes âgées, il y a une souffrance de ne pas pouvoir donner.

Il y a des souffrances qui sont des maux de société. Une société qui isole ses vieux, qui ne trouve pas de place ni même de soins pour tous ses malades, est malade.

Il y a aussi cette maladie mystérieuse autant que déconcertante, qui s'appelle la maladie d'Alzheimer.

Vous êtes ému. Vous sentez-vous personnellement menacé?

Ce n'est pas la peur du mal qui m'émeut. Plutôt d'avoir rencontré un jour la directrice-fondatrice de Baluchon-Alzheimer (Montréal, 2004), auquel je serai longtemps associé. Je lui disais: «Marie [Gendron], je crois que les malades atteints d'Alzheimer ont un rôle à jouer, un rôle involontaire, comme le soldat qui meurt pour la patrie, sans immédiatement s'en rendre compte.» Énergie mystique!

En aidant, en visitant une personne en perte de mémoire, tu te dépasses. C'est de l'amour inconditionnel. Tu enrichis l'humanité et, indirectement, ces malades enrichissent eux aussi l'humanité. Comme les grands malades. La souffrance est source d'énergie. Don de soi signifie profondeur d'énergies spirituelles. Peut-être que ces personnes oublieuses et oubliées sont là pour nous provoquer au dépassement de soi qui forcément grandit celui, celle qui le pratique.

Plus nombreux encore, et parfois mal à l'aise d'être loin de toute responsabilité sociale, sont les gens «trop» âgés». Vous en êtes. Comment vivent-ils et survivent-ils?

Nous lisions quelque part la semaine dernière que, dans notre société, ce sont les gens de 40-50 ans qui prennent les décisions.

Les gens de 70 ans n'ont pas souvent l'impression qu'ils ont leur mot à dire.

Dommage! Comment vieillir sans être amer? Quand tes enfants ne viennent plus te voir, quand la société n'a plus besoin de toi? Ça prend un surplus de courage et de lucidité pour accepter qu'il en soit ainsi sans condamner.

Y a-t-il lieu de comparer les 75, 80, 90, 100 ans? Je ne crois pas que ce soit possible d'attribuer à la quantité des années ce qui s'exprime qualitativement selon les âges. En chaque personne qui vieillit se retrouvent plus ou moins évidents des «retours» aux premières années de la vie. On peut perdre davantage ses forces… ou ses cheveux, et cela a moins d'impact que ces retours aux vieux souvenirs, aux vieilles habitudes, aux premières tendances de l'enfance et de l'adolescence. Il faut avoir 97 ans pour les expérimenter. Visibles vieillissements du corps! Subtils rajeunissements de l'esprit!

Vous aimez les jeunes, mais vous fréquentez beaucoup les gens âgés.

Tous ces groupes que je rencontre, surtout à l'Université du Troisième Âge, ce sont des gens âgés. Souvent très cultivés. Ça me nourrit, de les rencontrer, de les voir aussi avides de savoir. Ce que je leur propose est simple: vivre aujourd'hui, vivre ses joies, vivre ses peines. Ou encore, je cause de l'humour religieux de nos ancêtres, pour ceux qui, oubliant de chialer, trouvent du plaisir à identifier la religion joyeuse et pourtant sévère de leurs parents.

Pour parler de la vie aujourd'hui, on pourrait tout aussi bien demander à un plus jeune, non?

Les jeunes n'ont pas connu encore la vie à longue durée. Ils vivent dans une société où tout s'achète et tout se vend. L'argent! La vitesse!

Puis, autre défi, celui de la publicité, qui est en train de ronger leur liberté de choix.

J'ajouterai que les gens âgés en général aiment aussi les jeunes. Amour vrai. Comment pourrait-on nous reprocher maintenant de trop aimer les générations montantes quand nos désirs d'autrefois étaient justement de leur préparer un avenir meilleur ?

Entre-temps, vos conférences ont beaucoup de succès. Il serait intéressant de savoir ce que cherchent vos auditeurs, jeunes ou moins jeunes.

Ce qui intéresse, et sans le formuler ouvertement, c'est la question de l'identité. Identité des peuples, pour le Québec et partout ailleurs. Identité des personnes en cours de vie. À 40 ans, à 60 ans.

Un jour, je donne une conférence aux Belles Soirées (Université de Montréal). Salle comble. Je demande à la directrice : « Qu'est-ce qui se passe ? » Elle dit : « Les gens cherchent du sens à leur vie, ils cherchent à s'identifier. La vie n'a plus de sens quand elle va dans toutes les directions. Vous les instruisez sans les brusquer comme font souvent les curés. »

Que leur avez-vous dit pour les garder à l'université pendant deux heures ?

Je réfléchis à haute voix avec la salle toute la soirée. « Connais-toi toi-même. » Socrate, toujours d'actualité. Je leur rappelle le mot de Pascal à propos de cet immense univers qui nous entoure, dont nous faisons partie, l'être humain est le seul qui soit capable de penser, de désirer, de vouloir, d'aimer, de croire, d'espérer...

Et Montaigne, donc ! « Chaque homme porte la forme entière de l'humaine condition. » « Si tu veux savoir où tu vas, commence par savoir d'où tu viens », dit l'Afrique.

Simplement, ces rappels répondent à des questions dites existentielles.

Pouvez-vous nous parler de ces étudiants de Polytechnique avec qui vous avez eu un long entretien, organisé par un professeur ?

Il s'agit d'un projet de film relié à une équipe de production locale, sous la direction d'un professeur humaniste de l'École polytechnique à l'Université de Montréal. Ce professeur aimerait savoir quelles sont les valeurs particulières qui préoccupent ces finissants au moment où ils entrent sur le marché du travail. Tous ont déjà un poste. Ils ont été choisis après consultation de leur professeur. Une élite, je dirais. Ils sont huit. Sept sont au studio de l'École. Trois femmes, quatre hommes. Ils ont de 24 à 30 ans.

Une première constatation : la société les inquiète en ce sens qu'elle va trop vite, que les grands enjeux sont facilement oubliés. Ils sont les premiers à se rendre compte que l'argent n'est pas le critère du succès d'une vie. Un des leurs est français et il s'exprime plus facilement. Lui aussi est soucieux de l'essentiel d'un engagement qualitatif. Une des étudiantes se pose ouvertement la question d'avoir une famille. Mais elle, comme les autres, exprime sa reconnaissance envers des parents qui ont permis son envol.

Personnellement, je n'entends aucune référence explicite à la religion. Pourtant, je suis bien identifié. Je suis pour eux un clerc qui a jadis enseigné à la même université. Mais pas plus. La religion est ailleurs. Indifférence ? Je ne crois pas. Hostilité ? Pas que je sache. Plutôt une affaire personnelle. Ils me respectent parce que je les respecte, en ne les obligeant pas à révéler leur pensée sur une thématique que les Québécois ont du mal à s'approprier.

Est-ce la même situation pour tout le monde : être, être soi-même ?

Oui et non. Je m'explique.

L'autre jour, on m'a demandé de témoigner avec cinq prêtres (chez les moines et moniales de la Fraternité monastique de Jérusalem). Chaque prêtre disait, à tour de rôle : « Moi, je suis prêtre », et ce n'est pas facile.

Moi, le dernier, quand je leur dis : « Je ne suis pas prêtre, je le deviens », ils me regardent, s'interrogent et finalement sont d'accord.

Ça me rappelait ces gens mariés qui me disent : « Nous, vieux époux depuis 30, 45 ans, on s'aperçoit que, oui, on a fait une promesse, mais notre couple devient chaque jour. »

La vie d'ici est en devenir. Tu n'es pas, tu deviens. L'amour aussi devient. Il risque de s'amenuiser en voulant ne jamais changer ses rites ni ses mots. Bref, deviens toi-même !

Oui, notre amie Louise... Son mari a vécu quinze mois avec sa femme à la maison, pendant son cancer. Et les derniers bouts, c'est comme si tout ce qu'ils avaient vécu était remonté...
C'était peut-être le plus beau moment de leur vie de couple, ces mois-là. Ils sont devenus un couple plus que jamais.

Cette semaine, un homme, autrefois dominicain, marié depuis 30 ans, trouve subitement son épouse gravement malade. Transportée à l'hôpital, il l'accompagne, retourne chez lui. On le rappelle pour lui dire : « Revenez, la fin approche. »

Jeanne est mourante. Il se rappelle que, même s'il a quitté le sacerdoce, il peut lui donner ce qu'on appelle les derniers sacrements. Il le fait. Plusieurs jours passent.

Paul doute de son geste, il vient me voir. Je lui dis : « Tu n'as pas à douter. »

Finalement, Paul m'avoue qu'il a vécu avec son épouse le geste le plus extraordinaire de sa vie d'amoureux : l'amour maximum. Par les yeux (elle ne parlait presque pas), par le regard, le toucher… Il a senti que toute son existence première avait été confirmée par ces derniers gestes de rites chrétiens en fin de vie.

Il est grand, le mystère de la foi ! Le mystère presbytéral aussi. Souvent c'est en fin de vie que nos choix s'avèrent les plus vrais.

Est-ce qu'on prend plus conscience de ce caractère transitoire dans ce qu'on appelle le troisième âge ?

Oui, mais en même temps que vous voyez partir les amis, vous vous dites : « Il part, elle part, moi je reste. Mais pourquoi, mais pour qui, cette prolongation ? » Dès lors, je mesure toute l'importance et l'immense privilège d'exister. Je n'ai pas besoin de la religion pour me le dire. Le rôle de la croyance est ici moins de dicter la vérité de mon existence que de la rendre plus intense, plus viable, plus éclairée. Comme une lumière de surcroît.

Nous sommes des invités de la vie, comme dit Georges Steiner.

Je suis. L'autre est. Je suis unique. On n'a pas été créés à la chaîne.

On est uniques, et il n'y en aura pas pour prendre ma place. Ouf !

Pourquoi moi ? Moi, pas mort encore ? À un moment où la sociologie s'empare de nous, pour nous juger comme groupe à l'âge de l'univers global, et que tous les humains sont humains, tous les pays désirent la liberté, me voilà, moi, à me dire : « Je suis ! Je suis ! Le je n'est pas seul… Je suis mais pour être avec l'autre, homme avec les hommes, femme avec les femmes. »

Être ici dans le Québec francophone, en Amérique du Nord ? Encore ici ? Toujours ici tandis que, partout dans le monde, des familles entières se déplacent, émigrent, immigrent… Privilège d'être moi, ici, vivant associé au devenir français du Québec.

Et le déplacement des populations?

À la fin de l'Empire romain, des populations arrivent de partout. Et peu à peu, de nouveaux pays se créent.

Ça me fait réfléchir. On me dit qu'en Ontario dans vingt ans 23 % de la population sera musulmane. Les Chinois sont déjà très présents à Vancouver. Le Canada « français » promet-il des surprises?

Déplacements de populations et naissance des nations vont de soi. Irréversible chemin des populations et des nations.

Toynbee disait que les Canadiens français allaient durer... Vont-ils durer vraiment? Je le crois. Je pense à nos « bons voisins », les États-Unis, en crise. Tout change. Les hispanophones attendent. D'autres minorités peut-être. Il n'en faut pas tellement pour ébranler un empire. C'est l'histoire du Portugal, de l'Espagne, de l'Angleterre...

Le monde sans cesse devient et deviendra. Pensons à l'Afrique en 1900 et en l'an 2000... et en l'an 3000?

On devient, ça veut dire aussi qu'on peut s'éteindre.

Le devenir des pays tient à diverses lois. Certains plus fragiles que d'autres.

Le Québec?

Par intuition et sans doute avec une dose de naïveté, je crois qu'un jour le Québec forcera encore une fois le Canada à se renouveler. Probablement divisé en trois régions identifiables: l'Ouest, l'Est (les Maritimes), et au centre l'Ontario et le Québec. Pour sa part, le Québec a tout ce qu'il faut pour être et pour se dire nation ou pays, en Amérique du Nord: une langue, une culture étonnamment riche, des institutions et le pouvoir de décision.

C'est moderne, ça, le pouvoir de décider.

Très moderne. Pourtant si ancien.

J'ai peur que les gens perdent ce pouvoir en route. Un exemple : mon ami R. est décédé jeudi. Il faut faire vite. Il y a un congé à ne pas manquer. Peu de temps pour décider. Vite !

Incinération, salon, l'urne, un témoignage, quelques larmes, le buffet, le cimetière. Service rapide et complet comme au McDonald's. Adieu !

Nos habitudes funéraires changent. C'est sans doute assez significatif...

Vous dire que je suis étonné de nos habitudes funéraires récentes. Pourquoi ? Cela tient encore une fois à la vitesse à laquelle nous changeons ces habitudes. Bien entendu, il est plus facile de tout remettre le plus tôt possible à la direction du salon funéraire. Tout est déjà prévu, il ne reste qu'à mourir. Il y aura le lunch à la salle voisine, une célébration de la Parole, des paroles plutôt. Le personnel du salon est officiellement poli, gentil, à votre service. La « chapelle » est propre. S'y trouvent déjà des boîtes de Kleenex. De la musique sur CD. À votre choix, à votre portée. Si vous le désirez, il y aura un bar. Question d'amoindrir le chagrin. R.I.P.

Sans vouloir diminuer le rôle véritable des salons funéraires dans notre société québécoise nord-américaine, je dois constater que tout ici se passe à l'horizontale. Si ma préférence va à l'église, c'est justement à cause des dimensions verticales que propose l'église comme lieu de recueillement et de prière... et de paroles. Les murs sont hauts, l'espace est généralement ample, il y a un autel qui appelle la célébration, il y a un orgue qui permet, à cause du lieu encore, des sons plus riches, plus variés. Une Parole sacrée se dit mieux dans un lieu où les yeux appellent à des regards plus amples et où les mots sont largement diffusés. Sans oublier que l'église permet une démarche processionnelle plus authentique parce que plus facilement élaborée.

N'y a-t-il pas deux façons de penser et de vivre la mort? Comme une ascension ou comme un chemin de terre à l'horizontale?

Entre nous et la génération suivante, il y a une partie de notre héritage qui passe et une partie qui ne passe pas. Mais en même temps, en profondeur, l'héritage religieux est passé autrement.

L'héritage est inévitable, tout comme l'hérédité. Qui dit héritage dit succession et transmission. Une fois en terre, si le bûcheron n'intervient pas, l'arbre grandit, se renouvelle à chaque saison. Les Québécois sont des héritiers naturels: ils ont reçu leur premier héritage de la France, la France catholique en l'occurrence. D'autres sont venus. L'arbre premier survit. Il survivra.

Bien sûr, l'arbre hérité de la France royale et catholique a perdu beaucoup de branches ces dernières années. La terre première est toujours là. Il peut arriver qu'un voyageur qui ne voit que les apparences ou n'analyse que de l'extérieur par statistiques, conclue à la fin de l'érable malmené par le vent et la tempête, oublie que cet arbre fait partie d'une érablière qui, à sa manière, attend le printemps, pour se manifester autrement que par ses vieilles branches.

Hériter, c'est aussi vivre une transmission. Dans ce cas, il s'agit de la transmission d'une Parole. Interminable!

Rien n'empêche entre-temps de considérer que, visiblement et dans l'immédiat, l'arbre subit de violentes tempêtes qui sociologiquement le menacent. Perdre des plumes en quantité ne veut pas dire qu'on perd ses ailes.

À vous écouter, vous n'avez pas envie d'emprisonner l'histoire de votre Église catholique telle qu'elle est vécue présentement au Québec dans des formules et même des expériences manquées de l'enseignement religieux des dernières années. Où est le sacré, le divin présentement?

C'est divin, par exemple, d'en arriver à faire un enfant. C'est divin d'en prendre soin, de l'aimer, comme c'est « divin » de se nourrir, de travailler, de visiter ses amis.

Le divin n'est pas que dans les temples. Il est là où il y a vie, activité, pensée, nature.

Tu existes en même temps que les fleurs, en même temps que la lune. Toute existence, on l'a dit, est unique, sacrée.

L'existence est un miracle en soi.

J'aime méditer sur l'existence, sur le privilège d'exister, sur la manière d'aimer et d'exister pour chaque personne, chaque fleur, chaque animal. Il y a du divin dans ça. Du divin partout.

Entre-temps, la biodiversité est menacée.

On peut améliorer la nature. Comme les remèdes qui améliorent la santé, mais ne la donnent jamais. S'abandonner à la nature n'est ni abdication ni trahison. Bien au contraire. Une vie d'avenir.

Ce qui me fascine encore dans la nature première, c'est qu'elle favorise en principe toute existence. Surtout l'existence humaine, jeune ou moins jeune.

Vous êtes âgé. Vous ne semblez pas malheureux d'avoir cet âge et d'aller visiter vos « contemporains ». Quel « vieil » âge préférez-vous ?

Personnellement, je suis porté à écouter les vieilles personnes qui s'ennuient, qui n'ont plus de raison de vivre et qui sont très malheureuses. Je ne peux pas les blâmer, mais en même temps je sais qui il faut blâmer.

Quand une société n'est plus capable de soutenir ses vieux, il y a quelque chose qui ne va pas. En Afrique, ce n'est pas possible. Le Japon réfléchit beaucoup sur les gens âgés. Ici, nous commençons. Vite ! Vite !

Il y a un malaise. Il faut l'exprimer. Réfléchir sur la vieillesse en s'instruisant des autres peuples peut aider.

Vous avez rencontré des adolescents récemment…

Il y a deux ans, j'ai fait une expérience avec des jeunes. Non dans la rue, mais dans une école de Pointe-Saint-Charles. Des vrais ados !

Évidemment, j'avais 95 ans. Pour eux, c'est « épouvantable ». Mais les voici tranquilles. Ils m'observent. Mon âge et ma condition présente les mystifient.

Avec l'enseignante, ils ont préparé des panneaux thématiques : la culture, le Québec, le sport, le transport… Chacun devait illustrer et animer un panneau.

Moi, je commenterai. Les questions suivront.

Moi, j'ai l'impression qu'il faudra m'adapter, faire comme un effort de traduction, me mettre à la portée de leurs rêves et rêver avec eux. Comme a fait souvent le Christ avec ses disciples à propos du « Royaume ».

Quel âge ont ces jeunes ?

Quatorze, quinze ans.

La rencontre avec ces adolescents est en sept étapes sur deux jours. Le premier soir, j'étais crevé. Le lendemain, quatre séances. Plus rassuré. Moins fatigué.

Ce qui m'a frappé, c'est que ces jeunes-là soient si sensibles à la bonté.

Les valeurs fondamentales, ils les cherchent, ils les désirent, ils ne les reçoivent pas toujours de leurs parents. Ils les reçoivent d'un certain instinct de société. Ils s'interrogent beaucoup plus qu'on ne le pense.

D'autre part, je note une sorte d'ignorance d'adultes qui leur arrive d'ici et là.

Ils vous avaient identifié comme un prêtre ?

Oui.

Ils n'ont pas réagi à ça ?

Oh ! pas beaucoup. Leur curiosité est un peu celle des adultes, sans leur hargne.

L'un d'eux m'a demandé :

« Le pape, qu'est-ce qu'il vous dit de nous dire ? »

Un autre :

« Pourquoi ils sont riches à Rome ? »

Un autre :

« Pourquoi le pape en veut-il à la sexualité », etc.

Qu'avez-vous répondu à la question sur la richesse du Vatican ?

J'ai dit : « Trouves-tu que c'est beau, ces églises avec des tableaux, des statues ? » Il a dit : « Oui. » J'ai répondu : « Il faut quelqu'un qui garde ça pour que ça reste beau. L'Église catholique à Rome est au service de la vie artistique de l'Italie. Pense au tourisme. » Il m'a regardé comme si cet argument lui suffisait.

À propos de sexualité, je sens un intérêt mitigé. D'ailleurs, certaines de leurs consœurs sont visiblement enceintes. Leur intérêt répond davantage à des inquiétudes d'adultes qu'à leur propre angoisse.

Je leur ai expliqué que le pape leur donnait son point de vue, qu'il disait que, « dans la vie, faut pas se fâcher trop vite. On risque de perdre des amis. » Ils ont souri. Ou encore : « Faut beaucoup aimer l'autre pour s'aimer. » Ça les étonne !

D'autres questions viendront sur ma vie personnelle, mon lieu de séjour, ma vie affective, mes « blondes ». Rien de méchant à la manière du journalisme biaisé. Simplement le besoin de savoir. Je leur réponds de mon mieux.

Ces jeunes n'ont pas un langage choisi, mais ils ont beaucoup de cœur.

C'est dire qu'il faut les respecter, les écouter. Pas trop de mots. Qu'ils me regardent !

Ils m'observent.

Plusieurs sont baptisés, mais pas plus.

Quelle est votre impression globale à la suite de ces rencontres de jeunes ?

Ils m'ont mystifié. Derrière leurs mots carrés, leurs questions, une générosité de l'esprit toute naturelle, sans calcul. Peut-être tout simplement que je voulais apprendre d'eux plutôt qu'enseigner. Ils l'ont senti. Une jeune musulmane m'a même dit à la manière québécoise : « Un gros merci, Monsieur Lacroix. » Une femme encore, que je ne reverrai jamais. Et je l'aime !

Quels sont à votre avis les deux mouvements sociaux les plus importants de votre longue vie ?

Le féminisme et l'immigration.

La Chine marxiste aurait proposé théoriquement l'égalité pour tous et toutes. Puis en France, Simone de Beauvoir, d'autres « héroïnes » de ce changement social sont apparues.

Actuellement, le féminisme est aux prises avec une société marchande tentaculaire. Ce sera difficile. Mais ce mouvement est essentiel à la survie même de l'humanité. Il ne faut pas en douter. À elles appartient l'art supérieur de protéger autant la pré-naissance que la naissance des enfants. Peut-être d'inscrire à l'intérieur de l'islam féminin une dimension inattendue. Comme il arrive à l'Église catholique au niveau administratif et ministériel.

Quant à cette situation encore discutée et discutable dans la « sainte Église catholique et apostolique » face à l'univers féminin, je dois interroger l'histoire plutôt que m'en remettre paresseusement à l'opinion publique : mon Église est prisonnière de la Parole de Dieu. Elle se doit donc de consulter, d'étudier encore la Parole de Dieu. Au sujet du sacerdoce des femmes plus spécialement, il n'y a à mon avis que l'étude assidue de la Bible qui actuellement pourrait « forcer » les répondants officiels du catholicisme mondial à modifier ses manières de trancher la question d'une façon plus correcte et plus démocratique. Beaucoup de chemin à parcourir ! Je ne verrai pas.

Voilà des pensées de nuit dont je m'excuserai à la première contestation.

Nous contestons toujours l'idée qu'il faut repenser (entre hommes) la question du sacerdoce avant d'envisager l'ouverture au sacerdoce féminin. La femme n'est-elle pas image du Christ, comme elle est image de Dieu[1] *?*

De l'image à la réalité mystique, du dire au faire, que de chemin en perspective !

Allons en avant. Que pensez-vous, vous qui êtes un être d'amitié, de ce qui s'appelle l'au-delà, la fin de vie ? C'est la fin de tout ? Que dites-vous alors de ces longues amitiés, de ces couples qui ont vécu cinquante, soixante ans de mariage ?

Vous parlez de gens âgés ou de jeunes qui ont le même enthousiasme. Est-ce que vous pratiquez l'amitié à tel point que survivent des amitiés sur plusieurs décennies…

Avoir 97 ans et plus apporte des joies inédites. C'est ainsi que je suis en rapport d'amitié avec trois familles. Depuis exactement soixante ans. Les Fournier, les Rainville, les Parent.

Naissances et deuils, quand l'un s'en va, l'autre prend la relève. Les petits-enfants sont devenus des adultes. Je suis là, eux de même. Amitié par fidélités simultanées, successives. Après 60, 50, 40 ans, nous nous aimons encore.

Les plus jeunes héritent de l'affection des parents à mon égard. J'en profite. Ils sont pour moi une preuve évidente que

1. Voir Elizabeth A. Johnson, *Dieu au-delà du masculin et du féminin*, traduction Pierrot Lambert, Paris, Éditions du Cerf, coll. « Cogitatio Fidei », nº 214, 1999, p. 121 ss.

l'amitié est un trésor. Qu'elle n'a pas d'âge, comme Dieu. Lui aussi ne manquera jamais à sa Parole. Dieu est fidèle ! Dieu est amour ! Eux, elles, sont Dieu avec moi !

Comment ajouter à vos amours d'ici les amitiés « de l'autre bord », comme disaient nos ancêtres ?

Est-ce que vos amis de longue date vous parlent de l'au-delà ?

Oui. Parfois. Mais – étrange à dire – en termes de retrouvailles.

Est-ce que les gens du troisième âge d'aujourd'hui se posent la question de l'au-delà ? Ils ont eu ça dans leur bagage religieux.

Ils sont souvent très inquiets. Surtout à l'idée de ne pas revoir les leurs.

Certains d'ici croient même à la réincarnation, à la manière d'une résurrection sécularisée.

Il y a une foi spontanée en la survie. Nos amis parlent à leur conjoint ou à leurs parents disparus. Est-ce que ce n'est pas un dialogue avec soi-même ?

Oui et non. Nul ne vit par soi-même, dit saint Paul. Vivre ainsi avec nos chers disparus est naturel, normal.

Les gens ne vous demandent pas ce qui est arrivé à l'enfer et au purgatoire ?

L'enfer ? Les gens préfèrent ne plus y penser, mais la peur n'est pas loin. L'enfer leur paraît absurde en rapport avec l'appréhension d'un Dieu essentiellement bon. Inutile de les contredire. L'enfer est avant tout, non pas du feu, mais la suite définitive d'un manque d'amour jamais corrigé. Rare de trouver un manque absolu d'amour mais corrigé. L'enfer, ce n'est pas pour n'importe qui !

Une éternité à souffrir pour des choix qu'on aurait faits pendant soixante ou quatre-vingts ans ?

Mieux vaut rester neutres et froids à la pensée de l'enfer, surtout en termes de châtiment par le feu. Il y a toute une distance entre une image et la réalité.

Si les gens ne me parlent plus tellement de l'enfer, ils me parlent souvent de l'au-delà de leur corps : qu'est-ce qui va lui arriver ? Surtout de mon corps ! Cela tient un peu à notre obsession d'une bonne santé éternelle.

Il y a des gens troublés par le purgatoire aujourd'hui, par ce qu'on dit du purgatoire dans des livres ésotériques…

Pour le purgatoire comme pour l'enfer, l'imagerie populaire, héritage des XVe et XVIe siècles (le temps de nos origines canadiennes), a pris le dessus sur l'affirmation dogmatique à la manière du Christ qui, sans renoncer au langage juif sur l'au-delà, parle plutôt de conversion, de salut, de Royaume de Dieu. Cette fois, l'art a mal servi la pensée chrétienne.

Patience. Chaque époque a ses sensibilités et ses caprices. C'est à respecter. Jésus a bien su adapter le mot Royaume et le comparer à une semence en gestation.

Je chercherais à mettre des mots qui vont bien aujourd'hui.

Je n'ai de conseil à donner à personne. Contre toutes les peurs, j'aimerais redire souvent ces trois mots, les plus importants de la Bible : « Dieu est amour. »

Que pense notre société aujourd'hui ? Pouvons-nous cerner notre société, avec les arrivées successives d'immigrants ?

À propos des immigrants, ne sommes-nous pas tous et toutes des descendants d'immigrants ? Quelle richesse, dans la mesure où ils arrivent avec le désir de vivre avec nous, d'enseigner aux enfants les bienfaits de notre culture, de notre langue surtout. Nous sommes une nation en devenir. Eux arrivent souvent chargés d'un passé tumultueux. C'est à ne jamais oublier. Ni de leur part ni de notre part.

Vos amis qui sont témoins de votre intense vie sociale commentent avec humour votre réputation d'aimer les femmes. Vous êtes féministe ?

Résumons. J'aime ma mère, qui m'a tant aimé, mais sans jamais me le dire. J'aime ma sœur Jeanne qui m'a enseigné le piano, j'aime Mme Sylvain qui m'a enseigné la grammaire sans me frapper les doigts une seule fois !

Moi, fils de saint Dominique, je confesse que j'aime autant les vieilles dames que les jeunes.

Je voudrais même que tous les prêtres catholiques fassent le vœu d'aimer les femmes. J'exagère ? Qu'aurait été Adam sans Ève ? Et Jésus sans Marie ? Et Joseph sans Marie de Nazareth ? Et Jésus sans Marie Madeleine, sans Marthe, et mon Église sans Thérèse d'Avila, Thérèse de l'Enfant-Jésus ?

J'aime Monique d'Afrique qui a tant pleuré pour que son fils Augustin se convertisse. J'aime Claire d'Assise qui aime François. J'aime mon saint Dominique, fondateur des Frères prêcheurs, qui s'accuse de préférer les jeunes filles aux femmes plus âgées. J'aime toutes les femmes. De ce point de vue, je suis féministe à temps complet.

Un seul point : je regrette parfois de ne pas les aimer assez. Plusieurs, sinon la majorité d'entre elles, pratiquent l'amour dans toute son excellence, excès entendus. Leurs rêves d'infini et leur goût des amours impossibles laissent entrevoir à leur manière quelques lueurs de l'infini divin… Unique.

Vous qui êtes un homme de relations, vous avez toujours aimé écrire. Vous avez beaucoup écrit. Pourquoi écrivez-vous ?

Si jamais j'écris, je me suis souvent dit, je le ferai pour les autres. Jamais je n'écrirai pour moi seul. Mes aventures poétiques telles que la *Trilogie en Bellechasse* sont avant tout des récits parlés.

Premièrement, éduqué par tradition orale, j'apprends par mes professeurs de Bible, les pères Faribault et Brunet, que la majorité des écrits anciens, y compris ceux d'Homère, sont d'abord des dits, des récits, des souvenirs.

Plus tard, au Rwanda, je constate l'importance de l'oralité. Oui, j'écrirai, mais pour raconter avant tout.

L'autre raison est peut-être que mes directeurs de travaux, Étienne Gilson et Henri-Irénée Marrou, excellents professeurs, n'en finissaient pas d'écrire des livres.

Admiratif, et devenu leur ami, j'ai voulu les imiter… de loin.

Cependant, je n'oublierai jamais que ni le Christ ni Socrate ni les grands sages n'ont écrit. Ça me fait réfléchir !

Au fond, je veux être comme mon père. Je veux raconter. Écrire pour raconter.

Il y a peut-être aussi l'influence subtile de ma mère, qui, elle, est la femme décidée, méthodique, qui respecte le temps, les heures de la journée. Elle a en plus une sorte de stabilité qui corrige les improvisations de l'homme de la terre, habitué à se conformer aux caprices des saisons. Elle, c'est le quotidien. Mon père, c'est l'actualité.

Tout récemment un souvenir est revenu : papa ! Papa, instruit lui aussi par la petite école, celle du premier rang à Saint-Raphaël-de-Bellechasse, aurait aimé écrire. Il écrivait. Des mots courts, abrégés, souvent fautifs. Sauf que, vers la fin de sa vie, il a mis la main sur une vieille Remington de la commission scolaire. Il adore y mettre ses gros doigts, lettre après lettre, faute après faute. Une ligne ou deux, glorieusement signées Caïus Lacroix. Son triomphe !

D'accord, monsieur le psychologue, j'écris par fixation à mon père, qui aurait tellement voulu devenir écrivain. Merci, papa !

Il écrivait… ses pensées ?

Non. Il écrivait des bouts de phrase. Il écrivait au député pour lui exprimer son idée ou lui dire qu'il avait mal parlé à la dernière assemblée.

Il n'a pas eu l'idée d'écrire ses souvenirs ?

Non. Lui, c'est la parole, seulement la parole.

Vous parlez de votre père, de votre enfance. Vous êtes fasciné par l'enfance.

Ah ! l'enfance !

Plus j'avance en âge, plus l'enfance me fascine. Il m'arrive même de regretter de ne pas avoir eu d'enfants ! Les enfants, je les aime depuis toujours !

Il me semble même que Jésus-Christ ne pouvait venir nous visiter sans se faire lui-même, provisoirement du moins, enfant, tout petit enfant.

À propos de ce qu'il y a de plus intime en nous, l'enfance, jamais oubliée. Mais de plus en plus lointaine. Et pourtant ! Lui, Jésus-Christ en personne, il a dit, promis : « C'est aux enfants qu'appartient le royaume de Dieu. »

Ce sont pour moi des paroles de grande générosité et d'infinie tendresse.

Oui, je me surprends encore à rêver à mon enfance. Enfance si souvent perdue et retrouvée. Enfance blessée, enfance guérie. Enfance rêvée, enfance réalité. Pourquoi devenir adulte à tout prix ? J'y réfléchis en marchant ici en ville, à quelques pas de l'Hôpital pour enfants.

Depuis quelque temps – je vieillis –, les souvenirs de mon enfance, autant qu'autrefois le fleuve et ses paysages, activent ma prière. N'en fut-il pas un peu de même pour le psalmiste des temps passés ? Ainsi les mots du verset 2 du psaume 130 me vont comme un gant : « Je tiens mon âme en paix et silence comme un enfant contre sa mère. » Je le redis, le fait de vivre à côté d'une école et d'un hôpital pour enfants est un immense privilège. Dire que j'ai 97 ans. Gabrielle m'a salué en passant. Elle a sept ans ! Je me sens honoré par elle. Nostalgie ? Plutôt fierté que la vie continue. La sienne. La mienne.

Parlant d'enfants, devenir grand-parent, c'est quelque chose de sublime. Notre fils, pour nous annoncer la venue de son premier bébé, nous a soumis un questionnaire (genre : « Êtes-vous contre l'accroissement démographique de la planète ? »). Nous lui avons dit, après avoir appris la naissance à venir de notre première petite-fille : « Cette naissance va te "grounder". Tu vas avoir un rapport charnel avec la vie. » Il a deux enfants maintenant. Il est encore plus « groundé ».

C'est plus que les nuits blanches, les soins. C'est un rapport à la vie…

Moi, ça me manque, ça. Voir naître.

Mais comme vous venez du monde rural, vous avez un rapport spécial avec la vie…

Oui, c'est vrai.

Votre rapport à la nature touche les gens.

Un rapport vécu dès ma « tendre » enfance.

J'ai accompagné les rencontres de l'étalon et de la pouliche. Elle ne se décidait pas. Mon père riait de moi. Il disait : « C'est parce que tu es là qu'elle ne veut pas. »

J'ai appris la sexualité avec les animaux. L'énervement d'une société hypersexualisée, ça me fait rire. Je dis : « Non, vous n'avez rien vu. » Voir venir la vie, voir naître un animal, il y a quelque chose dans ça de très grand. C'est divin, je dirais.

La vraie sexualité est à mon avis celle qui aboutit à l'autre. L'autre, peut-être nécessaire à l'amour, est moins « nécessaire » que celle qui engendre la vie. Suis-je rétrograde ? Je n'oppose pas. Je compare selon les voies de la nature. Le privilège de transmettre la vie!

Le privilège d'exister!

Hier, nous avons assisté à des funérailles « humano-chrétiennes » du fils d'un de nos amis, mort d'un cancer à 42 ans.

« Humano-chrétiennes », parce que le défunt, athée, entrevoyait une forme de vie après la mort, que la mère est très croyante, que le père est pratiquant, mais avoue avoir des doutes profonds. Un prêtre, invité au salon funéraire, a lu un texte de Doris Lussier sur la foi et la mort.

Doris Lussier dit: « Je n'ai qu'une toute petite foi, naturelle, fragile, vacillante, bougonneuse et toujours inquiète. Une foi qui ressemble bien plus à une espérance qu'à une certitude. »

« La foi en fin de vie peut être un acte de confiance inquiet, mais au cœur de la vie, la foi n'est-elle pas une sorte de mobilisation intérieure en réponse à un appel personnel à se hisser jusqu'à soi? (Gilles Vigneault, Un pays intérieur, *Novalis, 2012). Mais cet appel personnel devient urgence impérieuse quand sa source est reconnue comme étant la source même de notre être…*

Autrement dit, est-ce qu'il n'y a pas deux sortes de foi, une foi de type cognitif (y a-t-il une vie après la mort? y a-t-il un Dieu qui est en relation avec nous?), et une foi de type plus existentiel (comment vivre ma vie en me laissant mouvoir par ces appels intérieurs, en me laissant guider par un maître intérieur qui transcende ma vie?)?

Votre témoignage est le mien. À ce point que je n'ose rien ajouter, tellement il est juste. Merci encore une fois de rappeler la « confession » de Vigneault. Une fois de plus égal à lui-même. Oui, quel privilège au soir de sa vie d'avoir rencontré un tel visiteur!

III

SOUVENIRS

Aux abords de la nuit, viennent souvent des noms, des images, des dates. Il y a la famille, mon père, ma mère, les proches, les prêtres de la paroisse, les prêtres du Collège à La Pocatière, les professeurs à Ottawa, Toronto, Montréal, Paris… Plus les personnes sont âgées, mieux remontent en surface les souvenirs.

En causant avec vous deux, des noms, certains noms reviennent, que la mémoire remet en route. Ou encore selon l'option, des choix inattendus de la vie, qui auront fait des vagues.

Le tout pêle-mêle, l'ordre réel des faits et l'ordre de la mémoire qui se réveille. D'anciens mots, des souvenirs surgissent à l'improviste.

Vous parliez l'autre jour des pères Lévesque, Mailloux, et aussi de votre ami-confident Dumont des premières heures de l'Institut québécois de la culture…

Et j'ajouterais les noms alors prestigieux de deux autres ecclésiastiques : Lionel Groulx et Mgr Charbonneau. Mais je pense aussi aux quêteux qui circulaient dans les rangs de Bellechasse. Requêtes d'adulte ! Mémoire d'enfant !

Le célèbre père Lévesque, vous l'avez bien connu. Il est décédé en 2000. C'est une figure toujours importante dans votre mémoire…

Nous en avons déjà parlé. Aujourd'hui – suite au deuil ? –, il y a dans ma mémoire deux Georges-Henri Lévesque : le père Lévesque, mon professeur à Ottawa, à Laval, mon « patron » au Rwanda, et le père Lévesque intime, quotidien, qui habite à deux pas de moi au 2715 !

Un grand homme avec ses limites humaines vite dépassées par sa générosité d'esprit et son cœur si affable.

Vous nous avez dit que cet ami, un peu plus âgé que vous, a d'abord été votre professeur.

À Ottawa. Dès mon arrivée au Collège des Dominicains. Nouveau docteur en sociologie arrivé d'Europe, Georges-Henri Lévesque était déjà un personnage important. Jovial, affable, d'une grande politesse.

Comme on disait chez nous : « Il est bien élevé. » Il aime, lui aussi, parler de ses origines. Beaucoup de ferveur dans ses sentiments. Par exemple, son père était chef de gare et, pour lui, il était tout normal de voyager, de prendre la route pour « voir du monde ».

Il aimait tout autant revenir sur son passé, pour le glorifier, pour le raconter. Passé au présent. Actualisation, comme dans la liturgie.

Il était de quelle région ?

De Roberval, né en 1903.

Il vous fascinait…

Il nous fascinait. Quand on est jeunes !

Georges-Henri Lévesque avait cette facilité de transposer les mots, les temps et les idées, parfois les dates. Il n'était pas historien. Sociologue plutôt. Avec ce don particulier de ramasser les idées, les souvenirs, les noms de personnes, ses souvenirs. Des talents d'éloquence remarquables. À tel point que nous les étudiants, quand il abordait un sujet et qu'il s'enflammait, nous l'applaudissions. Rare à l'époque, surtout dans un milieu où le sérieux était une vraie marque de commerce.

Quand Georges-Henri remontait un peu ses manches, pour nous étudiants c'était le signe qu'il fallait l'applaudir. Les applaudissements le rendaient heureux! Moins par vanité, je dirais, que par un goût naturel du partage des idées.

Il avait étudié à Lille. Il parlait de ses professeurs, le père Delos en particulier, avec beaucoup de reconnaissance…

C'était dans les années 1940?

À cette époque-là au Québec la sociologie courante n'avait pas de composante politique selon les États, les peuples, les lois, les rapports entre les lois. Sociologie plutôt inoffensive. Sociologie plus théorique que pratique.

Ce n'était pas forcément la sociologie religieuse?

Le Canada français s'identifiait alors et par la langue et par la croyance. Les deux étaient liées au point que valoriser la religion était aussi promouvoir la langue.

Est-ce que la sociologie du père Delos et du père Lévesque ne représentait pas pour la société québécoise une tendance un peu laïcisante?

Laïcisme inconscient.

Je parle du début de la sociologie au Québec, dans les années 1930. Dans les universités, c'est un emprunt de la sociologie d'Europe. Sociologie importée, je dirais, qui sera assimilée et adaptée par le père Lévesque et ses étudiants les plus doués.

Donc les dominicains de l'époque envoient le père Lévesque étudier la sociologie. Ensuite il enseigne aux jeunes dominicains. Mais comment est-ce qu'il passe à l'Université Laval?

Il a été demandé à Laval pour y fonder une faculté.

Geste prophétique plus important à l'époque que le *Refus global*.

Montréal commençait à bouger et Québec a décidé de bouger aussi. On savait très bien à l'époque que le père Archambault, jésuite de Montréal, ne serait pas le Georges-Henri Lévesque du Québec.

Le père Archambault avait alors une grande influence. Il faisait paraître des petits opuscules en quantité. Il animait des discussions sur différents sujets qui frôlaient les « sciences sociales ». À Montréal, la sociologie était davantage au service des idéaux nationaux. Lionel Groulx devenait une figure « nationale » dominante. Comme un peu plus tard, mais d'une façon plus partisane, René Lévesque.

Quelle était l'influence américaine à l'époque?

Minime. Jusqu'à ce que le père Lévesque dirige des étudiants vers les États-Unis, comme pour s'assurer d'une autre manière de penser la sociologie et ses conclusions « européennes ».

Vous, vous n'avez pas été à Laval?

J'ai enseigné à Laval, en littérature médiévale. À un certain moment. Peu souvent…

Vous étiez à Montréal.

J'étais à Montréal, puis en Europe. Longtemps j'ai perdu de vue Georges-Henri Lévesque et ses combats. Je le connaîtrai peu à peu par Falardeau, un de ses premiers étudiants, par Albert Faucher, Maurice Lamontagne, Maurice Tremblay. Plus tard, Fernand Dumont, tous pionniers de la Révolution tranquille.

Vous avez comparé Groulx et Lévesque.

Si le chanoine Groulx fait une conférence sur « Notre maître le passé », Georges-Henri fait une conférence sur « Notre maître l'avenir ». C'est tout dire.

Georges-Henri Lévesque était un homme « politique » extraordinaire. Il avait la science des foules, en plus des connaissances théoriques intégrées. Sympathique, « beau garçon ». Que demander de plus ? La nature l'aura choyé jusqu'à la fin.

Georges-Henri Lévesque avait du talent, de l'éloquence et du charme, et il avait des idées. Je devine déjà les réactions d'un Duplessis.

On comprend mal comment ça pouvait déranger Duplessis qu'à l'Université il y ait des gens comme ça. Qui aient des perspectives différentes, nouvelles.

Ils se parlaient. Duplessis, bon joueur, mais politicien avant tout. Il craignait l'opposition théorique, les idéologies qui peuvent « devenir » une grève.

« Un vote, tu le mérites. Une idée, tu payes pour l'étudier », aurait-il dit.

Georges-Henri Lévesque était penseur toute l'année. Duplessis, penseur à ses heures et surtout au temps des élections.

Georges-Henri Lévesque était ouvertement libéral?

Ami personnel de Pearson. Ami personnel de Louis Saint-Laurent et de sa famille.

Homme de fidélité, en un sens non partisan. Trop intelligent pour abuser. L'Université de Butare (Rwanda) n'aurait jamais été fondée sans le loyal père Lévesque et ses amis de la politique.

Plusieurs de ses étudiants ont été en politique ou dans des domaines d'influence ?

Mais il faut savoir que le père Lévesque a été aussi un ami personnel de René Lévesque. Il avait béni son premier mariage. Il a toujours porté une grande estime à « ce cher René » qui à bien des égards l'a supplanté. Ses amitiés étaient profondes, linéaires.

Je l'ai entendu de même me parler de Robert Bourassa, de Lucien Bouchard. Quelle affection ! Le cœur prenait vite le dessus sur les divergences d'opinions.

Fernand Dumont, Jean-Charles Falardeau, tout en vénérant le maître, pouvaient à l'occasion s'en dispenser et prendre des distances. Lui, le père Lévesque, ne cessait de faire leur éloge. Et ce, jusqu'à la fin de sa vie.

Un des mythes autour du père Lévesque, c'est qu'il serait parti au Rwanda parce que Duplessis aurait eu sa tête.

Faux. Autant que le départ de Mgr Charbonneau aurait été sollicité par Duplessis. La nomination au Rwanda n'est pas venue de Duplessis, elle est venue des gouvernements africains et indirectement de l'UNESCO. Les Français voulaient cette université. Les Belges aussi. Le Rwanda voulait bâtir une université pour s'affirmer sur la place publique. Et cesser d'être considéré comme une tribu. N'avait-il pas été en quelque sens colonisé et par l'Allemagne et par la Belgique, et indirectement par la France ?

L'Université du Rwanda à Butare est une fondation rwandaise, possible grâce à des appuis majeurs comme ceux du Canada. Le père Lévesque joue le rôle de trait d'union. Il excelle.

Vous avez renoué des contacts avec lui, pour qu'il vous invite au Rwanda ?

L'Université nationale du Rwanda vient d'être fondée. Le père Lévesque juge important que j'y vienne pour créer des liens culturels entre les traditions africaines et la culture canadienne-française, elle-même orale au début et même après 1760.

Je suis arrivé au Rwanda en même temps que l'abbé O'Neill. Il y avait aussi le père Pruche, dominicain français. Tous professeurs invités. Chacun bien différent dans son approche de la culture africaine.

Les voyages et les salaires sont payés à partir des fonds reçus de l'extérieur de l'Université. L'Université administre, mais sans posséder. L'Université nationale du Rwanda est une fondation appuyée par d'autres pays, dont surtout le Canada, grâce au père Lévesque.

D'autre part, j'ajouterai que le père Lévesque ne s'est jamais enrichi. Il n'a jamais possédé d'argent grâce à son prestige ou à son poste. Son cœur était ailleurs.

Quant à moi, j'étais un candidat idéal pour le Rwanda. J'étais francophone, j'avais un doctorat et surtout je m'intéressais aux grandes traditions orales, épiques, aux origines des littératures…

Vous avez été plus proche de lui au Rwanda ?

Au point qu'il m'a demandé si un jour je le remplacerais. Gentillesse extrême de sa part. Il était pourtant évident que je n'étais pas le candidat souhaitable. Déjà le Rwanda bougeait. J'ai appris plus tard que je n'étais pas le seul invité à le remplacer. Il faisait en même temps la proposition à d'autres professeurs. Cher Georges-Henri !

Vous souvenez-vous que, longtemps avant le Rwanda, le père Lévesque « faisait l'actualité » et qu'il se créait autour de lui certaines oppositions cléricales, dont celle de Mgr Courchesne, évêque de Rimouski ?

Ah ! l'affaire des syndicats « catholiques » ! Toute une histoire souvent racontée, mais pas toujours apprise telle qu'elle est arrivée.

Au niveau théorique, Georges-Henri Lévesque proclamait qu'un syndicat est là pour la protection des ouvriers, ce n'est pas d'abord pour faire prier les ouvriers.

Delos lui aurait dit : « Votre syndicat est trop catholique. » Un syndicat ne doit pas être un instrument de pouvoir clérical.

Lévesque enseignait par conviction. Il connaissait à fond les structures syndicales.

Duplessis jouait son jeu de pouvoir, et avec grande habileté d'ailleurs.

Le père Lévesque ne représentait pas l'Église catholique: il représentait plutôt une certaine affirmation du catholicisme social.

Est-ce qu'il y avait eu des contacts avec le père Lebret?

Oui. Beaucoup. Lebret est même passé à Montréal. Comme Lebret, il s'agissait de défendre des principes. Et tout à coup, on se retrouve en plein champ politique.

On a dit beaucoup de choses contre Duplessis. Il faudrait un jour un vrai historien à la manière du regretté Marcel Trudel pour revenir aux faits bruts avant d'épiloguer.

Comme nous le disions, la légende veut que c'est Duplessis qui aurait fait partir le père Lévesque du Québec.

C'est certain qu'en diminuant les octrois et les bourses, Duplessis affaiblissait l'action du père Lévesque.

Il a fait ça sciemment?

Probablement.

Parce que les sciences sociales ne lui plaisaient pas…

Non. Il disait: « On y enseigne le communisme. On n'est pas pour garder ça à la maison. »

C'était l'époque où l'on qualifiait facilement les gens de « communistes ».

On y était habitués. Même les Témoins de Jéhovah étaient communistes. L'Église avait tellement peur du communisme. Une sorte de peur parfois empruntée à l'Europe. La réputation de Staline n'aidait pas à nuancer les propos des uns et des autres.

C'était aussi les années McCarthy aux États-Unis…

Exact.

Duplessis, vous l'avez connu personnellement?

Peu. Il était ami avec une famille de Bellechasse. Une famille de 21 enfants de la même mère. Si les 21 se marient et s'ils ont des enfants, voilà bien des votes en perspective.

Une de mes nièces était mariée à un Bégin, proche parent d'un organisateur du parti de Duplessis et d'un ministre du même nom. Duplessis aurait dit au député Bégin: « À l'université, ils sont 1202 à voter. Des baveux qui vont voter contre l'Union nationale. Des communistes. Au sanatorium du Lac-Etchemin, ils sont 1204. Va travailler là, puis laisse les baveux tranquilles. » Tradition orale, variable selon les témoins.

Attention, ne prenons pas les blagues de Duplessis trop au sérieux. Cet homme était très intelligent. Il connaissait le droit à fond. Charmeur lui aussi. Quelle mémoire! Il savait les anniversaires d'un millier de personnes. Il aimait sa province, « son monde ».

Georges-Henri Lévesque, dans ça? C'était un des premiers hommes publics à s'opposer à Duplessis. Cependant, il y avait un respect mutuel. Ne dramatisons pas.

Le père Lévesque trouvait que Duplessis était un homme politique plutôt fin finaud. Comme le chanoine Groulx, il n'aimait pas Duplessis, mais en même temps on le respectait en tant que chef d'État et pour certaines de ses bonnes blagues.

Vous avez mentionné un autre dominicain québécois très influent, dont on parle peut-être trop peu aujourd'hui, et qui est pourtant un pionnier dans l'histoire culturelle du Québec, le père Noël Mailloux (1909-1997).

Au sujet du père Noël Mailloux, que je dise en tout premier lieu que les dominicains en général pratiquent plutôt une spiritualité dite altruiste, objective même. Ils ne sont pas forts sur les analyses du moi profond.

Ils se parlent rarement du « château intérieur » de saint Jean de la Croix. Ils ne suivent pas non plus les jésuites, bien qu'ils admirent et souvent étudient plusieurs de leurs théologiens.

Les jésuites, avec leur pratique du discernement, seraient-ils plus à l'âge du sujet ?

Les jésuites ? Étonnants par leur savoir, leur générosité, leur sens missionnaire et peut-être leur goût du martyre. Ils m'ont paru souvent, mais moins que les carmes, plus attirés au début par les sciences du moi.

Le père Mailloux a étudié chez les jésuites à Montréal. Son long séjour à Rome l'a marqué à jamais. Il devient peu à peu plutôt universaliste, mais très éveillé en tant que thomiste par la richesse de l'acte humain.

Excellent communicateur. Une bonne mémoire. Dans ses cours, il a toujours beaucoup d'expériences à raconter.

Pour nous, ses confrères, c'est le confrère idéal qu'on taquine. Il n'a pas besoin de répondre à nos taquineries. Son moi était ailleurs !

Disons en résumé qu'il a apporté aux sciences humaines une espèce d'équilibre entre l'objectivité et la subjectivité, sans pour autant lui-même se laisser envahir par le moi psychanalysant.

Est-ce qu'il a été votre supérieur ?

Non. Nous ne voulions pas avoir quelqu'un qui nous analyse et devine nos conduites. Nous nous sentions au début menacés par la venue de Freud et compagnie. Normal à l'époque. 1940 !

Nous avons vécu côte à côte au 831, Rockland et au 2715, chemin de la Côte-Sainte-Catherine, à partir de 1945, et jusqu'à quelques mois avant sa mort à l'Institut de gériatrie de Montréal. Je l'ai souvent visité.

Du père Mailloux, je pourrais vous raconter tant de faits et tant d'histoires.

Je dirais même que Noël Mailloux est un des fondateurs du Nouveau-Québec, qui quitte sa Nouvelle-France, dans les années 1950 et suivantes, et nous fait entrer dans la modernité.

Sa formation en psychologie est nettement européenne. Romaine par surcroît. Il réussit au Québec l'exploit d'y introduire le « méchant » Freud sans la moindre intervention publique des autorités ecclésiastiques.

Il avait un doctorat en théologie et un doctorat en psychologie aussi, en Italie. On disait qu'il se promenait avec deux valises. La valise Freud et la valise Thomas d'Aquin.

On ne savait jamais quelle valise allait s'ouvrir la première.

Il y réussit comment ? En plaçant son enseignement et ses interventions au plan scientifique et s'il le faut, en citant Freud en allemand et Thomas d'Aquin en latin !

Il manie ouvertement textes latins, allemands, italiens, anglais, français.

Son autorité vient de ce qu'il est théologien averti, subtil au besoin. Notre ignorance ajoute à son succès. Qui oserait, qui pourrait contredire un homme qui physiquement en impose tellement ? Ajoutez le port de l'habit dominicain à l'université jusqu'en 1955 à peu près. Son père avait été policier à Montréal.

Son œuvre. Son action. Les étudiants ont toujours beaucoup de respect pour lui, tout en étant un peu moqueurs. Au début, il refusait de diriger des thèses de jeunes femmes.

Ce célibataire endurci par le temps et les études n'aimait pas que les jeunes deviennent amoureux parce que ça nuisait aux études. Pour un psychologue !

Mailloux agit aussi sur le plan international. Il organise des congrès. Il publie des revues. Dans son domaine, il domine. Scientifique jusqu'à la fin.

Tandis que Georges-Henri Lévesque éclatait de partout en créant la Faculté des sciences sociales à Québec puis l'Université du Rwanda, le père Mailloux demeurera sur place, créant plutôt des institutions locales jusqu'à se « monter » une bibliothèque personnelle unique dans nos universités.

Le jour où il est décédé, on ne savait plus quoi faire avec sa bibliothèque. L'Université n'osait pas l'acheter. Elle n'avait pas d'argent. La bibliothèque a été hélas! dispersée quelques années après sa mort.

Elle était plutôt l'œuvre d'un seul homme que celle d'une institution. Dans ce sens, elle ne pouvait pas durer.

Il a enseigné dans l'ordre des Prêcheurs en plus d'enseigner à l'Université de Montréal.

Il a enseigné d'abord à Ottawa (1939), au Collège des Dominicains, devenu plus tard Collège universitaire dominicain.

Il arrive à Montréal en 1942, grâce à Mgr Charbonneau et au père Forest.

Dans la vie privée, Noël Mailloux s'imposait à nous par son silence et ses sourires. Presque la pitié! Comme s'il nous disait, sans le dire: « Si vous saviez tout ce que je sais et que vous ne savez pas! »

Il était un priant secret, réservé. Fidèle aux rubriques apprises à Rome, mais peu conscient des changements, voire du passage du latin au français. Non qu'il fut en réaction contre toute nouveauté. Mais tout simplement par fidélité à ce qui lui a été enseigné.

Jamais, jamais Noël Mailloux ne fera sentir directement la moindre supériorité sur nous, mais en même temps il suit sa route sans broncher. Impressionnant.

C'était un sensible qui ne nous montrait que son côté davantage scrutateur.

Je peux le dire aujourd'hui en me référant aux habitudes de son époque : je fus son confesseur.

Le grand péché à éviter, me dirait-il encore aujourd'hui : l'absence de savoir et de compétence dans son travail. Chez lui, aimer veut dire aider l'étudiant à cheminer dans la droiture de l'esprit et du cœur, afin qu'il s'impose par son savoir et le respect de la personne.

De ce point de vue, il me rappelle Claude Ryan pour qui le plus grand péché du journaliste est l'ignorance.

Quel pionnier !

On va publier ses écrits.

C'est commencé. L'initiative vient des universitaires et non de ses confrères dominicains.

Pour revenir à Mgr Charbonneau, vous avez mentionné qu'il a été important dans la création des instituts de psychologie et de sciences médiévales ?

Très important. Mgr Charbonneau était en 1942 chancelier de l'Université de Montréal. Il était la voix autorisée qui pouvait faire admettre une nouvelle institution.

Parlant des instituts de psychologie et d'études médiévales, rappelons qu'à l'époque la théologie est encore officiellement première. De même, l'idée de l'étude première de la science sacrée n'est pas loin, pour justifier la présence, dans une université encore officiellement catholique, d'une étude du Moyen Âge chrétien.

Un institut d'études médiévales existait à Toronto, créé par Gilson en 1929.

À Ottawa, en 1930, le père Chenu met un institut d'études médiévales au monde. Le père Chenu et Étienne Gilson sont de vieux amis. Aucune rivalité possible.

C'était la même institution, en fait, à Toronto et Montréal?

À Toronto, on est un peu plus strict au point de vue scientifique, plus germanique. D'où l'importance des cours de paléographie, des éditions de textes au Pontifical Institute of Medieval Studies. Encore aujourd'hui, les sciences des textes y prospèrent.

Déjà à Ottawa c'était la théologie, c'était la philosophie.

Les premières publications de l'Institut d'études médiévales à Ottawa vont dans un sens plus « scolastique ».

Le Pontifical Institute of Medieval Studies de Toronto répond à des intérêts plus variés et plus techniques en général.

Si je suis le premier à avoir obtenu un doctorat de Toronto, c'est grâce à Gilson. Il m'enseignait et à sa manière dirigeait ma thèse en collaboration avec le professeur (et futur cardinal) Georges Flahiff, c.s.b.

À Montréal, les études médiévales seront davantage reliées à la Faculté de philosophie, à l'univers de l'art et des idées.

À Montréal, la Faculté de philosophie comprend trois secteurs : philosophie générale, études médiévales et psychologie. Un projet d'études familiales n'a pas eu de suite.

La psychologie relevait de la philo ?

Oui, comme les études du Moyen Âge. C'était à l'époque la seule façon de l'introduire à l'intérieur des programmes universitaires.

Au 831, Rockland, jusqu'en 1960, trois hommes, trois confrères, représentaient deux traditions de pensée très différentes. Sans pourtant créer de conflits. Deux univers qui se côtoient : le père Mailloux en psychologie et les pères Régis et Geiger (venu de France) en philosophie.

Et jamais l'ombre d'une rivalité entre eux comme j'en ai vu et vécu plus tard dans les universités, et parfois dans certains milieux ecclésiastiques. Ce furent des années (1945-1960) glorieuses à tous égards. Foi et science, religion et humanisme, vécus au maximum, et sans conflit. Victoire conjointe de l'intelligence et de la fraternité.

D'autres dominicains ont marqué votre génération, notamment le père Chenu et le père Congar…

J'ai bien connu Chenu et Congar à Paris. Deux géants. Si différents.

Congar me paraît très ou trop près de ses livres et des bibliothèques ! Il n'en finit pas d'écrire, de porter l'Église catholique sur ses épaules. Et ses épaules sont larges. Si instruit qu'il est difficile de le réfuter.

Et le père Chenu ?

Parisien d'âme et d'esprit, animateur culturel hors pair. Quand il survient, nous sommes stimulés.

Pour lui, l'humanité n'en finit pas de multiplier les expériences. C'est qu'elle est en constant appétit de vrai et de bien. Quant à son Église catholique, elle est nécessaire à l'humanité moins pour définir des dogmes que pour animer le cœur des gens. Tel le Christ, ferment, lumière, graine dans la pâte.

Chenu, un homme de terrain, visite les groupes, anime, inspire, tandis que Congar théorise au sens positif du mot.

Les deux sont venus au Canada. Même s'il fut un temps à Rome où on craignait surtout le père Chenu.

Nous n'avons pas pu le faire venir au Canada pendant deux ou trois ans, pour ne pas embarrasser certains évêques d'ici qui en général avaient à son égard des pensées plutôt négatives à cause d'un livre sur la méthode historique liée à l'enseignement de la théologie.

Un livre que peu avaient lu et compris !

Vous avez mentionné Mgr Charbonneau, chancelier de l'Université de Montréal. Que diriez-vous à son sujet ?

Oublions un instant les va-et-vient de la tradition orale et du journalisme populaire : je l'ai vu, je l'ai connu. Pas intimement. Par médiation des circonstances et des personnes. Je l'ai vu, rencontré.

Le père Ceslas Forest avec qui j'habite à Outremont de 1945 à 1960 est un de ses amis. Mgr Charbonneau est impressionnant. Physiquement, et tout autant en conversation. Il parle doucement, posément. Tout en réflexion et décision.

Il vient d'ailleurs de l'Ontario : nous le sentons.

Non qu'il soit distant. Il est plutôt comme un ami que l'on respecte à l'avance. Il s'impose et pourtant dans ses mots il est fraternel, généreux.

Est-il aristocrate ? Pas dans son cœur.

Il prend à cœur sa charge.

Sauf que, pour certains confrères ecclésiastiques qui n'ont jamais vécu ailleurs, qui n'ont connu que leur diocèse ou leur rang, le « grand Charbonneau » est un prétentieux.

Même le chanoine Groulx, l'étoile cléricale de l'époque, lui en veut d'être distant, inaccessible, et pas assez « canadien-français » pour être archevêque de Montréal.

Groulx a même des pages malveillantes et j'oserais dire nettement injustes sur Charbonneau dans ses *Mémoires* (4, 254), qui ont été longtemps inédits.

Apparaissent les petitesses possibles, toujours possibles, de certaines « élites » québécoises face à l'autre qui n'est pas comme elles ! Triste.

Et quelle humilité de Charbonneau, une fois déporté à Vancouver. Ce grand priant est secret.

Lui, si grand, nous, si petits. Que de chemin à faire pour le reconnaître. Mais il est parti.

Le père Forest, qui l'a connu et aimé, me disait, après que Mgr Charbonneau fut déjà en exil à Vancouver : « Il ne parlera pas, il en sait trop. »

Quelqu'un nous a dit que le père Lévesque était le conseiller de Mgr Charbonneau…

Je ne sais pas. J'en doute même. Je crois que le père Lévesque à Québec admirait Monseigneur mais sans le relier à des querelles larvées avec certains évêques du Québec, les mêmes qui s'opposaient à Mgr Charbonneau. Faut dire qu'il y avait des amitiés instinctives tant intellectuelles qu'idéologiques entre Charbonneau et les dominicains de l'époque.

Mais les orientations de Mgr Charbonneau choquaient certains évêques ?

Oh oui ! Surtout Mgr Courchesne, Mgr Desranleau et Mgr Douville. C'était, j'oserais dire, des oppositions idéologiques. Ne priaient-ils pas le même Dieu au nom de la même catholicité ?

Mais dans la pièce Charbonneau et le chef, *écrite par un ancien dominicain, c'est Duplessis qui a le mauvais rôle, et non les évêques.*

L'auteur, McDonough, a saisi ce qui se passait et l'a transféré à la scène. Jamais il n'a pensé que son texte aurait un tel succès.

Vous avez connu McDonough ?

Oui. Il a été pendant quelques années frère dominicain. C'était un excellent magicien. Si tu lui donnais la main, ta montre disparaissait ou ton portefeuille disparaissait. McDonough était un compagnon très, très agréable ; il a appris l'histoire de Charbonneau par tradition orale.

De ce point de vue, il excelle à dramatiser le détail historique et en même temps à « manipuler » les propos qui circulent ici et là. Un exemple réussi d'un théâtre politiquement correct.

Charbonneau avait participé à la grève de l'amiante…

Ça l'a tué d'ailleurs, face à certains opposants laïques et religieux. Plusieurs étaient d'accord. Lui seul a osé parler.

D'autre part, ce qui aurait peut-être nui à Charbonneau à Rome, c'est qu'il n'était pas solidaire de certains évêques, qui lui étaient opposés pour des raisons davantage politiques que religieuses.

Des journalistes ont dit que c'était sur une histoire de syndicats catholiques.

Comme des voies parallèles qui mènent au même terminus. Je n'en sais pas davantage. Attendons le jugement de l'histoire savante.

Mais ce qui est plus sérieux, ces gens-là se seraient organisés avec celui qui à l'époque était directeur du Collège canadien à Rome, Paul-Émile Léger, pour éloigner Mgr Charbonneau.

Là vous me rappelez des souvenirs. Les détails m'échappent.

Mais l'histoire de Paul-Émile Léger…

Il ne peut pas ne pas s'en être mêlé. À cause de sa fonction au Collège canadien.

Nous croyons nous aussi que l'attitude de Mgr Léger là-bas ne pouvait pas être neutre. Il ne pouvait pas ne pas se prononcer. Il était au Collège canadien. À côté du Vatican.

Mgr Léger aurait piloté le dossier pour que la démarche réussisse.

C'est trop supposer à mon avis, quoique vraisemblable.

Ce qui a peut-être décidé Rome à éloigner Mgr Charbonneau, c'est que ce dernier n'allait plus, paraît-il, aux réunions des évêques du Québec. Selon la tradition orale.

Donc Duplessis n'a pas joué un si grand rôle là-dedans?

Pas autant qu'on le pense en certains milieux déjà défavorables à Duplessis. Mais on peut dire sans se tromper que

Duplessis pouvait être d'accord pour que disparaisse un autre évêque « marginal », et « communiste ».

Parlons du cardinal Léger.

Mgr Léger avait au début un côté naïf et très ecclésiastique. Un être complexe. Un être souffrant. D'autre part, très cultivé. Il a beaucoup lu. Un orateur, presque autant que Bourgault.

Il avait du panache. Qu'il ait désiré l'épiscopat, c'est à peu près certain. Et pourquoi pas ?

« Montréal s'est faite belle pour son prince. »

Je le connaissais bien. Je lui avais parlé un jour de cette déclaration. Il disait : « Ils n'ont pas compris, j'étais en train de citer Saint-Exupéry. » Ignorance normale des foules !

Cette époque est difficile à imaginer aujourd'hui. Ces grands titres ecclésiastiques, ces longues traînes, ce besoin de paraître pour mieux affirmer la primauté du spirituel.

À un certain congrès marial et eucharistique à Ottawa, il y avait au moins une quinzaine de cardinaux : longue et lente procession, des traînes, des traînes. Pareille aux défilés royaux du Moyen Âge. À l'époque, les cardinaux sont traités comme des princes. Un peu inimaginable aujourd'hui. Mais ça ne fait pas si longtemps !

C'est au concile Vatican II que notre cardinal Léger opère une évidente conversion et à bien des égards l'Église catholique aussi.

Il y est très présent, très important. C'est même lui qui a demandé que saint Thomas d'Aquin soit désormais « soumis » à d'autres auteurs et formes de pensée. Un peu la fin du thomisme des manuels.

Son courage était exemplaire. Ce concile était inventif, et cela lui plaisait beaucoup.

On dit qu'il a abandonné son poste à Montréal parce qu'il était à contre-courant de ce qui se passait dans la société québécoise.

Concrètement, il était évêque, et ça allait assez bien. Mais un jour, un prêtre, puis un autre prêtre, des amis à lui, partent pour se marier. Ça l'a écrasé. Il ne pensait pas que ça pouvait être possible. Le Québec changeait.

Plus tard, il a vécu une autre crise morale, jusqu'à penser qu'il devait s'en aller au loin.

Il est parti pour l'Afrique, mais l'Afrique a changé, elle aussi.

Là-bas, en Afrique, il se retrouve aussi anxieux, revient ici, veut devenir vicaire.

Voyons donc ! Un cardinal vicaire. Ça ne va pas.

Il meurt très angoissé, bien que toujours vénéré par le peuple, admiré par les protestants, les juifs. Son départ crée un grand vide. Nous l'aimions tous avec ses excès de sensibilité et son éloquence, ses mots et accents imprévisibles mais efficaces.

À Québec, il y avait un autre cardinal, tout petit mais pas moins pittoresque, le cardinal Villeneuve (†1947).

Pas très charitable de notre part, nous aimions le voir « trôner » et traîner sa longue traîne.

Son influence sera beaucoup moindre que celle du cardinal Léger. Il était de petite taille et rien ne pouvait nous faire oublier ses allures épiscopales.

Je me souviens qu'une fois, lors d'une visite épiscopale, il se fait mettre de petits gants, il change de chaussettes au début de la cérémonie… des petites chaussettes rouges… (comme le Bourgeois gentilhomme). Ridicule.

Un autre fait : en visite au Collège de Sainte-Anne (La Pocatière), Mgr Bourque était son chancelier. Il avait dit : « À l'avenir, avant de communier, vous embrasserez la bague de Monseigneur. » Mais les jeunes se trompaient, ils le mordaient. Il a bien fallu oublier cette rubrique !

En visite épiscopale à La Durantaye-de-Bellechasse, on devait, chers habitants de Bellechasse, chanter *Oremus pro pontifice nostro* (« Prions pour notre évêque ») et la réponse... Les gens ne savaient pas le latin. Ils ont répondu : « *qui fecit cœlum et terram* » (« qui a fait le ciel et la terre »). Imaginez le sourire des prêtres autour !

Ce cardinal, autrefois ardent nationaliste et ami de Lionel Groulx, épouse la cause de la guerre. Pas très bien reçu, même par les nationalistes modérés.

Vous avez connu et fréquenté pas mal de monde, en dehors des cercles ecclésiastiques...

Je pense à de nombreux laïcs que j'ai connus. Je risque de commettre des injustices en donnant des noms. Fragile mémoire.

Le grand Daniel Johnson, le juge Antonio Lamer, Pierre Elliott Trudeau, Guy et Jeannette Boulizon, le père Lucien Campeau, s.j., la sculpteure Sylvia Daoust, les philosophes Gilson et Klibansky, l'historien Marrou, l'éditeur P.-A. Martin, le peintre Muhlstock, le compositeur André Prévost, l'historien Pierre Savard, les amis Maryse et Raymond Lanctôt, et tant d'autres, comme Fernand Dumont et Charles Gonthier.

Pouvons-nous parler de Ryan ?

Ryan est un grand Québécois, tout comme René Lévesque et même Trudeau à sa manière parfois désinvolte.

Ryan et moi avions beaucoup d'estime réciproque, manifestée à diverses occasions. Respect oblige !

Comment l'avez-vous connu ?

Par ses écrits. Par les journaux. Puis des rencontres épisodiques.

Nous avions la même conviction que, pour parler de la religion, il faut lire, étudier longuement, réfléchir.

Ce qui nous a unis, je crois, c'est qu'on ne peut pas être vraiment religieux sans la connaissance et deuxièmement sans la liberté de conscience.

Je lui avais écrit quand son épouse était décédée. Ça l'avait beaucoup ému. D'ailleurs, elle, Madeleine, était une femme vraiment extraordinaire. Comme le sera, à sa manière et dans un tout autre contexte, Simonne Monet-Chartrand.

Ce n'est pas avez lui que vous avez commencé à faire les éditoriaux de Noël et de Pâques au Devoir*?*

Peut-être! Ma mémoire s'embrume. C'est probablement avec Jean-Louis Roy, alors directeur du journal.

Ryan était un homme étonnant. L'image même de la droiture. Politicien ambitieux, parfois malhabile, mais quelle autorité morale!

Sévère, extrêmement raffiné, il a laissé au Québec le souvenir d'un politicien droit, honnête, courageux. Flair de public averti.

Ses enfants le trouvaient beau et s'étonnaient que le grand public le trouve moins agréable à regarder.

Un journaliste m'a dit: « Pourquoi ne pas plutôt canoniser Ryan, ce croyant pratiquant? »

Pourtant on s'est beaucoup moqué de lui et de la main de Dieu.

Ryan avait été marqué par le thème biblique de la main de Dieu dans la Bible et il faisait aussi allusion à une peinture de Michel-Ange. Ça lui prouvait que certains journalistes n'avaient pas la culture voulue pour interpréter cette expression pourtant crédible. Triste ignorance!

Ryan était surtout blessé de ce que bon nombre de ses confrères pourtant compétents en plusieurs domaines manquaient de connaissances religieuses. Rien de plus éprouvant que des propos antichrétiens énoncés par des mal-instruits.

Toute ignorance faisait très mal à Ryan, un homme d'une culture étonnante.

Vous avez mentionné Hubert Aquin (1929-1977), que vous avez connu à Paris.

Je l'ai très bien connu à l'Université de Montréal, où j'enseignais l'histoire de la pensée médiévale. Je me souviens de son visage.

Mais je ne veux pas trop le dire à ceux qui l'ont connu plus tard. Ils ne le reconnaîtraient pas.

Il était à l'époque (1945 et suivantes) un jeune garçon très poli, beau, aristocrate, civilisé, bien vêtu. Puis on se retrouve à Paris.

Il faisait quoi à Paris ?

Il étudiait.

Je faisais alors partie d'un groupe de réflexion, appelé Pax Romana, dirigé par un père du couvent Saint-Jacques, le père Faidherbes. Hubert venait aux réunions. Avec Michelle Lasnier, sa compagne de voyage.

Il voulait être écrivain ?

Il étudiait la philosophie à Paris. Alors, je le perds de vue.

De retour au pays, il aurait développé une autre personnalité. Pourquoi ? Je l'ignore.

On peut se prendre dans un filet littéraire, vous pensez ?

Oui, je le pense.

Son suicide-spectacle, dans un parc, chez les sœurs, me mystifie.

Double personnalité ?

Mais je ne peux pas parler, on ne me croirait pas si je disais que Hubert était destiné à devenir un aristocrate de la pensée.

Guy Maufette (1915-2005), vous l'avez connu personnellement aussi ?

Un ami, mon troubadour du Moyen Âge. Comme Gilles Vigneault à sa manière.

Guy, c'est l'inattendu, l'imprévisible, le fantaisiste, l'espiègle.

Dire que j'ai eu le privilège redoutable d'avoir préparé et présidé ses funérailles ici même en l'église des Dominicains. En plus, une rencontre chaleureuse avec ses enfants qui semblent avoir intégré et compris les « caprices » de leur père, l'artiste en voyage.

Oui, quelle chance d'avoir pu connaître de près Guy Maufette. J'aurais tellement voulu connaître le romantique trouvère Félix Leclerc, que je n'ai personnellement rencontré qu'une fois.

De même, Charlebois, le passeur musicien du Québec de la Révolution tranquille. Et Diane Dufresne, si authentique. Comme Ginette Reno, aussi admirable.

J'aime ces Québécois généreux qui peuvent intégrer différents styles d'art sans se sentir menacés.

Vous avez beaucoup d'estime pour Gilles Vigneault.

Gilles Vigneault ? Le plus grand des grands Québécois de ma génération. Oh ! je n'exagère pas.

Plus grand que René Lévesque ?

Oui et non ! L'ordre des grandeurs varie. Vigneault est d'un ordre particulier. René Lévesque incarne le Québec institutionnel. Vigneault incarne à lui seul tout le peuple québécois qui chante désespérément ses rêves et qui célèbre son passé en le personnifiant. Cher Gilles, le très grand ! Cher Gilles !

Cher Jack Monoloy, cher Jos Montferrand ! D'autres, d'autres héros !

Vigneault me fascine aussi par son côté spiritualiste autant que par ses mille réflexions sur la vie, l'amour, la mort. Frère universel. Encyclopédique. Si grand et si humble !

Le sacré l'habite, qu'il exprime dans le respect des mots et des rites. Ah ! son amour des vieux hymnes latins, qu'il sait par cœur !

Quand il me quitte un midi en décembre 2006, à l'abbaye d'Oka, et qu'il me dit avec la plus grande candeur : « N'oubliez pas de prier pour moi » et que, dans le film qui nous a réunis, *Les Chants de l'âme* (Saint-Benoît-du-Lac), il affirme sans ambiguïté : « C'est important qu'il y ait des gens qui prient. » Vigneault incarne le meilleur de la fidélité québécoise jusqu'en ces dernières années : respect de la langue, chant des amours diversifiées, vérité des sentiments, amour du paysage, importance du cosmos, respect des anciens rites.

Vous avez écrit : « Fernand Dumont (1927-1997), partisan émotif, penseur de premier ordre. »

Sous des dehors d'un sage personnage réfléchi, voici un grand émotif. Un ami aussi.

Un homme attachant. Un intellectuel pur marqué par son passé à Montmorency, par son père ouvrier dans une usine dirigée par les autres, des Anglais.

Il a été votre complice dans quelques aventures.

Oui, dans la fondation en 1979 de l'Institut québécois de recherche sur la culture. Très complice.

Et son livre Une foi partagée *nous présente un témoignage très personnel.*

Un entêté de l'écriture, tout autant de la croyance.

Son épouse me disait qu'il allait à l'hôpital suivre ses traitements contre le cancer, il revenait, dormait une heure (c'était minuté), puis continuait à écrire ses livres. Quel courage! Jusqu'à la fin.

On sent dans ce livre beaucoup d'humanisme et beaucoup d'inquiétude, et de la tristesse, parce que la foi n'est plus partagée.

Elle devenait pénible pour lui, cette révolution dite tranquille. Lui qui espérait tellement des échanges, des colloques, des livres. Il voyait plutôt ses amis s'en aller. Il comprenait que les gens soient écœurés d'une religion réduite à des lois et des rubriques. Grande souffrance du laïc face à l'absence de liberté de conscience. Mais quelle est-elle, cette religion où on parle si peu de la Résurrection et où on ne lit pas la Bible? Quand même! La Croix ne suffit pas. Vendredi saint sans Pâques? Ça ne pouvait pas durer. De là à tout balancer sans une sérieuse réflexion.

Fernand Dumont est mystifié par ces refus de toute religion organisée. Mystifié et inquiété, jusqu'à en être profondément attristé. Il connaît l'histoire, se rend compte du passé glorieux de nos ancêtres croyants.

Ces églises sont presque toutes belles, bâties sans le gouvernement, sans octrois! Bâties sous la pression de la générosité populaire.

L'épopée missionnaire du Québec français est étonnante! Si mal connue.

Nous concéderions, Fernand et moi, que nos gens ont été généreux malgré leurs limites. Ces jeunes sœurs parties dans l'Arctique, d'autres au Japon. Sans consulat. Sans ambassade. Sur des bateaux de fortune, des bateaux marchands. Les petites sœurs de l'Immaculée-Conception sont parties comme ça… en Chine! Dans l'inconnu. Incomparables! J'oserai même préciser que, pour Fernand, l'ingratitude d'une certaine génération choyée par de nouveaux avantages sociaux lui faisait plus mal encore que tout le reste. L'ignorance le déprime. Je le comprends.

Parmi d'autres indignés, voulez-vous parler des Chartrand, Simonne et Michel?

Simonne, c'est un ange, l'ange de l'Annonciation. Michel, militant comme son patron, c'est l'archange Michel, Michel, l'ange de l'Apocalypse, épée à la main. Je l'ai connue, elle, au début, par les Monet. J'avais enseigné à un ou deux des enfants. J'avais un rapport personnel.

Les Monet vivaient à Outremont. Nous, les pères dominicains, nous habitions (jusqu'en 1960) au 831, avenue Rockland. Non pas voisins, mais, à plusieurs égards, proches, sans être, cependant, intimes et confidents.

Les dominicains ont toujours eu des affinités particulières avec les gens qui s'engagent dans la société intellectuellement. Notre formation veut que l'on soit aussi à la frontière des courants d'idées. Nous sommes particulièrement à l'aise avec les gens qui pensent à haute voix. Les communistes ne nous dérangent pas. Les athées encore moins. Surtout ici au Québec, où l'athéisme est davantage refus que réflexion.

Simonne Chartrand, elle prenait le téléphone: « Benoît Lacroix? Qu'est-ce que vous pensez de ça? » ou: « Priez pour moi. » C'était un contact discret, spirituel, fréquent.

Elle était engagée chrétiennement?

Bien croyante. Elle avait même, disait-on, une sœur bénédictine à l'abbaye de Notre-Dame du Lac des Deux-Montagnes.

Tellement croyante qu'elle a accepté d'épouser Michel, qui lui aussi était croyant, ayant déjà fait un court stage chez les trappistes. Simonne avait été prévenue que ses amours pour Michel seraient houleuses.

Lui, il est mobile. Carré. Tout d'une pièce.

Elle, elle rêve d'avoir des enfants. Elle va s'occuper des enfants. Plus tard, aux enfants elle explique: « Votre père –

souvent absent –, votre père travaille pour la société. Moi je travaille pour vous autres. »

J'aimais beaucoup Simonne. Un jour elle me dit : Vous, vous me parlez comme du monde. On vous comprend, c'est clair. »

Quand elle est décédée, j'étais à la maison. Avec la famille.

Michel était très différent de sa femme…

Michel avait donc envers moi une espèce de respect, doublé d'une amitié vraie, mais sans paroles. Avec Simonne, c'était plus verbal que gestuel. Un grand respect réciproque s'était établi entre nous. Jamais nous ne parlions des exploits de Michel. La place des femmes croyantes dans l'Église la passionnait davantage. Moi de même.

Vous aimez bien mentionner des personnages que vous avez connus…

Il en est un de haute mémoire, depuis ma petite enfance. Il s'agit du quêteux ou de l'Amérindien de passage. Mais laissez-moi d'abord évoquer un artiste, vagabond et quêteux à sa manière : le peintre et grand dessinateur Louis Muhlstock, décédé en 2001.

C'était, c'est, un de vos artistes préférés.

Les artistes meurent-ils ?

Avant de mourir, le peintre Muhlstock disait à qui voulait l'entendre : « Je vivrai aussi longtemps que vous vous souviendrez de moi. »

Mon ami Muhlstock. Depuis tant d'années. Depuis que Saint-Denys Garneau me l'a fait connaître. C'était en janvier 1936. La grandeur de Muhlstock vient de ce qu'il incarne autant dans son art que dans son hospitalité la tendresse, le sacré ; il est d'une bonté désarmante. Vraie incarnation du vrai dans la peinture.

Muhlstock est juif, polonais, marqué par la spiritualité orientale. Moi, prêtre catholique. Et pourtant ! Son amitié, encore aujourd'hui, m'émeut.

Qui l'avait rencontré une fois ne pouvait que toujours l'aimer.

Je l'aime encore.

Je l'entrevois qui ouvre la porte de son atelier (rue Sainte-Famille). Sa joie de partager, de lire, d'écouter.

Il est beau à voir. Noblesse dans le regard, si chaleureux quand il te donne la main, quand il lit ses poèmes ou va chercher un tableau perdu parmi d'autres.

Inoubliable.

Les artistes ne meurent pas, en ce sens que la beauté, la vraie beauté, n'a pas d'âge.

Ses portraits d'ouvriers ou de femmes enceintes, ses nus, ses paysages, sont en ce sens immortels. Comme tout ce qui est bon, beau, vrai.

Vous parlez des ouvriers, des travailleurs. Le plus connu des Canadiens français de votre époque, c'était le Frère André...

Oui. Le Frère André (†1937) a été le plus populaire des Canadiens français que j'ai connus depuis 1915.

Si pour moi Thérèse de l'Enfant-Jésus s'impose à cause de son humilité, je dirais que le Frère André est autrement plus humble, en ce sens qu'il est devenu de son vivant un thaumaturge, un homme public honoré et prié.

Sauf que Thérèse la carmélite pourtant silencieuse, écrit, écrit, et nous dévoile une expérience mystique plus évidente que celle du frère de l'Oratoire Saint-Joseph demeuré plus secret.

Merveilleux Québec qui peut nous offrir un saint de ce style ! Pareil à nous. Il agit, il se dévoue, prie. Un saint d'humble condition, comme Joseph le charpentier, et finalement il s'impose par sa ténacité à se mettre en présence de Dieu et à faire des miracles.

Thérèse de Lisieux et André de Montréal : que serait le ciel sans eux ?

Vous avez eu un rapport particulier avec les Amérindiens.

Ils étaient à Maska. Des Micmacs. Pas très loin de la maison. Ils étaient à Harlaka, à Saint-Charles-de-Bellechasse. À Saint-Gervais, tout près, les Abénaquis. Je les craignais. Pourtant, nous acceptions et connaissions leurs remèdes reliés aux écorces et aux feuilles à faire bouillir.

Plus tard, j'ai étudié. J'ai compris.

Le quêteux était-il un étranger ? Plus étranger que les voisins amérindiens ?

C'est un pur étranger. C'est quelqu'un dont on sait qu'il n'est pas stable, c'est quelqu'un dont on ne s'informe pas : « Comment va ton père, ta mère ? »

C'est quelqu'un qui est autonome. Il peut venir d'une paroisse voisine. Dans la région, c'est un étranger.

Ce n'est pas la même chose que le survenant.

Non, pas du tout. Le survenant, c'est du roman, de la légende, quelqu'un qui aurait fui la justice, la prison. Le quêteux, c'est un « invité ».

On met une assiette et un banc de plus.

Le banc du quêteux.

Et on ne ferme pas les portes à clef. Polisson, que verrouiller les portes. Ça veut dire que tu n'as pas confiance au voisin.

Le quêteux arrive souvent par le train. Dès que le train ralentit, le quêteux peut sauter et venir coucher dans la grange ou à la maison.

Mon père nous racontait des histoires. Mais on ne savait jamais si c'était la vérité.

Le quêteux apporte des nouvelles. « As-tu su que Madame est malade ? Que telle autre attend un enfant ? »

Le quêteux devient aussi un transmetteur et représente la tradition orale des rangs.

Le quêteux passe par les rangs. On le voit venir de loin. Il est toujours habillé de la même façon.

Donc le quêteux, vous lui disiez des nouvelles.

On lui donnait des nouvelles. « Tu salueras Bélanger pour moi. »

Celui qui vient d'ailleurs. Et qui apporte les nouvelles.

Vous ne receviez pas de journal à la maison ?

Une fois par semaine. Fallait aller le chercher au village après la grand-messe. Mon père lisait *Le Soleil*. Un journal libéral. Ma mère s'abonne à *L'Action catholique*, quotidien un peu « bleu », couleur de son affiliation politique personnelle.

Mon père savait lire. Mais il disait que *Le Soleil* était plus facile à lire. « Quand tu es libéral, tu comprends tout de suite. Un conservateur, c'est plus lent de comprenure. »

Le quêteux avait une importance sociale plus grande, sans que nous nous en rendions compte.

On ne s'est pas toujours demandé d'où venait le quêteux. Mon père disait : « Il vient peut-être de Saint-François, de Saint-Pierre-de-Montmagny. » Sans plus insister.

Si un quêteux vient frapper à la maison et ne dit pas : « Pour l'amour du bon Dieu », ma mère va lui donner une cent. Mais s'il dit : « Pour l'amour du bon Dieu », elle va lui donner cinq cents.

Souvent le presbytère était un lieu d'asile aussi. Des curés très hospitaliers.

Ou bien telle famille était connue comme étant généreuse.

Il passait régulièrement ?

Oui. Assez régulièrement. Et il connaissait son monde.

Le quêteux connaissait son monde. Ces gens-là, les chiens les connaissaient. Ils ne les mordaient pas.

Il devenait la figure de l'étranger que l'on se doit d'aimer.

Qu'est-ce qui a mis fin à l'époque des quêteux ?

L'automobile. Les gens ont cessé de marcher.

Est-ce qu'on parlait de clochards ?

Un mot de la ville, ça.

En ville comme à la campagne, il y a le vendeur de guenilles. Il arrive en cheval. Ma mère disait : « Il apporte des choses qu'on ne voit pas dans les magasins. » Il vendait des remèdes aussi.

Il y avait aussi des vendeurs itinérants ?

Oui. Ma mère, trop timide pour dire non, se faisait prendre chaque fois.

Il y avait à la maison une certaine peur de l'étranger en même temps que le goût de l'hospitalité.

Il ne faudrait pas oublier ces distances chez nous entre les terres, entre les fermes, et la proximité de la forêt qui comme le fleuve devient un lieu légendaire.

Parmi les êtres qui vous sont chers depuis toujours, nous pourrions donc évoquer la forêt, le bois, les oiseaux, les outardes…

Pourquoi ces complaisances pour la forêt encore maintenant ? Dès que je l'aperçois sur la route de Bellechasse, vers Sainte-Adèle ou Bromont ? Je suis ému.

De toute façon, il est normal d'aimer la forêt, ce lieu mythique où l'étranger trouve son repos et où se retrouvent en quantité touffue des arbres, des arbres. Oui, j'aime ces temples bouddhistes entourés d'arbres et de silence ! Ces vieilles traditions d'Orient alors que la forêt appelle le mystère et la vie intérieure.

Il paraît qu'à cause de son obscurité et de ses racines profondes la forêt symbolise l'inconscient autant qu'elle le nourrit.

Moi, je pense plutôt à la forêt de Maska, en bordure de la ferme Lacroix, ou des Appalaches du nord au sud de Bellechasse. Ces lieux étaient pour moi la ville des arbres : comme Québec, le lieu des citadins.

Je ne suis pas mystique. Pas du tout. Mais il y a le bois de Maska, inaccessible le soir, encore plus la nuit. « Les enfants, r'venez à la brunante, autrement le bois va vous avaler tout rond. »

Mais en bordure de la forêt, du bois, il y a les ronces, les gadelles, beaucoup de framboises, puis des mûres à l'occasion, des cerises, des merises. Avant de s'y approcher, peut-être des « talles » de fraises.

À l'automne, la féerie des érablières pour tout le canton.

En hiver, pour mon père, plus que pour moi, paresseux, la chasse au lièvre, la recherche des nids de renards... Au printemps, les perdrix...

La forêt encore, égale à elle-même, immuable comme au sud le fleuve. Mobile, seule est la vie.

Et les outardes ?

Notre ciel d'enfant était habité par trois « merveilles » : l'arc-en-ciel, au temps des foins, les aurores boréales en hiver, le passage des outardes en mars et en novembre.

Le passage des outardes ! Tellement attendues, surtout au temps des sucres. Beaucoup moins en automne, elles s'en vont, l'hiver s'en vient.

Les outardes qui chantent dans la brume, quel concert pour un enfant de 12 ans qui ne veut que les écouter pour les écouter ! Simplement, assis sur les marches du perron, elles me font rêver d'invisibles amis. Les écouter! Les observer dans leurs variables alliances géométriques.

Les outardes! Mes saints oiseaux!

Merci à Félix-Antoine Savard d'avoir si bien dit. L'outarde, telle la colombe pour le Christ, me parle d'en haut. Suis-je prétentieux?

Qu'aurait-il dit, lui, Jésus, de l'outarde, lui qui parle si bien de la colombe, des oiseaux « qui ne sèment ni ne moissonnent, des lys des champs », si bien habillés.

Je pense à Riopelle et à ses oies du Musée national des beaux-arts du Québec. Je pense à telle ou telle peinture orientale. Elle aussi valorise les oies, comme messagères entre ciel et terre. Et je m'émerveille d'être émerveillé, comme plusieurs amis de mon pays, par ces visiteuses d'ailleurs qui n'oublient jamais de nous saluer au passage.

Elles me chantent encore l'aurore des grands espaces qui appellent l'infini. Seront-elles, elles aussi, au ciel?

Vous parliez aussi des aurores boréales.

Sœurs adorées de l'arc-en-ciel en hiver nordique, loin sur la Côte-Nord, un trésor pour les yeux.

Quelle merveille! Elles nous parlent. C'est donc vrai que Dieu est tout-puissant, qu'il a fait ciel et terre.

Papa, qui pourtant aimait beaucoup discourir, nous disait, à mon frère et moi: « Faut pas manquer les aurores boréales. Le bon Dieu a quelque chose de beau à nous montrer. R'gardez bien, les enfants! Taisez-vous, vous verrez mieux. »

Même chose pour l'arc-en-ciel?

Pour un fils d'habitant semi-paresseux qui prévoit davantage les avantages de la ferme que ses inconvénients, les loisirs plus que les travaux, l'apparition d'un arc-en-ciel, surtout aux temps oppressifs de la fenaison à tout prix, représente la victoire du ciel, le retour au beau temps, le dernier mot du « méchant temps », la visite de Dieu.

Encore maintenant, en ville, à Montréal, un arc-en-ciel est une fois de plus, pour moi du moins, le triomphe de la beauté cosmique sur nos gratte-ciels imbriqués.

Il me parle parfois de résurrection, de pont entre les Amérindiens de Maska et les habitants des Laurentides et de la Côte-Nord. Tout petits, nous avions l'impression d'une sorte de pont de Québec illuminé, qui relie les deux rives du monde, « notre monde » de Bellechasse et l'autre bord, peut-être la France !

Avec les premières leçons d'histoire sainte, à la petite école, l'arc-en-ciel prendra un sens plus sacré encore. L'enseignante, Mlle Sylvain, passera beaucoup de temps et laissera aller longtemps son imagination à nous parler de l'arc-en-ciel entrevu par elle dans un livre de la Bible – que nous n'avons jamais lu.

C'était donc vrai que Dieu avait inventé l'arc-en-ciel pour nous dire son amour malgré tous les orages de la vie et de l'âge.

Petit, j'ai cru longtemps que l'arc-en-ciel, c'était un dessin de la main même de Dieu.

Les souvenirs d'enfance vous habitent.

Plus tu avances en âge, plus les souvenirs d'enfance prennent de l'importance. Parfois reviennent aussi d'étranges interrogations, sur l'éducation reçue face aux habitudes d'aujourd'hui. Un exemple parmi d'autres : nos parents ne se sont jamais embrassés devant nous, ne nous ont jamais cajolés. Pourtant, ils n'ont cessé de tout faire pour moi. Et moi, à ma manière, j'aurai tout fait pour leur dire ma reconnaissance. Si d'autre part mes parents ne m'ont jamais embrassé, moi, j'ai trouvé le moyen de reprendre le temps perdu. Amour oblige ! Cependant, la question demeure : ont-ils eu raison ? Est-ce nous, si permissifs, qui nous nous égarons ?

Peut-être qu'ils nous aimaient davantage: «non pas en paroles et en discours, mais en vérité» (1re épître de Jean 3, 18).

À force d'énoncer publiquement par gestes et cajoleries de toutes sortes les sentiments de notre cœur, peut-être que nous nous vulgarisons trop ce qui est le plus secret de nos vies?

Peut-être que cette familiarité publique avec les gestes de l'amour trahit un manque de sérieux, pour ne pas dire davantage? La légèreté de nos pratiques de l'amour dans ce qu'il a de plus intime donne peut-être raison à mes parents sur la vérité même de leur vie de couple.

Bien d'autres sujets à discuter se présentent à moi. Que penser aujourd'hui de cette religion d'obligation, de sanctions, à coup de commandements de l'Église? Le jeûne, la messe du dimanche? Réponse rapide: ce catholicisme héroïque autant que moralisant ne pouvait pas durer. Mais que de cohésion! Que de générosité de la part du peuple!

Il y a là une noblesse, n'est-ce pas?

Noblesse de mes arrière-grand-parents assis pour une photo: femmes en longues robes noires, collets serrés, sérieuses et mains jointes. Ces vieux portent de généreuses barbes blanches. Merveilleux aristocrates. Pourtant, ils sont pour la plupart pauvres et sans prestige social.

Noblesse de ces cérémonies liturgiques au Collège à La Pocatière. Nous avions 15, 16 ans. De voir ces prêtres qui défilent, ces enfants de chœur en robe noire ou rouge qui s'avancent sagement à la chapelle, voilà qui contrastait follement avec nos conduites «hors les murs». Le défilé ennoblit l'assemblée.

Noblesse du premier souvenir de vieillard que j'ai. J'avais trois, quatre ans? Oui, je me souviens de grand-père Damase Blais (mort en 1920), assis au bout de la table, mi-sourire. Ce n'est pas une photo. C'est lui. Cette belle barbe... Comment l'imiter? Urgent! Trop tard!

Noblesse de mon père, debout et droit, aux funérailles (28 février 1936) de son propre père, Abraham Lacroix. Pas un mot de sa part, pas une larme. « J'irai brailler à la grange avec mes vaches. » Adorable !

Jeannine, assise, près du poêle, tête penchée, allaitant son enfant. Seule au monde. Dignité de la vie.

François à 10 ans, parti aux fraises pour que « maman » fasse des confitures à grand-mère, qui vient d'être « placée » au Foyer Lalonde. Merci, François.

Noblesse de Charles C., qui tous les jours depuis dix-neuf ans va vers 10 heures du matin embrasser sa femme, son épouse, atteinte de la maladie d'Alzheimer. Elle ne le reconnaît même pas. « Ma Loulou, tu es toujours ma femme. » L'amour vrai, héroïque.

Noblesse de Kreisler ou de Menuhin, au moment où l'un ou l'autre porte son violon à l'épaule. Grandiose à tous égards. Kreisler relève d'un accident de voiture, il n'a pas joué pendant deux ans. Arrivé sur scène, il regarde son violon pendant une minute. Sans un geste. Émotion de l'assemblée à son paroxysme.

Celle d'un René Lévesque humilié à la suite d'un certain référendum et qui dit simplement : « Ce sera pour la prochaine fois. »

Noblesse de Françoise Faucher récitant debout, au théâtre, quelques poèmes de Claudel. Ou encore d'Albert Millaire, de Jean Deschamps, de Diane Giguère. Maintien. Mots. Dignité.

Noblesse d'un Gilles Vigneault tout en gestes et cris et si beaux mots, à la Place des Arts ou au Théâtre du Nouveau-Monde.

Celle d'une championne olympique, Joannie Fréchette, implorant ou remerciant sa mère à la suite d'une performance exceptionnelle. Tout l'univers applaudit. Seule au monde.

Bien d'autres souvenirs et images reviennent en surface : à Kyoto, ce sont ces priantes en salutation ou les enfants autour d'une piscine (ou lac) élargie. Ils dessinent une cigogne avec des attentions d'adulte.

Sur les collines de Butare, nous nous retrouvons tous ensemble à la hutte, disons maison, à boire à tour de rôle à la même outre. Adieu les obsessions de l'Occident !

Les souvenirs lointains nous parlent de la durée.

Autre image, le fleuve, même en hiver : toujours là. Mon père explique : sous la glace, le chenal, lui, est toujours en route.

Je réfléchis : le temps est ton fleuve, il passe. Navigue ! Rejoins le chenal durable. Toujours mobile. Si discret, si entêté.

Dans la durée, les changements. Tu y apprends le bien, le beau, le vrai.

Écoute le fleuve !

IV

LUEURS D'INFINI

On vous interroge souvent sur les images de votre enfance. Sans doute la rançon de l'âge (97 ans en septembre 2012).

Oui. Hier encore. Radio Ville-Marie, à laquelle je suis associé depuis sa fondation (1985), m'invite à résumer ma vie. Une fois de plus. Des images surgissent. Comme les îles de la nuit, dirait Alain Grandbois. Ou mieux, avec Jacques Brault, j'interroge « ma mémoire de vieille armoire ».

Je revis, je revois la maison familiale au bout du rang 3, le bois de Maska (les Micmacs), je pense au fleuve, au mont Sainte-Anne, au jardin tout près que cultivait en reine de douceur Marie-Louise, ma belle-sœur.

Depuis que je suis tout petit, j'aime ces paysages, jusque dans leur clair-obscur à la Rembrandt.

Lueurs de fin de nuit. Lueurs de fin de vie. Qui laissent entrevoir le lointain. « Le temps ne sépare rien/L'éternité me rejoint » (Éluard). Tout comme le petit train du peintre Jean-Paul Lemieux, il envahit l'espace qui le dissout. Rien de brutal. Au contraire : lenteur du regard intérieur.

Ces paysages aujourd'hui comme hier mobilisent votre esprit. La maison, le fleuve, la montagne…

La maison me renvoie au nid familial, à la cellule première, à la terre sur laquelle chaque jour je marche et m'appuie.

Le fleuve m'invite à méditer sur le passage qu'est la vie, qu'est la mort à sa manière, puisque le fleuve me mène à l'océan, symbole de l'infini.

Et voici le mont Sainte-Anne, qui signifie la puissance et la stabilité et pour moi, tout petit, la vie durable. Le mot éternité viendra plus tard.

La forêt de Maska, près de la maison ? Pleine de mystère. Tout à coup : le temps joyeux des sucres, les feuilles d'automne. Des couleurs à faire rêver l'univers.

Quant au jardin de Marie-Louise, ma belle-sœur et seconde mère, image de la famille, et aujourd'hui de ma communauté : des plantes de toutes espèces, encadrées d'amour et de miséricorde. Le jardin est beau.

L'historien Collingwood dit que, dans toute vie, il y a « un moment esthétique ». Comme une image qui guide toute la vie. J'imagine que, vous, ce serait le fleuve.

Oui. Le fleuve. Support majeur de mes rêveries et de mes méditations. Dois-je le redire ?

La seule pensée du fleuve m'anime encore. Ça a été l'image première de mon enfance : un chemin qui roule à côté de l'église, lieu des premières peurs. Espace blanc d'hiver, la traversée à l'île d'Orléans sur le fleuve glacé. Féerique, magique.

À cause du fleuve, je suis toujours sensible aux saisons. J'aime voir les nuages au-dessus couvrir le mont Sainte-Anne. Ils se bousculent. Que le vent vienne, c'est la débandade. En hiver, ils se fondent avec la saison comme Montréal avec sa montagne.

Que j'aime ces peintres italiens de la Renaissance qui jouent aux nuages !

Vous n'êtes pas si loin des rives de l'enfance.

Encore aujourd'hui j'en rêve. À 97 ans, le Saint-Laurent me parle toujours. Il me rappelle l'importance des rives de la vie.

Plus proches sont les rives, mieux le courant roule et se déroule, et plus le chenal s'impose.

Finalement, je l'ai déjà dit : la récompense du fleuve et des rives, c'est l'océan sans rives.

Océan-silence ! Le torrent a chanté toute sa vie. Arrivé à l'océan, il se dissout, il se tait. L'infini !

Votre fleuve est devenu une « légende urbaine ». Vous avez intériorisé vos espaces de silence…

Moi, si bavard en d'autres temps et d'autres lieux, j'aime le silence du fleuve et, comme lui, méditer en marchant seul. Partout où je peux. La rue, la chambre, le trottoir, le boisé. J'apprivoise chaque jour ma solitude comme le fleuve apprivoise ses rives. Je marche d'une vague à l'autre.

Le fleuve ? Trait d'union entre l'Est et l'Ouest, le Nord et le Sud.

Réciprocité entre ciel et terre. Le Saint-Laurent : don de Dieu.

Rien n'arrivera sans sa présence liquide et ses rives.

Il est ma première appartenance à l'univers.

Toujours aussi près, toujours aussi altruiste.

Je me souviens que, tout petit, aller à la messe signifiait d'abord aller au fleuve, et en été compter les goélettes qui le traversaient.

Je n'en finirai pas de me souvenir. Encore maintenant.

Le fleuve, le soir, est rempli de mystère. Il voyage même la nuit, surveille les étoiles libérées des attentions du soleil. Il gèle en hiver, ressuscite au printemps. En été, pour le rassurer, le phare, les bouées, avant que ne surviennent les grandes marées en fin d'hiver et la débâcle en mars.

Le fleuve, comme un pays en devenir. Il passe, il devient, il désire la mer durable. Dans les changements de marée, il apprend le bien, le mal, la vérité de la vie.

Mais votre fleuve, c'est toujours la mer qu'il cherche...

La mer ! Entrevue et vécue sur le paquebot *Homeric* dans les années 1950. J'y pense souvent. Ah ! la générosité de la mer. Elle me porte sur ses épaules vers la France, là où se trouvent les racines du premier pays jamais oublié. En mer, je ne vois plus les rives. Je suis seul, seul, fragile.

Certains jours, le vent est si fort que j'ai l'impression d'un danger final.

J'ai peur.

Aujourd'hui, la mer est devenue pour moi comme un lac divin, une étendue mystique. D'où *La mer récompense le fleuve* (2009).

À la fois clôture et cloître.

La mer face à la crise religieuse me ramène aujourd'hui l'avertissement de Nietzsche dans *Le Gai Savoir* : « Nous avons quitté la terre (donc toute certitude ferme), nous avons embarqué ! Nous avons coupé les ponts derrière nous, bien plus, nous avons brisé la terre derrière nous ! Dès lors, petit navire, fais attention. À tes côtés s'étend l'Océan. »

Que faire de sa vie sans rives, sans ports d'attache, sans croyances ? Attention ! Québec tu peux te perdre, te noyer. Qui viendra à ton secours ? Qui que tu sois, ne rêve pas d'autonomie, voire d'indépendance, si ton âme n'est pas habitée de croyances fermes et identifiées qui t'appellent plus haut, plus loin, comme dit la chanson de Ferland.

Eh oui, c'est pour le moment si bien dit, si vrai en attendant (selon Gilles Vigneault) :

> Il me reste un pays à te dire
> Il me reste un pays à nommer
> Il est au tréfonds de toi
> N'a ni président ni roi
> Il ressemble au pays même

Que je cherche au cœur de moi
Voilà le pays que j'aime!

Quel sens a le mot «pays» pour vous? Instinctivement, il est lié au fleuve?

Mon pays? Pour moi, un lieu de liberté. Lieu de solidarités inscrites aux quatre points cardinaux.

Avec ces paysages nordiques: toutes les montagnes qui représentent une fois de plus la stabilité, la ténacité, la fidélité. Sans oublier le mont Sainte-Anne, mon «Notre-Dame de Paris».

Mon père disait: «Une montagne, c'est comme une terre d'habitant: ça dure, ça va durer de génération en génération.» Comme le pays.

Le pays, c'est sa terre, le fleuve, les montagnes, mais surtout le fleuve.

Il y a un sujet dont nous n'avons jamais beaucoup parlé avec vous: la politique! Personne de nos connaissances ne semble savoir si vous êtes fédéraliste, séparatiste ou libéral. Au moins une question s'impose: quoi qu'il en soit de l'avenir du Québec, croyez-vous en une certaine survie de cette minorité française en Amérique anglophone?

Je ne suis ni séparatiste ni fédéraliste, pour la simple raison que je suis un «soliste». Pour moi, en fin de vie, je suis entraîné par toute l'histoire qui me précède et que j'ai apprise comme historien des cultures: l'âme, l'esprit du «pays» qui m'intéresse au plus haut point. Le Québec est déjà en lui seul, en esprit, un continent géographiquement suffisant pour se dire un pays. Sauf que je regrette que ses frontières aient été définies en 1867 alors que l'on parlait plus largement de deux Canadas. D'autre part, si les Québécois désirent occuper leur pays, ils devront apprendre vite et «au plus sacrant» à respecter la liberté de conscience de *tous* les Canadiens, à mieux connaître la dignité de leur passé mystique en Nouvelle-France, à résister à l'ignorance religieuse qui les habite depuis les années 1960. Ils doivent en même temps se donner une vraie société laïque ouverte à l'harmonie des diverses croyances. Pas de pays sans âme, pas de charnel viable sans spirituel.

J'ai un pays, un seul certain : Bellechasse.

Un pays qui a ses alliés, le Québec et *a fortiori* l'Acadie, le Canada français des autres provinces ! J'ai souvent peur qu'à l'usage le mot Québec devienne un mot réducteur. La patrie unit. La politique divise.

Parlons donc de l'âme québécoise. Nous supposons que vous avez déjà une certaine idée à ce sujet. Une nation comme la nôtre n'a pas pu survivre sans avoir comme une âme, un esprit dont nous aimerions vous entendre parler. N'avez-vous pas une bonne expérience de l'âme des peuples ?

Pour ma part, je suis fier d'être francophone en Amérique. Et fier d'être québécois. Quand je considère tout ce que nous sommes devenus économiquement, ce que nous sommes au plan de la pensée et des arts en particulier ! Que nous avons conservé notre langue et que, bien que jeune nation, nous avons un patrimoine remarquable ! Tant d'artistes, d'écrivains, de penseurs !

Il y a de quoi être rassuré.

Nous ne dirons jamais assez que le Québec est une nation originale, jouissant au surplus d'un bel environnement. Nation en devenir. Avec des espaces encore à défricher, une population en croissance, culturellement en mutation. Simplement du point de vue spiritualiste, la seule religion catholique, la mienne, humiliée mais loin d'être écrasée par ses propres misères, renaît sans cesse sous forme de petites communautés d'essai. De plus, ce retour à la nature que proclament ouvertement les mouvements écologistes, ce goût d'Évangile, ce pouvoir de la méditation et de la prière, le fait que des femmes théologiennes averties prennent la parole, que les assemblées de priants et priantes existent ici et là et sans courir la notoriété, ce goût d'expériences fortes que souhaitent les jeunes, voilà de quoi espérer le meilleur.

La libération par le retour au sacré est plus efficace à long terme que toutes les luttes politiques qui ont la réputation depuis 1534 de nous diviser, plutôt que de nous unir. L'histoire des grandes religions monothéistes le raconte de mille manières. Elles pratiquent des croyances qui nourrissent l'espérance des peuples et, par elles, des individus. Espérer, c'est en fin de compte miser sur l'avenir. Avec ce joli proverbe russe : « L'espoir tient haut la tête... au pays de l'espoir pas d'hiver. » Lueurs à l'horizon de celui qui en mai dépose un grain en terre. Oui, le grain va mourir. Mais en juin il germera. Bientôt une tige, une fleur. Alléluia !

Votre éloquence nous inquiète quand même. En attendant votre alléluia, comment agir, réagir, au jour le jour : la nation n'est-elle pas menacée de tous côtés ?

Oui et non, diraient nos ancêtres normands.

L'âme québécoise se manifeste dans sa capacité d'intégration, et ce, par une tolérance étonnante, déjà acquise. Tolérance souvent mise à l'épreuve, et chaque fois plus évidente. Merveilleux !

Il y a aussi ce courage à relever les multiples défis qui nous entourent, qui font que la nouvelle société dite québécoise s'imposera moins par les chiffres que par une présence davantage spiritualiste. L'avenir est aux minorités. Adieu les gros chiffres de mon enfance !

Entre-temps, le nombre de nos laïcs missionnaires sur place augmente. Pour la plupart, mondialistes dans l'âme. Plusieurs jeunes que je rencontre.

Restera ce que Lionel Groulx appelait affectueusement « le petit peuple », qui s'attache de peine et de misère à son passé, à sa religion, une religion d'héritage. Aujourd'hui il se tait, il prie encore. Plusieurs souffrent secrètement de tant d'abandons de la part de nos chères « élites ».

Pourquoi nous énerver ? La religion durera autrement. Peut-être plus vraie, plus intime. Une minorité avertie et dégagée du conformisme prend la relève. De nombreux enfants viennent déjà nous rejoindre. Cette minorité, attachante, elle l'est autant par son courage que par la force de ses convictions et sa discrétion.

Le Québec spirituel s'exprime autrement. J'ai l'âme en paix.

Cependant, je suis profondément troublé par la manipulation génétique, par la perturbation de l'environnement, par le pouvoir médiatique laissé à nos caprices marchands. Je sais, cette culture plurielle nous obligera de plus en plus à nous brancher. Notre langue première, issue du latin médiéval, menacée par la légèreté de qui ignore son histoire, est exposée à des défis redoutables. Et en même temps, que de talents issus du seul Québec francophone !

Je pense de plus en plus que la beauté sauve le monde. Merci aux artistes ! Je crois que la culture française ouverte comme elle l'est à l'universel demeure un facteur d'avenir majeur. À long terme, l'art sauve mieux les sociétés que toutes les révolutions improvisées.

La langue française survit tant bien que mal. Mais la religion catholique subit présentement des coups durs.

La religion s'en remettra en devenant minoritaire et davantage laïque. La langue durera elle aussi. Minoritaire, mais fort heureusement présente et combative. D'autre part, il semble désormais assuré que la culture française nous sauvera encore du pire. À la condition, cependant, que notre ferveur nationaliste si intense ne soit pas subordonnée seulement aux combats politiques.

Face aux incertitudes de la société, aux problèmes qui accablent l'Église, comment réagissez-vous ?

J'ai eu la chance d'étudier souvent la naissance des sociétés anciennes, d'avoir beaucoup enquêté sur le Moyen Âge européen et sur les origines de l'Europe, la tradition classique et le christianisme, sur le réveil de l'Orient, sur l'essor de l'islam et l'empire d'Occident, ce qui m'a donné une certaine perspective sur l'humanité galopante, sur les nouveaux peuples, sur l'immigration, sur la manière québécoise de rencontrer et de recevoir d'autres gens venus d'ailleurs et d'autres cultures.

Pour le moment, ici au Canada, au Québec, nous sommes pacifiques, généreux. Les interrogations sur notre propre identité et sur notre présence « nationale » en Amérique du Nord sont normales. D'autre part, la présence de l'islam, religion d'un seul Dieu, monothéiste comme la religion juive, nous invite à mieux connaître celui qui nous réunit, Jésus de Nazareth, Jésus-Christ. Lui aussi, comme Moïse, Bouddha, Mahomet, a été un leader spirituel remarquable. Il demeure pour le moment qu'une liberté de conscience difficilement acquise nous permet ou plutôt nous force à comparer et même à accepter que, devant nous, l'humanité, le pays, se construisent. Les rêves médiévaux d'une seule foi, d'un seul Dieu, d'un seul empire, sont d'un autre âge.

Ce goût de la parole et l'attachement à la terre au fond vous ramènent au mystère de l'existence. Vous méditez beaucoup sur le mystère de l'existence, autant que sur celui de l'appartenance !

Il m'arrive souvent de me dire et de me redire :

« J'existe. Quel que soit ton âge, tu es. »

J'aurais pu ne pas être.

Tu existes : un corps, un esprit. Les deux réunis font une personne.

Chaque être est unique. Ni créé à la chaîne, ni *made in China*, ni *made in USA*.

Vous, moi, nous n'existons qu'une seule fois et à jamais, comme le proclament les trois religions monothéistes : judaïsme, christianisme, islam. Adieu clonage ! À moins que vous y teniez absolument, et les autres aussi !

D'autre part, de tous les êtres qui habitent l'univers et le cosmos entier, il semble bien que l'être humain, homme, femme, est le seul qui puisse penser, réfléchir, dialoguer. Voici une prise de conscience importante : son pouvoir de penser, sa capacité d'aimer, de désirer, d'imaginer, de se souvenir, de raisonner.

Pascal est ému – et nous aussi – rien qu'à savoir que, de tous les êtres qui habitent la terre et le cosmos, l'homme, la femme, sont les seuls doués de pensée.

Sans oublier nos désirs de vivre, de survivre, de nous immortaliser. Sans oublier, vous, moi, la liberté à notre portée.

Voilà qui m'émeut moi aussi en tant que vieux monsieur : ce pouvoir personnel de chercher la beauté, de l'aimer, de la reconnaître partout où elle est, jusque dans le visage d'un enfant, d'une grand-mère, d'une étudiante en train d'étudier, d'un chauffeur d'autobus capable encore en fin de journée de sourire au client, aussi fatigué que lui.

Dans un tel contexte, qu'un homme ou une femme de ce pays, jeune ou moins jeune, vienne, se dise athée ou encore agnostique, irréligieux, blasphémateur en mots, et que je constate que son amour pour sa famille, ses proches, les autres, est intense et en un sens irréprochable, de quel droit je l'exclurais de ma pensée, de ma prière, de mon amour, voire de mon Église, ma patrie spirituelle ?

Malgré les bienfaits du silence, nous aimerions trouver un langage commun pour nommer ce que vivent nos proches qui n'ont aucune référence au religieux.

Bergman parlait d'un désir sans nom. Il y a des gens qui, devant les événements de la vie d'une personne, vont dire tout de suite : « Là, c'est le Christ, c'est l'Esprit saint qui agit. »

L'Esprit saint est un agent culturel qui agit sans qu'on sache toujours comment. Ce qui m'intéresse quand je voisine des athées d'ici, des athées positifs, des agnostiques surtout, est qu'ils opèrent le plus souvent à ciel ouvert. On peut se parler, s'aimer.

J'aime toute franchise humaine, intérieure, dialogante.

Le Dieu d'aujourd'hui, pour bien des gens, c'est « la Vie ». On a vu un grand défilé pour la Terre récemment. Vous y étiez (printemps 2012). Vous avez tenu à marcher à Montréal à l'occasion du Jour de la Terre. Pour quel pays, pour quelle religion marchiez-vous, debout durant trois heures ?

Le 22 avril, on marche pour saluer le Jour de la Terre.

Aucune référence politique explicite de la part des artistes (dont Dominic Champagne) qui veulent cette marche. Sans hésiter, j'ai déjà signé leur manifeste. Vite, deux, trois extraits :

> Nous,
> Hommes, femmes et enfants de bonne volonté
> Nous nous rassemblons pour dire au monde que nous avons à cœur
> La terre riche, généreuse et fragile que nous habitons
> Et la défense du bien commun en ce pays
>
> Nous nous rassemblons parce que nous sommes convaincus
> Qu'avec notre potentiel et notre savoir-faire
> Nous pouvons adopter une meilleure stratégie dans l'usage du trésor
> Que sont nos terres, notre eau et l'air qu'on respire
>
> Nous nous rassemblons
> Parce que nous croyons que l'utilisation de nos richesses naturelles
> Doit se faire en accord avec les populations
> En harmonie avec la nature
> Au profit de tout le monde

Et dans l'intérêt des générations à venir je marche en pensée avec mon père Caïus, mon frère Léopold, mes neveux Arthur et leurs enfants, témoins de la fidélité ancestrale à la terre première de mon enfance.

Et vous, aujourd'hui, ami de la Terre toujours, quelle prière feriez-vous à la tombée du jour, quand vous vous questionnez sur l'au-delà de la vie d'ici ? Sur l'infini ? Quelle prière inventeriez-vous ?

Moi, je suis le vieux, célibataire, seul ; vous êtes un couple. Cette rencontre de nos préoccupations, avec notre vocabulaire à chacun, me passionne. J'aime la croyance qui se questionne, avance, recule, continue la route. Peut-être que ma prière serait, à la manière psalmique :

Dieu, tu es l'océan, je suis le Saint-Laurent
Tu es l'Être, j'existe
Tu es soleil, je suis ombre
Tu es de toujours, je suis de l'instant
Au revoir, à demain matin, si tu veux bien !

Et les marches nocturnes de 2012 (liées au conflit étudiant) ?

Hélas ! Trop reliées à la politique locale.

En fin de compte, nous dirions qu'approchant les cent ans et malgré toutes les tragédies de l'histoire, vos séjours à l'hôpital, les deuils qui nécessairement s'additionnent, vous nous paraissez d'un optimisme incorrigible. Expliquez-nous !

Mes raisons d'être ou plutôt d'avoir été positif, optimiste, sont multiples. La première, sans doute, j'ai appris à la maison que le bien est plus fort que le mal, que la lumière est meilleure que la noirceur, et je dirais selon ma croyance que la vie est plus forte que la mort et que l'amour aussi est plus fort que la mort.

Cet optimisme, vous le retrouvez chez cet astrophysicien qui vous fascine, Trinh Xuan Thuan…

Pourquoi Trinh Xuan Thuan me fascine ?

Peut-être qu'il me rappelle tout simplement nos rêveries d'enfant au bout du troisième rang à Saint-Michel, les soirs d'hiver. À compter les étoiles, pour vérifier ensuite nos additions. Nous n'arrivions jamais à nous entendre. J'ai enfin compris pourquoi, en lisant dans *La Mélodie secrète,* un essai paru chez Gallimard en 1991.

> La nuit est noire parce qu'il n'y a pas assez d'étoiles pour remplir le ciel de lumière. Le nombre d'étoiles est limité, non pas parce que l'univers a des limites, comme le pensait Kepler, mais parce que nous ne voyons pas tout l'univers. Parce que celui-ci a eu un début, et parce que la propagation de la lumière n'est pas instantanée, seule la lumière des étoiles à l'intérieur de la sphère-horizon nous parvient. D'autre part, le nombre d'étoiles est limité, car elles ne durent pas éternellement. La vie des étoiles lumineuses est courte par rapport à l'âge de l'univers […]. Finalement, l'expansion de l'univers ajoute sa petite contribution. À mesure que les distances entre les galaxies augmentent, la lumière a de plus en plus de mal à nous parvenir […].
>
> La prochaine fois que vous contemplerez le firmament étoilé par une belle nuit noire, dites-vous bien que vous devez ce merveilleux spectacle au fait que l'univers a eu un début et que la vie des étoiles lumineuses est courte[1].

Dans ce même livre, Trinh Xuan Thuan aborde la question de Dieu en rapport avec le big-bang. Après avoir repoussé plusieurs voies d'affirmation de l'existence de Dieu, il dit : « La science n'est d'aucune utilité quand il est question de foi. » Pourtant, il ajoute : « Le scientifique doit mesurer ses risques et se jeter à

1. Trinh Xuan Thuan, *La Mélodie secrète,* Paris, Gallimard, coll. « Folio Essais », p. 84.

l'eau. » Envisageant la perspective du hasard, il se penche sur la conséquence d'une multiplicité infinie d'univers possibles où notre univers à nous aurait par pure coïncidence la « combinaison gagnante ». Il conclut en disant : « Parier sur le hasard implique le non-sens et le désespoir. Les cris de détresse de Monod et de Weinberg en sont bien la preuve. Alors, pourquoi ne pas parier plutôt sur le sens et l'espérance[2] ? »

Les gens qui croient au hasard croient. Fascinant, ce besoin de croire à ne pas croire. J'aime ces personnes qui s'interrogent au point d'en être fatiguées. Quand même ! Il faut s'arrêter un jour de penser à penser. Un temps d'arrêt est nécessaire. Et hygiénique pour l'esprit. Trinh Xuan Thuan m'aide à rejoindre et à aimer ceux et celles qui comme lui s'interrogent sur les origines de ce grandiose univers, qui, tant pour lui que pour Teilhard de Chardin, est « divin » au sens d'une infinie plénitude. Ce cher « confrère » vietnamien si noble et si généreux ne peut que me faire admirer davantage les voies intérieures d'un Gilles Vigneault poète et chanteur. Tous les deux ont, chacun à sa façon, choisi la voie verticale de l'élévation de l'esprit.

Nous vivons à une époque où des gens comme vous et nous persistons à « croire quand la mer de la foi s'est retirée », comme le dit Charles Taylor[3]. La décision de croire, aujourd'hui, ne peut plus s'appuyer sur l'attente d'un retour de la marée culturelle qui favorisait la croyance jadis.

Le théologien québécois Bernard Lonergan a élaboré une théorie très étoffée sur la probabilité d'émergence, à partir de la biologie jusqu'à l'histoire humaine.

2. *Ibid.*, p. 309-310.

3. Citant un poème de Matthew Arnold, dans *L'Âge séculier*, traduction de Patrick Savidan, Montréal, Éditions du Boréal, 2011, p. 971.

Le Dieu qu'il nomme[4], *en explorant l'intériorité humaine et l'univers de l'être, est tellement plus que le personnage rejeté par les deux dernières générations…*

Si tu savais le don de Dieu, disait Jésus…

Il est une autre parole de Jésus de Nazareth qui m'a toujours instruit quand je constate la diversité des cheminements de l'esprit en quête de spiritualité. J'oserais timidement, humblement poursuivre avec lui : « Si tu savais… que, dans la maison de mon Père, il y a plusieurs demeures. » Comme on disait autrefois sans arrière-pensée : « *Tous* les chemins mènent à Rome. »

La décision de croire aujourd'hui, dans un monde qui tient pour acquis un recul de la religion face à la science, la technologie et la rationalité, nous oblige à trouver de nouvelles bases.

Taylor dit aussi que l'humanité a perdu tout contact avec des réalités spirituelles essentielles. Il s'intéresse à la notion de plénitude et souligne qu'il faut exprimer les richesses du message chrétien : « Qu'ils aient la vie en abondance. » Quel est votre témoignage ?

De nouvelles bases de la croyance chrétienne d'aujourd'hui ? J'oserais penser qu'il y en aura plusieurs à mesure que la science, la rationalité et surtout la technologie – l'invention par excellence de notre époque – s'imposera de différentes façons. Une parole de saint Paul à ses frères grecs philippiens sera de plus en plus notre mot d'ordre, face à tant de diversité et de nouveauté : « Tout ce qu'il y a de vrai, de noble, de juste, de pur, d'aimable, d'honorable, tout ce qu'il peut y avoir de bon dans la vertu et la louange humaine, portez-le à votre actif ! »

4. Notamment dans *L'Insight. Étude de la compréhension humaine*, trad. de Pierrot Lambert, Montréal, Bellarmin, 1996 ; et dans *Pour une méthode en théologie*, trad. Louis Roy (dir.), Montréal, Fides, et Paris, Éditions du Cerf, 1978.

Une nouvelle forme de culture en marche ! Culture mondialisante. Techniquement possible à toute personne. Allons, enfants de la patrie ! Ouvre ton cœur. Ouvre ton esprit. Vis ! Crois à plus qu'à toi !

Ce qui nous intéresse, c'est aussi « votre foi ».

Vous voulez que j'en parle de manière plus subjective ? Je suis encore aujourd'hui comme ces petits poulains que j'allais autrefois conduire à la rivière Boyer et qui me font penser au psaume 42 :

Comme languit une biche
Après l'eau vive
Ainsi languit mon âme
Vers Toi, mon Dieu
Mon âme a soif de Dieu
Du Dieu de ma vie

Parler d'expérience spirituelle, cela me gêne profondément. C'est si personnel, tellement limité dans le temps comme dans l'espace. L'expérience du fleuve qui se déroule face aux Laurentides impassibles fut pour moi une première expérience spirituelle. Elle l'est encore aujourd'hui.

Mais d'apprendre Dieu à travers un petit catéchisme qui sait tout et plus tard, chez les dominicains, à travers la Bible qui raconte, tout mêlés, le meilleur et le pire, est aussi une expérience spirituelle. Expériences inégales selon les périodes de la vie.

Puis d'apprendre, en étudiant savamment Thomas d'Aquin et en relisant Thérèse de l'Enfant-Jésus, que le même Dieu s'explique, se montre en Jésus. Jésus « pas barré », Jésus direct et franc, tout autant rempli de douceur et d'humilité. Je l'aime, je le fréquente, je lui parle pour toutes ces raisons et bien d'autres encore ! Comme d'autres à leur manière rencontreront Platon, Sénèque, Nietzsche, Bergson, Gadamer, Habermas, Derrida.

L'expérience spirituelle avec le Christ et ses bons mots et sa mort et son retour après la mort m'ont peu à peu conduit à considérer Dieu autrement qu'à la manière d'Aristote, comme à dépasser mes envolées cosmiques.

« Qui me voit, voit mon Père. Qui m'écoute, écoute Celui qui m'a envoyé. » Ça va loin, ça mène loin des paroles comme celles-là, qui m'instruisent au plus haut point.

En Occident, c'est le moi qui règne. Je dois me réaliser. Je dois donner la priorité à ma santé, à mon bien-être, à mon affectivité. Écoute ton corps ! Fais ta vie ! Comment réagissez-vous à cette manière de penser ? Avez-vous des remords parfois ?

Sans juger qui que ce soit, j'en conclus que mon moi a toujours été ailleurs, à offrir ma vie pour le bonheur des autres.

Bien entendu, j'ai mes regrets :

– D'avoir trop parlé de Dieu et pas assez avec Dieu.

– D'avoir trop parlé du cosmos pour attirer l'attention sur le Créateur, Seigneur de l'univers, jusqu'à oublier qu'une seule âme vaut tout l'univers. Le chemin du divin, c'est en tout premier, pour Dieu en tout cas, l'homme, la femme, créés à son image.

– D'avoir peut-être trop milité en liturgie dominicale en faveur de l'assemblée, jusqu'à « oublier » la Parole. En particulier, d'avoir oublié que l'essentiel de la réunion du dimanche est l'Eucharistie, qui à sa manière anticipe cette éternelle louange ciel et terre ensemble au Dieu Créateur, le Tout-Puissant, l'Éternel.

– D'avoir proposé parfois des normes dites catholiques sans y obéir moi-même. Par ailleurs, je n'ai jamais mis en doute que le Seigneur ait été compréhensif à mon égard, jusqu'à l'excès. « Éternel est son Amour ! » Le mien, hélas, ne fut que partiel.

Vous qui discourez beaucoup et partout, vous aimez le silence jusqu'à écrire un livre sur le sujet, comme nous l'avons dit plus tôt. À quoi reliez-vous vos réflexions sur le silence?

Silence des paysages de mon enfance, toujours les mêmes.

Silence de mai au lendemain des semences.

Mon père dirait: «Quand tu sèmes, tu crois. Quand tu récoltes, tu remercies, pis tu te tais.»

Silence des bois de Maska, de l'érablière. Silence des champs de blé sous la neige.

Silence d'une rose détachée de son rosier, qui attend la rosée pour ne pas se faner.

Pourquoi les artistes, les contemplatifs, aiment-ils tellement le silence?

Parce qu'il est «leur» présence intérieure.

Parce qu'il est sans mot, sans bruit, réalité et symbole de liberté, le silence est d'or.

Parce qu'il appelle sans cesse l'âme à s'y réfugier, le silence peut tour à tour et sans effort accueillir pensée, prière, amour.

Il m'arrive de rejoindre certains mystiques qui prennent grand plaisir à se rappeler ce «temps» sans temps, avant le devenir de l'univers.

Nous échangeons depuis longtemps. Je prie, vous priez, je parle, vous écoutez. De toute façon, silence et prière sont de la même famille spirituelle.

Vous qui êtes un homme public, vous poursuivez un dialogue intérieur, intime même.

En priant j'ai souvent de belles et nobles distractions. C'est ainsi que l'autre soir, au chœur à l'office (vêpres, si j'ai bonne mémoire), je lis cet appel magnifique du Seigneur à la porte de mon cœur: «Voici que je me tiens à la porte et je frappe; si quelqu'un entend ma voix et ouvre la porte, j'entrerai chez lui» pour souper, moi près de lui et lui près de moi. Tout à coup, sainte distraction ! je me retrouve à la maison. Ma mère est à l'ouvrage, on frappe, elle écoute, n'ouvre au quêteux que s'il « demande la charité au nom du bon Dieu », car, pour elle, c'est le bon Dieu et non elle qui ouvre la porte.

Peut-être suis-je trop romantique ou obsédé par les beaux mots et les images transcendantes, mais il y a des psaumes qui me font monter au ciel (la descente se faisant chaque fois plus difficile !).

Quelles sont vos préférences ?

Vous trouvez surtout dans les psaumes la formulation de votre expérience religieuse ?

Certains se torturent pour parler à Dieu, ils regrettent la nuit des sens, le vide, l'absence. Lui, toujours là, répond ; c'est le psaume 118. Un long psaume d'une grande inspiration intimiste à la portée de tout esprit en quête d'une spiritualité quotidienne et soumis malgré lui aux angoisses d'une âme inquiète.

Et les prières de votre enfance… Les « actes », comme on les appelait, vous les avez oubliés ?

Mais non ! Je ne suis pas contre ces prières de l'âme toute seule avec son Créateur. Après tout, je suis français d'origine, né avec le besoin de raisonner, discuter, argumenter. Plusieurs grands mystiques que je connais excellent dans ces sphères. Je voudrais bien, mais ce ne serait pas moi.

Pour tout vous dire, je préférerais encore une certaine discrétion à prier avec Jésus de Nazareth dont je sais qu'il a historiquement vécu et dont je crois par foi et intuition qu'il est aujourd'hui vivant, en moi, autour de moi. Jésus est un ami, en un sens mon meilleur ami, celui qui m'a aimé le premier, celui qui m'a enseigné les Évangiles. Mon ami Jésus est vivant à sa façon, une façon que je ne réussis pas à vous dire, plus vivant que mes amis du Québec, du Canada, du Rwanda, de Caen en Normandie, ou de Kyoto.

Bref, Jésus me parle tous les jours en « frère » compatissant, en frère bien-aimé, comme une sœur même, comme une amie qui sait ce dont je suis bâti.

Mon ami Jésus me dit tous les jours, par intuition ou à la suite de lectures choisies, que mon créateur – il me l'identifie comme Père au sens éclaté du mot – est aussi mon protecteur, suprêmement compatissant, avec tout ce que cela implique de pardon et de compassion suivie. Ainsi le dit une fois encore le refrain d'un de mes psaumes préférés : « Car éternel est Son amour. »

Deux paroles signifient et sa vie et sa mort et son retour : « Il n'y a pas de plus grand *amour* que donner sa vie à ses amis. » « Il y a plus de bonheur à *donner* qu'à recevoir. »

Vous me comprenez ? Pour moi, la parole est déjà par elle-même un privilège et, à bien des égards, elle est sacrée. Surtout si elle est surprotégée par la méditation, l'étude, le silence et si elle conduit à l'oraison.

Vous admirez généralement les gens qui prient. Vous aimez les voir prier.

J'aime voir encore ces enfants juifs qui disent leurs prières en inclinant et valsant de la tête.

Ou encore, à la télévision, les musulmans à La Mecque par milliers, penchés jusqu'au sol en l'honneur de Dieu.

Non, je n'en finirai pas de m'émerveiller devant l'histoire grandiose de la prière élargie, universaliste.

L'âge aidant, je n'en finis pas d'accumuler les souvenirs et les images.

Par exemple ?

J'aime regarder prier les anciens moines. Plus besoin tellement de livres, de mots. Ils savent tout ou presque ! Tout est dans leurs yeux. Pendant que, *recto tono*, ils enchaînent les versets de leurs psaumes, comme le faisaient exactement leurs ancêtres d'Orient.

Quelles images de la prière vous sont actuellement présentes ?

Les images des prières que j'ai préférées, que je préfère encore ?

Je revois ma petite sœur Cécile à genoux avant d'aller au lit.

Je revois ma mère assise, souffrante, en train de prier en s'aidant de ses cartes mortuaires.

Je revois en imagination la prière en famille à sept heures du soir, face à une image du Sacré-Cœur et une autre de Laurier. Inoubliables rassemblements.

Et nos hommes, épuisés, qui dorment lourdement durant la prière en famille.

Et mon père mi-endormi qui conclut en m'expliquant après la prière : « Le bon Dieu sait déjà ce que je veux dire. Pourquoi me réveiller ? »

Il y a aussi maman qui surveille « les enfants toujours en train d'oublier une dizaine ». Le chapelet en famille fut mon premier office choral, en plus d'être un lieu, un temps, un rite magique de cohésion familiale.

Le chapelet psalmodié face au cercueil ouvert de ma mère, un soir de janvier 1951, est un souvenir qui supplante nos mots et tous les rituels.

Plus tard, je serai commentateur, à la télévision d'État, des funérailles « internationales » et transcontinentales de Jean-Paul II, et cela aussi est une grâce.

La méditation est pour vous un espace de liberté.

La méditation est avant tout liberté du temps perdu et vie de l'âme. Comme une carmélite seule dans une stalle écoute le silence. Telle la moniale dominicaine en cellule relit ses psaumes préférés avant de les psalmodier au chœur. Silence, prière, méditation. Heureuse trinité!

Ce genre de méditation est fait de rêverie et de prière à la fois...

Vous avez tout deviné. Je pense à ma mère, de santé fragile, qui seule en silence lit *L'Imitation de Jésus-Christ* ou qui dit son chapelet en pensant aux enfants et petits-enfants. Je pense à mon père, grand discoureur, qui n'hésite pas à 80 ans à prendre le chemin de la rivière pour aller seul défricher toute la journée. Seul à « faire de la terre » : « Je pense, je chante, je me tais. »

À quoi il pense? « Au Créateur, à mes enfants, à ma terre. »

Une autre distraction : je médite sur cet enfant en route vers l'Hôpital Sainte-Justine sur le chemin de la Côte-Sainte-Catherine. Il quitte sa mère pour aller toucher, près du trottoir, un vulgaire pissenlit. Méditation! Contemplation! Silence!

Tout petit, moi-même j'allais méditer au rocher près de Maska (à proximité de la forêt). J'aimais beaucoup « penser à rien », tout en pensant à tout. J'essaie encore de me souvenir de ce goût premier d'aller méditer « ailleurs », autrement.

S'il y a un autre thème sur lequel vous réfléchissez en silence et méditez depuis toujours, c'est bien celui de la croyance.

Croire est un privilège de naissance. Croire est naturel. Croire pour apprendre. Croire pour mieux savoir. Savoir pour mieux croire.

La diversité des croyances signifie par surcroît la richesse et la beauté de croire à autre qu'à soi.

La reconnaissance de la beauté, la transmission de la croyance reposent évidemment sur la confiance en la parole.

La Parole! Faut dire que, pour celui qui a été d'abord l'enfant de la parole, le mot même m'oblige.

Papa disait toujours : « Je te donne ma parole », « Prends ma parole ».

Maman, elle, en se fondant sur tout ce qui relève de la religion à l'église : « Moi, j'écoute la parole de monsieur le curé, ça m'aide à penser. »

À ce propos, les trois grandes religions monothéistes qui occupent une large part de notre univers « sacré » s'appuient sur le fait que Dieu, « notre » Dieu, est un Dieu de la Parole. Dieu nous parle, disent tour à tour Moïse, Jésus et Mahomet. Aussi, quel plaisir pour moi, quel réconfort à lire, relire le verset 10 du grand psaume 118 : « Ta parole est la lumière de mes pas, la lampe de ma route. »

Quand les gens s'informent de votre façon de prier ou tout simplement de l'importance de prier, que dites-vous ? Que dites-vous à votre ami ingénieur, qui souhaite prier au moment où le cancer le mine ?

Je ne lui dis rien. Je le regarde, je l'admire, je l'aime pour son courage. Ça se sent entre nous. C'est si émouvant pour ne pas dire davantage de voir un homme instruit, généreux de nature, qui tout à coup retrace les premiers gestes de son enfance : prier avec ses mots d'autrefois. Sans honte, sans vantardise. Bien au contraire. Cela me rappelle une jolie synthèse à saveur cosmique : « Les oiseaux volent, les poissons nagent, les hommes prient. » Tellement vrai que, dans tous les cultes et toutes les religions, la prière s'est en quelque sorte imposée. Tour à tour parole, cri, silence, méditation, adoration, contemplation, elle a la réputation plutôt enviable d'équilibrer des vies encombrées, des santés malmenées et surtout de soulager à l'occasion une angoisse démesurée.

« Alliance sacrée entre ciel et terre », proclame la mystique judéo-chrétienne. « Clé du matin et verrou du soir », ajoute Gandhi, qui, comme bien d'autres héros de la paix et de la liberté, avoue n'être jamais capable de s'en passer. Un peu comme ces marins des régions côtières, fortifiés de rudes expériences : « Qui ne sait pas prier, qu'il n'aille pas à la mer. »

Pendant tout ce temps, la sagesse populaire abonde en proverbes : « Nul ne prie bien qui ne vit bien. » « Nul ne prie sans y apprendre quelque chose. » Plusieurs de ces axiomes insistent pour dire et redire que, pour prier comme pour aimer, il faut avoir un cœur ouvert, un esprit libre. Ainsi proclame le célèbre proverbe tibétain : « On ne joint bien les mains que si elles sont vides. »

La prière rythme encore vos journées ?

Je peux le dire, et sans mentir : j'aime beaucoup prier. Respecter dans la prière le rythme solidaire du cosmos. Chaque heure est divine.

Prier, c'est aller ailleurs que soi, c'est penser plus qu'à soi. C'est communier en esprit.

J'ai beaucoup appris de ma mère, la grande priante des chapelets. À l'observer, j'ai appris à prier : à genoux, debout, assis, au lit.

C'était son oxygène. C'est la mienne.

Donnez-nous un exemple de prière qui vous rejoint actuellement.

Un mercredi matin, seul à ma table, je m'exalte, je m'énerve (à mon âge !) à lire, à dire, à penser le psaume 17 : « Je t'aime, Seigneur, Tu es ma force, mon roc, ma forteresse, le rocher qui m'abrite (Ah ! mes Laurentides !), mon bouclier, mon fort, mon arme de victoire. »

Ouf! me re-voilà distrait, à penser à mes Appalaches, toujours aussi solides face aux vents violents qui le plus souvent viennent de l'Atlantique. Finalement, j'ai une affection particulière pour les psaumes qui me renvoient au grand univers qui n'en finit pas de m'inspirer. Que Jésus me pardonne !

En lisant, simplement en lisant un psaume, je me pose des questions étranges : Pourquoi moi ? Je pourrais ne pas exister. Et la terre ? l'univers ? la nuit ? le jour ?

Parfois, pour ne pas dire souvent, je me demande naïvement pourquoi la lune ne voyage que la nuit, pourquoi les étoiles attendent la noirceur pour se dévoiler. J'ouvre la Bible. Il y a toujours un texte qui m'attend et me parle. Ce n'est pas la science pure, c'est l'Orient, c'est l'intuition *at large*.

Il y a des psaumes que j'aime et je les aime à cause des images (appelons ça encore distractions) et des pensées qu'elles provoquent.

En réunissant en mon esprit et mon cœur tous les priants des univers juif et chrétien, je redis le célèbre psaume 104, cet autre hymne au Créateur :

> « Seigneur tu as pour manteau la lumière » de mes soirées d'hiver.
> Quand je survole les Rocheuses ou autrefois la Suisse « comme une tenture tu déploies les cieux,
> De tes chambres hautes, tu abreuves les montagnes ; la terre se rassasie du fruit de tes œuvres ;
> Tu fais croître l'herbe pour le bétail et les plantes à l'usage des humains, pour qu'ils tirent le pain de la terre. »

C'est une grande poésie priante. Grandiose.

> Les arbres de Yahvé se rassasient, les cèdres du Liban qu'il a plantés ;
> c'est là que nichent les passereaux, sur leur cime la cigogne a son gîte ;
> aux chamois, les hautes montagnes, aux damans, l'abri des rochers.

Les images sont fortes.

> Tu poses la ténèbre, c'est la nuit, toutes les bêtes des forêts s'y remuent.
> Les lionceaux rugissent après la proie et réclament à Dieu leur manger.
> Quand se lève le soleil, ils se retirent et vont à leurs repaires se coucher ;
> Voici la grande mer aux vastes bras, et là le remuement sans nombre des animaux petits et grands,

> là des navires se promènent et Léviathan que tu formas pour t'en rire.

Je ne suis pas François d'Assise. Non, loin de là. Mais pourquoi suis-je si attentif aux parcours de la lune, elle, si discrète, pourtant ? Comment expliquer à mon âge que la lune me parle encore ?

Chaque « pleine lune », visible ou pas, m'enchante. Mère lune ! Père soleil !

Est-ce la faute du psaume 104 ?

> Tu fis la lune qui marque le temps [...] et le soleil qui connaît l'heure de mon coucher
> Tu fais descendre les ténèbres, la nuit vient...

En avion vers Kyoto :

> Tu élèves dans les eaux tes demeures, des nuées tu te fais un char.
> Tu prends les vents pour messagers
> pour serviteurs les flammes des éclairs.

Parfois, je me revois à 12 ans, blotti sur un voyage de foin. Un orage à tout casser. Nous rentrons d'urgence à la grange. J'ai peur. J'ai peur :

> [...] Il vole sur les ailes du vent
> il se cache au sein des ténèbres
> dans leurs replis nuées sur nuées, ténèbres diluviennes, il se dérobe.
> Tous les paysages que j'ai vus reviennent à la charge pour m'inviter à la joie de dire, de chanter, de prier :
> Bénis le Seigneur ô mon âme
> Je veux chanter au Seigneur tant que je vis.
> Je veux jouer pour mon Dieu tant que je dure.

Au moment où je me régale des récents propos de l'astrophysicien Trinh Xuan Thuan, dans *Le Cosmos et le Lotus,* les textes les plus environnementalistes qui soient, rendent eux aussi, et depuis des millénaires, hommage à l'univers avec des mots et des images capables d'exalter toute âme contemplative, quelle que soit son option religieuse officielle :

> Bénis Yahvé, mon âme, tu es si grand ! Vêtu de faste et d'éclat,
> Tu poses la terre sur ses bases, inébranlable pour les siècles des siècles.
> elles sautent les montagnes, elles descendent les vallées vers le lieu que tu leur as assigné ;
> Dans les ravins tu fais jaillir les sources, elles cheminent au milieu des montagnes ;
> elles abreuvent toutes les bêtes des champs, les onagres y calment leur soif ;
> l'oiseau des cieux séjourne près d'elles, sous la feuillée il élève la voix.

Est-ce prétentieux de dire que la pensée de l'univers m'exalte encore jusqu'à l'extase ? Je n'exagère pas. Mon père est décédé en 1969 et encore maintenant je me surprends souvent seul, marchant, à turluter même en ville son hymne national si souvent chanté à son retour des champs de foin ou dans les veillées, même l'hiver. Il s'agit du *Credo du paysan* :

> L'immensité, les cieux, les monts, la plaine,
> L'astre du jour qui répand sa chaleur,
> Les sapins verts dont la montagne est pleine
> Sont ton ouvrage, ô divin créateur !
> Humble mortel devant l'œuvre sublime
> À l'horizon quand le soleil descend
> Ma faible voix s'élève de l'abîme
> Monte vers toi, vers toi Dieu tout-puissant.

Avec un refrain à la Verdi :

> Je crois en toi, maître de la nature
> Semant partout la vie et la fécondité
> Dieu tout-puissant qui fis la créature
> Je crois en ta grandeur, je crois en ta bonté !

Cet attachement à tout ce qui est cosmique, y compris les psaumes, tient sans doute à votre père Caïus Lacroix, « cultivateur et bon parleur ».

Peut-être. Mais il y a aussi Jésus de Nazareth, personnalité si attachante pour qui s'intéresse au contexte culturel d'un jeune Juif du début de notre ère. J'ai entendu dire et je crois qu'il savait les psaumes par cœur. Enfant de la tradition orale, comment en serait-il autrement ? Il les savait par cœur comme sa mère qui joyeusement à même les souvenirs de sa propre prière, à même les psaumes d'Israël, invente le joyeux *Magnificat.*

Parler d'expérience spirituelle, ça peut concerner tout simplement les temps de solitude, les promenades…

Je crains une fois de plus d'être prétentieux, bavard. Vie spirituelle, vie de la pensée, vie dans la rue, vie à la maison, jour, nuit : comment séparer ?

Pourquoi je marche seul au moins 30 minutes chaque jour ? Sans doute pour des raisons de santé physique et d'équilibre mental. Chaque fois le tour du quartier. Trois rues identifiées sur lesquelles habitent des gens que j'aime.

Mais je n'irai pas les déranger.

Je marche. Je marche pour marcher. Acte naturel.

Je retrouve une certaine lenteur normale. Le silence aussi. La gratuité du pas. Et de l'instant.

Tout à coup et pour un moment, l'univers m'appartient. Je l'habite. Je renoue avec l'air, l'espace, le temps.

Je remercie le ciel.

Je prie, je médite, je contemple.

Parfois je dis un chapelet orné de mille pensées et de mystères glorieux, joyeux, lumineux, douloureux.

Marcher, c'est avancer. C'est « créer » l'avenir. Vivre la liberté !

Dieu n'est pas loin. Le Christ encore moins. L'Esprit saint ? Certain. Mais rien du spectacle. Du quotidien plutôt.

Gilles Vigneault fait une distinction entre la spiritualité, qui est un besoin de se ressourcer en soi-même, et la religion, qui relie la spiritualité personnelle de chacun avec un infini. Il parle de foi horizontale (foi dans les autres) et de foi verticale (qui nous projette du même côté que la religion, à travers le collectif)[5].

Ce qui me fascine dans cet entretien de Vigneault, c'est justement cette distinction qu'il fait entre la foi en hauteur, la foi verticale, et la foi horizontale. « Mon royaume n'est pas de ce monde », disait souvent Jésus, qui pourtant vit aussi à l'horizontale dans le plus quotidien de nos vies, intégrant notre humanité de la naissance à la mort.

La foi horizontale, la foi dans les autres, comme dit Vigneault, vacille selon une enquête récente de Pierre Côté[6]*. Vous parlez de foi verticale, vous parlez de Dieu. Ce mot correspond aujourd'hui à diverses expériences pour vous ?*

Il m'arrive depuis quelque temps de récapituler dans ma vieille mémoire mes expériences de Dieu. La première expérience dont je me souviens est d'avoir vu si souvent ma mère prier.

Il en est de même aujourd'hui lorsque je rencontre des personnes priantes, habitées par Dieu, elles me font penser à ma mère. Je veux les suivre.

Le fait que je baptise des enfants m'enveloppe du grand mystère de la vie. Souvent, aussi, je célèbre la mort, des funérailles en quantité, ce qui me rend chaque fois réaliste et me remet sur la route de la confiance à la durée de la vie, malgré les apparences.

5. *Un pays intérieur. Entretiens avec Pierre Maisonneuve*, Montréal, Novalis, 2012, p. 88-89.

6. *Québécois 101*, Montréal, Éditions Québec Amérique, 2012.

Si beau chaque fois à voir, les mamans qui tiennent leur enfant dans leurs bras. Quelle douceur ! Quelle tendresse ! Quelle intensité dans cette douce célébration de l'amour et de la vie. Là où il y a amour, j'entrevois le divin. Le reste vient par surcroît.

Si j'aime tant le prier par des psaumes comme par la Parole liturgique, c'est aussi parce que ces mots, ces paroles, mon ami Jésus les a connus et à sa manière les a pratiqués le premier.

Si Jésus vous est tellement présent, que lui demandez-vous ? Que lui dites-vous ?

Pourquoi moi ? Pourquoi j'existe ? Pourquoi tant d'années ? Pourquoi ne serais-je pas plutôt rien ? Pourquoi y a-t-il le monde ? L'invisible ? Le vide ? »

Moi près de lui, lui près de moi, j'ai de belles surprises. « Seigneur, ouvre mes lèvres, et ma bouche publiera ta louange. »

C'est beau à penser, c'est bon à lire, c'est encore plus beau à psalmodier en compagnie de mes confrères et de ces femmes qui souvent se joignent à nous au chœur, 2715, chemin de la Côte-Sainte-Catherine.

Le souvenir catholique pour bien des gens, c'est moins Jésus que la croix, signe rassembleur universel et particulier aux chrétiens qui en font partout dans le monde le signe par excellence de l'identité.

La croix est pour les chrétiens ce qu'est l'étoile de David pour les juifs, le croissant appelant lune et étoile, pour les musulmans.

La croix ! Elle est partout. Trop, peut-être.

Risque d'oublier Pâques. Risque même d'oublier Jésus-Christ. Nous sommes ici au cœur de l'âme chrétienne.

Vous parlez de l'âme. Que veut dire ce mot d'autrefois pour aujourd'hui ?

Tout jeune, soit entre 8 et 12 ans, j'ai entendu et vu mon père « officier » à la « criée des âmes ». Le jour de la Toussaint, sur le perron de l'église, tout de suite après la grand-messe.

Là se retrouvent les bons habitants des trois rangs de Saint-Michel-de-Bellechasse.

Ils ont apporté des caisses d'œufs, un quartier de viande, voire une poule, d'autres produits de la ferme, pots de confiture, paniers de pommes, et quoi encore ?

Leur générosité, telle leur foi, est inventive.

Et j'entends encore à 97 ans mon père qui préside et mène la vente à l'encan. « C'est pour faire dire des messes pour nos âmes du purgatoire. »

« Des basses messes, des grand-messes, des messes à plusieurs, des messes à pas de monde. Ça a pas de prix, une âme ! Une piastre, deux piastres, trois piastres, adjugé. »

Et je l'entends encore, et tant d'auteurs spirituels me le redisent : « Ça a pas de prix, une âme ! » Corps sans âme : cage sans oiseau !

J'aime mon ami Cheng et ses propos sur les âmes errantes[7]. Si pareilles aux croyances de mes parents. Une âme, c'est déjà en moi la pensée, le vouloir, la mémoire, l'imagination. Ça n'a pas de prix. Je le crois. À la résurrection, c'est l'âme, personnelle, qui ennoblira le corps, un corps spirituel.

Merci, papa !

En fin de compte, je serais prêt à remercier cette institution – l'Église romaine – qui prend soin de ma vie aujourd'hui et déjà s'occupe du bien-être de mon âme dans l'éternité.

Sans trop insister sur le fait que vous êtes en fin de vie, mais, compte tenu de votre âge, nous ne pouvons pas vous quitter sans

7. François Cheng, *Quand reviennent les âmes errantes. Drame à trois voix avec chœur,* Paris, Albin Michel, 2012.

être une fois de plus indiscrets. Préférez-vous toujours le matin ? Nous aurions bien d'autres questions sur votre spiritualité.

Ma préférence pour le matin ? Encore. Toujours.

Déjà dit et proclamé par le psaume 118, versets 1, 4 et 7 :

Je devance l'aurore et j'implore
j'espère en Ta parole
mes yeux devancent la fin de la nuit
pour méditer sur ta promesse.

Éveillé et vite debout, cette « grâce » du matin, je l'ai reçue en tout premier lieu de ma famille. C'est à son souvenir qu'aujourd'hui encore je peux me vanter un peu trop de me lever tôt.

J'entends encore mon grand-père nous annoncer sérieusement son avis :

« Coucher de poule, lever de corbeau
Empêchent la foule d'entrer au tombeau. »

Le matin, première fleur du jour. Fleur de lumière.

Encore aujourd'hui, j'ai pour la lumière du matin une affection toute particulière.

Mais pourquoi ?

À cause de ce qu'elle est, et si tôt. À la fois mesurée et discrète. Présente et silencieuse (elle ne parle jamais, elle).

La lumière ! La merveilleuse !

Symbole de l'intelligence.

Symbole de la vie du jour.

Selon le récit épique des origines du monde, elle est là, la lumière. Première élue du premier matin.

Et Dieu dit : « Que la lumière soit, et elle existe. Ce fut le premier jour » (Genèse 1, 3).

Quand Jésus de Nazareth veut signifier la qualité et la présence de son message, il dit : « Qui me suit ne marche pas dans les ténèbres. Je suis la Lumière. »

La lumière! L'oubliée. La silencieuse.
Qui me l'a fait aimer en tout premier?

De voir mon père en hiver, chaque matin, chaque soir, allumer le fanal pour se rendre à la grange.

« Sans lumière, tu t'enfarges! » me disait-il.

Je médite souvent, avec ces mots chaleureux de Supervielle (†1960):

Suffit d'une bougie
Pour éclairer le monde
Autour duquel ta vie
Fait sourdement sa ronde.

Bien sûr. Les sages propos de Trinh Xuan Thuan sur la lumière et les étoiles ne peuvent que revenir à mon esprit.

> […] la terre nous entraîne à travers l'espace à trente kilomètres par seconde dans son voyage annuel autour du soleil. Celui-ci emmène à son tour la terre dans son périple autour de la Voie lactée à deux cents kilomètres par seconde […]. (p. 220)

Ô merveille de la vie cosmique!

Vous nous avez dit que toutes les grandes religions s'entendent pour accorder une priorité à l'amour…

Pour moi, l'essentiel en cette vie, avant, pendant, après, c'est l'amour. Je préfère toute parole qui le proclame à partir de ces mots merveilleux, que je reçois du grand ami de Jésus, Jean l'évangéliste (1re épître de Jean 4, 7-8).

Aimons-nous les uns les autres
L'amour est de Dieu
Qui aime est né de Dieu
Et connaît Dieu
Car Dieu est amour.

Ça me rappelle l'automne à Saint-Michel, au temps des grandes marées, ou mieux en mars à l'heure de la débâcle et de la mouvance des glaces: la marée a beau s'énerver, nous faire peur, comme si le fleuve ne maintenait plus le courant! Nous avons confiance. À cause de l'eau qui aime tellement le fleuve, elle est sa raison d'être même. Le fleuve, submergé ou pas, poursuivra son chemin vers l'Atlantique.

De même qu'arrivent les débâcles dans nos vies, le courant d'amour finira toujours par avoir raison. Rien ne triomphera du chenal en route vers l'Atlantique.

Quelle joie en effet de lire au Cantique des cantiques, chapitre 8, verset 7, que les grandes eaux ne sauraient éteindre l'amour ni le fleuve le submerger!

Mystère! Mystère!

Là où il y a l'amour, il y a Dieu.

Sur le campus de l'université, je vois souvent les amoureux, c'est pour moi comme si chaque fois Dieu est amour.

Tout ce qui est compassion, pardon et miséricorde dans l'amour me fascine tout autant et me renvoie au Pourvoyeur de toute miséricorde.

À ce propos, j'aime le pardon. Quelle victoire chaque fois que je le reçois ou que je le transmets! L'amour à son meilleur.

Vous y percevez encore la présence réelle du spirituel...

Ici et là, partout, ailleurs. Chaque jour ou presque, je vois passer des parents qui conduisent leur enfant à l'Hôpital Sainte-Justine. C'est Jésus le Bon Pasteur amoureux qui par eux marche.

Bien entendu, j'ai toujours mes Laurentides à penser, mes Appalaches, mon fleuve. Tant de beauté silencieuse à la portée de mes yeux, chaque fois pour me dire Dieu.

Mais il y a mieux! C'est d'entrevoir Dieu chez les amoureux et les artistes.

Les artistes, les prophètes: Mulhstock, Micheline Beauchemin, la marionnettiste Micheline Legendre. D'autres, d'autres encore vivants me racontent Dieu, chacun, chacune à sa manière. Je suis choyé.

Quand vous parlez de la vie, pensez-vous à une survie, à une autre vie ?

Toute-puissance de la vie !

Peut-être donc que la mort n'est qu'extérieure et que c'est la vie qui est de toujours. Vie antérieure. Vie première. Vie continue.

« L'éternité traverse la vie », écrit quelque part un poète de l'intériorité, un de mes poètes préférés, avec Hélène Dorion, Jacques Brault.

Pourquoi aurais-je eu peur ?

À Pâques, nous croyons que Jésus est vivant. Généreux mystère. Au printemps, la vie est déjà ressuscitée, elle est dans l'air.

Le Christ parle de vie éternelle, les Grecs s'en tiennent à l'immortalité de l'âme.

Le Christ résume : « Je vais revenir. » Bref, croyance et confiance vont de pair.

La Vie ! La Vie !

Grâce à un accident de santé récent, il m'est aussi naturel de penser à cette vie d'ici qu'à une autre vie. Les deux sont liées. C'est la même !

Le désir de guérir a dominé ma pensée. L'avenir au présent. Ce monde d'aujourd'hui semble plutôt fuir le « passage » vers l'au-delà. Sans croyance, comment faire autrement ?

Il y a la peur normale de la déchéance du corps et de la matière, voire la crainte d'une destruction éventuelle de l'eau pure, après la marée noire dans le golfe du Mexique, après la tragédie du Japon.

Si, d'autre part, la matière possédait déjà ses propres indices de vie-survie ! Par exemple, le grain de blé jeté en terre ne meurt pas, il se transforme par la puissance qui anticipe sa propre vie. Tout est donation, dit la mystique amérindienne. Lueur d'infini ! Pensées d'ailleurs ! Au-delà d'ici !

Et l'au-delà, qu'en dites-vous ?

Jeune, oui, j'avais bien peur de l'enfer. Peur du feu plutôt.

Parce que la grange de mon oncle Amédée avait brûlé devant moi, à quelques « pagées » près. J'avais huit ans.

Le curé avait dit, le dimanche suivant, qu'être brûlé vif était moins pire que d'être privé de Dieu.

J'ai encore peur du feu.

L'enfer, l'au-delà, le purgatoire, le jugement particulier, autant de mots si souvent entendus à l'église. Que j'ai eu peur. Plus maintenant.

Les images peuvent être trompeuses, mais on ne peut pas comprendre sans images. Avez-vous été marqué par l'imagerie dévote de votre enfance ?

Ma première image, le Christ en croix. (Je m'appelle Lacroix, ça n'arrange rien !) Plein de crucifix à l'église, à la maison, partout.

C'était, on me disait, le Christ mort pour nos péchés.

Mon père disait : « S'il est mort, arrêtons de le faire mourir ! Arrêtons les sermons ! »

En étudiant l'art roman et surtout les liturgies orientales, j'ai peu à peu rencontré le Christ vivant et ressuscité. Le Christ en gloire.

Je lutte aujourd'hui pour garder en moi une préférence pour cette deuxième image du Christ et pour la rendre plus importante. Pas facile.

Actuellement, on s'identifie visiblement d'abord par notre corps. Notre corps nous situe dans l'espace. On se demande si la disparition du corps signifie la fin de la vie.

On dit que, dans l'au-delà, l'esprit va dominer le corps. Nous aurons des ailes, comme le signifie symboliquement, et à sa manière, l'intuition populaire.

Des ailes ? Une image, pour montrer que le corps une fois réhabilité est aérien, spirituel. Il peut être partout où l'Esprit le conduit.

L'identité après la mort ? Les chrétiens, les musulmans et les juifs tiennent à ce qu'il y ait une continuité du corps, du même corps, après la mort, un corps revu et corrigé !

Grâce à la toute-puissance de Dieu.

Mahomet a même réussi à imaginer pour le corps un paradis de luxe !

Je reprends. Mon corps est venu, limité dans le temps et l'espace. Il reviendra autrement, illuminé, spiritualisé.

C'est la vie perdue et retrouvée !

Exact. Entre-temps revient à ma mémoire un mot cher au grand peintre Muhlstock (†2000), souvent redit par lui, et souvent cité par moi : « Je vivrai aussi longtemps que vous penserez à moi, que vous ne m'oublierez pas. »

Moi je me dis : « Je vivrai aussi longtemps que Dieu pensera à moi. » Or, la pensée de Dieu est éternelle.

La « résurrection », c'est Dieu qui de toute éternité souhaite que j'existe et qui – son prophète, qu'il appelle « mon fils bienaimé », l'a dit – pense à moi à jamais, et pour toujours : « Je serai avec vous tous les jours. »

Que le corps existe, qu'il doive capituler en sa mortelle nature, cela tient à sa nature.

Mais que l'esprit, l'âme – issue de la pensée de Dieu – survive, cela tient au pouvoir d'une pensée supérieure qui l'anime.

Le Christ a même promis : « Qui croit en moi, même s'il meurt, aura la vie éternelle. »

La résurrection du corps, c'est l'action directe de la pensée continue de Dieu. Cette pensée, éternelle, réhabilite le corps, tel le Christ premier ressuscité d'entre les morts, glorifié en son corps, illuminé à jamais.

Ce qui s'appelle la résurrection ?

Moi, avec les mots d'un habitant, je serais porté à dire « revivre ». Re-vivre. Exister autrement. Autre contexte. C'est bon à penser, comme à croire que c'est possible. Victoire de l'âme sur le corps, finalement solidaires. Une fois libéré de son « premier corps », l'esprit garde l'initiative. Tout comme après un bon sommeil, le corps se porte mieux. D'autre part, une fois au repos, l'esprit quelque peu libéré s'est agité, s'est excité. C'est ainsi qu'après la mort le même esprit toujours soumis à la pensée première, souhaite reprendre contact avec son corps dissous. Cette fois, c'est lui, l'esprit, qui domine, qui anime pour de bon le corps désormais et est finalement réhabilité par la même énergie créatrice qui lui a permis d'exister une première fois.

Attention ! croire est autre que savoir. Mais croire c'est aussi penser.

Cette croyance, cette grande intuition, se fonde sur une confiance en la vie.

La résurrection demeure en principe la croyance la plus risquée, risquée autant que généreuse. Le Christ promet un grand rassemblement « à la fin des temps ». Mais la croix demeure le signe chrétien par excellence. Signe que la souffrance, voire la mort, peut vraiment nous aider à vivre et à survivre.

Nous qui demeurons dans l'Église contre vents et marées, comme les deux auteures des Pieds dans le bénitier[8]*, sentons que cette appartenance libre nous nourrit. Pourtant, nous avons soustrait tellement de mots de notre vocabulaire. Nous vivons dans un monde sans Dieu, tout en puisant tous les jours aux sources chrétiennes.*

8. Anne Soupa et Christine Pedotti, *Les Pieds dans le bénitier,* Paris, Presses de la Renaissance, 2010.

Nous n'utilisons pas souvent les vieux mots « ciel » ou « résurrection » et nous parlons moins de Dieu qu'il y a cinquante ans, bien sûr.

Ça me fait penser à Maître Eckart qui dit : « Ne nomme pas trop Dieu, tu lui fais du tort. Dieu, c'est le non-Dieu. » Dans ces négations, je retrouve l'idée de purifier le langage. Purifier les idées à cause du scepticisme. Normal. L'héritage des années 1970.

Mais il y a un besoin quand même de savoir, même un besoin inédit de croire qui est fondamental. J'ai besoin des athées pour mieux croire à l'essentiel du christianisme.

Certains athées du Québec, tout près du dogmatisme, m'intéressent moins. Les agnostiques, davantage. À cause de leur goût pour la recherche de sens.

L'agnostique en acte ou pratiquant a beau dire tout le temps qu'il est agnostique, les catholiques l'écoutent comme s'il était croyant. Je trouve ça adorable. Pour lui, pour nous.

Ce qui m'intéresse, c'est qu'il réfléchit à ciel ouvert. J'aime cette franchise humaine, intérieure, dialogante.

Chaque fois, je sais que Dieu, qui a de la suite dans les idées, le rejoint.

Au ciel ! Comme un amour, soudainement comblé. Ni mort, ni lieu, ni temps.

C'est à respecter, en même temps, ces doutes et ces peurs de nos ancêtres croyants. Nos certitudes ne viennent pas tellement de nos mots que de Celui qui nous offre face à la mort une après-vie durable.

Terre nouvelle. Cieux nouveaux.

« Dieu n'a pas envoyé son Fils pour juger le monde, mais pour que le monde soit libéré. »

L'au-delà signifie aussi devenir, jaillissement, « fleuve d'eau vive ». Pur amour. La mer durable. Terre nouvelle, cieux nouveaux.

J'aime cette prière islamique du pur amour, que j'ai lue et encore récitée récemment :

> Ô mon Maître, si je T'adore par crainte de l'enfer, brûle-m'y
> Et si je T'adore par espoir du Paradis, exclus-m'en, mais si
> Je T'adore par amour de Toi seul, alors n'écarte pas de moi
> Ton Éternelle Beauté.
>
> (Prière de Rābia al-Adâwiyya, 703-801)

LES ÉDITORIAUX DU *DEVOIR*

Présentation

« C'était mon dernier éditorial. À 95 ans ! Merci à toute l'équipe de la rédaction, aux lectrices et aux lecteurs de ce journal. »

La conclusion de l'éditorial de Noël 2010 marque la fin d'une tradition singulière : depuis plus de vingt ans, le père Benoît Lacroix signe l'éditorial de Noël et de Pâques du journal *Le Devoir*.

Dans les jours qui suivent, des lecteurs écrivent au *Devoir* pour exprimer leur regret de perdre ce regard sur la vie qui étonne, qui éclaire le présent par des évocations inattendues.

La lecture de ces textes, que nous offrons ici avec l'aimable autorisation et la collaboration du *Devoir*, révèle la place significative de la voix du père Lacroix dans notre société.

Ce qui frappe ici, c'est le jeu profond des relations. Marie Madeleine rejoint Antigone, ou Mireille Lanctôt, François Cheng et Riopelle, Fra Angelico.

Ces rapprochements inédits témoignent d'un rapport authentique aux penseurs et aux artistes, de Sénèque à Marie Uguay.

La nature n'est pas en reste. La nuit et la lumière, l'hiver et le printemps sont déclinés en des teintes cosmiques aux accents gaspésiens ou laurentiens qui rappellent Giono.

La fraîcheur de ces pages tient à la qualité des relations qui disent notre identité.

« C'est dans les origines que se trouve la modernité », soulignait Nadia Boulanger. Voilà ! Ce jeune homme qui, à 97 ans, sort tous les jours pour rencontrer ses sœurs et ses frères de tous âges aide ses contemporains à tisser ou retisser des liens avec leurs sources. N'est-ce pas là l'un des sens profonds de la « religion » ?

Simone Saumur-Lambert
et Pierrot Lambert

Jeudi 24 décembre 1987

L'instant d'une fête

L'enfant comblé en ces jours par un jouet longtemps désiré est une merveille à contempler. Aucune ambition sinon de jouer, aucune illusion du devenir, aucune projection, il est absorbé : « Ne me dérangez pas ! » Comme s'il était passé du temporel à l'éternel, du *non-être* à l'*être,* pour parler à la manière des philosophes. Vivre de l'instant et pour l'instant est donc possible, si les enfants y réussissent !

D'ailleurs ceux, celles qui s'aiment profondément ne voient plus passer le temps. Le meilleur de leur amour est instantané. Les savants, les artistes le savent : il n'y a de temps que l'instant quand l'intelligence est comblée. Tout devient immédiat, soudain, présent. Au concert, devant un tableau, au cours d'une lecture, le coup de foudre : le temps n'est plus. Même au milieu d'une grande déréliction il arrive que l'instant de béatitude soit possible. Seul vrai temps est l'instant, fraction de seconde, clin d'œil du temps !

Mais qu'est-ce que l'instant ? « L'espace d'un moment », « l'aujourd'hui présent », disait Mireille Lanctôt, une goutte d'eau dans le fleuve du temps, un point de convergence entre le passé et l'avenir ; il est la durée freinée, l'éternité récapitulée. Comme l'accord qui résume la toccata, comme le coup de pinceau qui fixe à jamais le tableau.

Alors que penser de la vitesse qui nous obsède ? Ne serait-elle pas l'instant en lutte contre la course du temps ? *Fast-food,* micro-ondes, café instantané. Le Concorde ! La vitesse fuit le temps ; l'instant le récupère. Plus la vie paraît aller vite, plus l'instant devient important. On l'a répété : chaque heure blesse, la dernière tue. Seul l'instant dit la vraie vie et sa richesse. De même que la vraie culture qui consiste non pas à tout savoir mais à posséder cette sagesse qui réunit tout en un seul moment de réflexion.

Pour plusieurs d'entre nous et les autres qui ne peuvent plus entrer dans le territoire mystérieux du sacré, ne fût-ce que culturellement et provisoirement, Noël sera sans doute une fête toute compulsive, une fête vite passée, la fête d'un instant. Mais cette idée d'une fête courte, rapide, n'est pas si négligeable. Les grands contemplatifs d'Orient et d'Occident qui entrent en oraison, immobiles et réfléchis, libérés de leurs pensées tumultueuses, connaissent mieux que les rationalistes fatigués et les sceptiques que nous sommes devenus la possession partagée de l'instant divin qui surpasse tout calcul.

Le grand Moïse est un des premiers mystiques à dire que Dieu, Dieu l'Innommable, vit ainsi : dans l'instant et pour l'instant. « Je suis celui qui suis. » Au-delà de toute durée, l'Être-super, dirait un cégépien, il est, il vit, comme il était, comme il sera. Aujourd'hui. Hier. Demain. Toujours. Présence sans fin. *Vivre l'aujourd'hui de Dieu* – c'est le titre d'un livre du mystique protestant de Taizé, Roger Schutz – nous rappelle que, pour Dieu, tous les jours – cela inclut le 25 décembre – sont un *aujourd'hui.* Sans fin est sa présence à l'instant, ainsi le dit si bien le psaume 89 repris par nul autre que Pierre dit Céphas, grand ami de Jésus : « Un jour pour Toi est comme mille ans et mille ans comme un jour. »

Dieu seul, en un sens, peut nous donner de vivre Noël de cette manière, en enfants, dans l'instant et pour l'instant. Au moment de la fête, je peux rêver d'un éternel aujourd'hui et chercher intensément l'instant qui l'appelle. Aussi la liturgie de Noël est d'abord une Fête-Dieu, une sorte d'épiphanie du Dieu éternel, Dieu étant en tout instant, de tous les instants. À ce propos, Paul de Tarse parle quelque part d'une plénitude du temps.

Comme par intuition sacrée et sans savante prémonition, le peuple d'ici avait jadis ce sentiment de l'instant privilégié à Noël quand, au jubé, à minuit sonnant, la meilleure voix de la paroisse entonnait : *Minuit, chrétiens !* « C'était, qu'a encore dit le vieux Médée tout ému, un moment divin et je t'assure que tout le monde était là. Il y en a qui braillaient ! Pis pas seulement des femmes ! » Et pour célébrer l'instant divin, la liturgie monastique latine chante dans une écriture grégorienne – à minuit aussi – le majestueux *Hodie genui te.* « Aujourd'hui, je t'ai engendré. »

Voilà des propos bien sages pour une fête simple, heureuse, gaie, folle un peu, instantanée. De toute façon, et quelles que soient nos allégeances spirituelles, il est possible *au jour d'aujourd'hui,* comme diraient nos ancêtres normands, de vivre à la manière de l'enfant tout absorbé par son jouet. Vivre une vraie fête, fût-elle celle d'un moment, apparaît dès lors, par sa richesse même, comme le symbole d'une paix à long terme à laquelle toute l'humanité aspire. Oui, quel beau Noël à nous souhaiter tous ensemble que celui d'incarner, même brièvement, en ce jour mystère, la jeunesse éternelle d'un instant d'amour !

Le 24 décembre 1988

Chandelles et soleil

La lumière, disait-on jadis, ne peut venir que de l'Orient et il n'est pas indifférent que cette croyance apparaisse dès les premières lignes de la Genèse. Première arrivée au premier matin du monde. « Il y eut un soir, il y eut un matin » : premier jour ! Quelle merveille ! Quelle énergie ! Que ferait-on sans elle ? Une panne d'électricité, et c'est la panique. Tout l'art et la technique en sont imprégnés : mosaïques, verrières, rosaces, enluminures, et continuons… Fra Angelico, Chagall, Riopelle et autres peintres. Même dans nos existences les plus quotidiennes :

> Suffit d'une bougie
> Pour éclairer le monde
> Autour duquel ta vie
> Fait sourdement la ronde.

Fille des premières heures du monde, créature sacrée, la lumière joue, en cette saison des fêtes qui arrive, un rôle de premier plan tant chez les enfants que chez les adultes qui y trouvent parfois de quoi chasser leur désespérance. Chandelles, bougies, lune et soleil font la fête. Tant mieux ! Noël fut d'abord la fête romaine du soleil levant, mais parce que Jésus s'était un jour identifié à la lumière, Noël est devenu la fête que l'on sait. Même on racontait dans les premières communautés chrétiennes d'Asie, qu'une étoile particulière avait éclairé la marche de quelques bergers en route vers Bethléem pour y saluer un enfant mystérieux.

À Noël, une lumière qui ne s'éteindra plus a été allumée. À cause d'elle, l'humanité ne sera jamais plus la même. Irrésistiblement, comme au premier matin, la lueur de Noël revient pour la douceur du cœur et pour ce que Tagore appellerait le « baiser des yeux ».

Jeudi 12 avril 1990

Fragilité!!

« Nous avons le corps fragile », écrit une poète amie. « Cendre et poussière », traduit l'antique liturgie du carême. Ce corps, ce trésor plutôt, « harpe de ma vie » (Orient), temple de l'Esprit, nous le portons comme on porte un vase d'argile : « Vase d'argile, vase fragile ! » Plus fragiles encore que naturelle fragilité sont tous les corps atteints, maltraités, assassinés, couronnés d'épines ; tant de femmes battues, d'enfants abusés, de malades sans défense qui ne pourront pas célébrer Pâques à la manière des bien portants.

Fragilité aussi que tous ces êtres cicatrisés qui, publiquement, portent à nu leurs faiblesses, frappés par l'estocade de la rumeur, accusés à tort ou à raison sans nuances.

Pendant que quelques-uns avouent leur misère, demandent pardon, acceptent l'aide qu'il faut pour retrouver l'équilibre émotif, celui qui n'est pas loin en ces jours nous interpelle : « Que celui qui n'a jamais péché lui jette la première pierre. » Lui-même, Jésus, s'est trouvé près de Jérusalem, un soir, effrayé des accusations qui venaient de toutes parts, attristé à en mourir, angoissé. Il aurait crié dans la nuit, à la manière d'un enfant qui est en danger : « Père, sauve-moi… »

La souffrance reste une énigme. La mort corporelle l'est davantage. En un sens, la vie, le temps aussi. Qui serait capable d'inventer une seule seconde de vie naturelle à son corps si cette vie ne lui était donnée à l'avance ? La médecine soulage plus qu'elle ne sauve. Le corps, déjà si fragile, demeure vulnérable. Il s'en faudrait de peu pour qu'il disparaisse, souvent dans des conditions visuellement lamentables.

Et pourtant ! C'est ce même corps, si fragile, si flétri soit-il, qui, selon une ferme croyance entretenue depuis deux mille ans, la plus têtue de nos croyances, sera un jour réhabilité, « revu et corrigé », comme disent les éditeurs.

Ainsi s'explique la toujours joyeuse fête de Pâques. C'est la fête d'un ami décédé, Jésus de Dieu, parti, et qui, à son retour – ô mystère – promet un rendez-vous aux siens, ainsi qu'à toute l'humanité, et même au cosmos. Comment ne pas citer Mireille Lanctôt, qui écrit à trente ans, quelques jours avant sa mort, à nulle autre qu'à Marguerite Yourcenar, cette phrase magnifique qui résume en cinq mots toute l'espérance chrétienne de Pâques : « La vie nous rattrape toujours. »

22 décembre 1990

La nuit ensorcelée

Est-ce Platon qui le premier a dit : « C'est la nuit qu'il fait bon de croire à la lumière » ? De toute manière, elle est tellement ensorcelante, cette nuit de Noël, que même les plus irréductibles d'entre nous ne peuvent échapper à son mystère. Il n'y a pas que les enfants qui s'étonnent. Les « grands » aussi. Que j'entre dans une église, ou que je fuie au restaurant, ou que j'organise un grand « party », quelque chose arrive qui est difficile à expliquer. Comme racontaient nos ancêtres : « Noël est dans l'air et tu ne peux pas t'empêcher de le respirer. »

Entre-temps, des Québécois de souche rêvent encore à leur belle messe de minuit : « Un bon *Minuit, chrétiens !* chanté par le meilleur ténor de la paroisse, ça ne se refuse pas. » C'est « notre Fête-Dieu en hiver ». À ne pas manquer ! Ensorcellement inévitable ? Bien sûr, Noël jouit d'un support cosmique unique : le solstice d'hiver, la remontée du soleil, enfin les jours qui s'allongent. Une fête de la lumière !

Peu à peu, en Orient comme en Occident, la fête de Noël est devenue l'anniversaire de l'Enfant-Jésus à cause que cet enfant mystère serait né, selon la tradition, dans la nuit du 25 décembre. Or cet enfant avait déjà des surnoms bien reliés à la fête cosmique: «Soleil de grâce», «Lumière née de la Lumière», «Clarté dans les ténèbres».

À moins d'avoir un ego superdoué pour le refus ou la bouderie, chacun, chacune, entrera dans le processus de l'ensorcellement collectif de cette nuit multidimensionnelle. Mais… mais c'est à recommencer chaque année: il nous faut un certain sens du mystère et de la transparence pour dépasser le cliquetis publicitaire des derniers jours. Peut-être devrions-nous davantage écouter et observer les enfants, ces heureux symboles, plus rares maintenant, du rajeunissement des peuples. Ou mieux, faudrait-il réveiller en nous l'enfant qui dort pour que nous soit redonnée la magie des rites nocturnes?

Comme disait Saint-Denys Garneau, poète mal oublié dont on s'apprête tout de même à célébrer un important anniversaire:

Tout le monde peut voir une piastre de papier vert

Mais qui peut voir au travers… par cette vitrine des milliers de jouets merveilleux?…

Qui, sinon un enfant? Et «ses yeux sont grands pour tout prendre».

Samedi 30 mars 1991

Pour la survie de nos désirs

Bien particulière cette fête de Pâques qui postule, pour plusieurs d'entre nous, des désirs quasi obsessifs d'immortalité et d'éternité. Même Rimbaud s'en mêle: «Elle est retrouvée! Quoi? l'Éternité. C'est la mer mêlée au soleil.» Est-ce normal de penser ainsi? Car il faut le dire: qui dit désir dit avenir. La présence du désir fait que l'humanité se donne tant de mal pour survivre.

Nous n'avons pas inventé les concepts de longue durée dont discutent déjà Platon et sa descendance spirituelle. Cicéron a des textes merveilleux sur le sujet. Et Sénèque donc! Nos raisonnements et notre habileté dialectique à contourner l'idée d'immortalité perdent leurs moyens dès qu'apparaît un grand amour; celui-ci, à tout prix, veut devenir éternel. Le corps aussi souhaite l'immortalité, à sa façon parfois maladroite: il ne veut pas mourir. Dès lors, pourquoi ce corps, le tien, le mien, « temple de l'Esprit », disent les anciens textes, compagnon terrestre de nos vies, ce corps qui œuvre tant pour favoriser l'amour, le travail, ne pourrait-il pas un jour surgir de ses propres cendres, glorifié, exalté, spiritualisé, libéré, quoi? « Ah, c'est trop beau pour être vrai », répond une étudiante anthropologisée par l'université.

Entre-temps, durant ces jours nommés jadis « jours saints », des paroles étranges, sacrées et mystérieuses sont ici et là, dans les églises et les abbayes, célébrées, dramatisées en des rites de feu et de lumière, au nom de la survie de nos désirs: « Quiconque voit le Fils [le Christ] et croit en lui aura la vie éternelle et moi je le ressusciterai au dernier jour [...]. Qui croit en moi, même s'il meurt, aura la vie éternelle [...]. La vie éternelle? C'est qu'ils te connaissent, toi le seul vrai Dieu. »

Bien sûr, croire n'est pas savoir. C'est d'un autre ordre. Comme l'intuition. Tout de même, ces paroles historiques confirmées par de nombreux manuscrits et commentaires, chacun, chacune peut les réentendre. Au moment où tant d'événements paraissent insensés, pourquoi ne pas fêter, au moins en pensée sinon en vigile, le désir le plus fondamental qui soit: le désir d'être, de toujours être, de toujours aimer, de toujours espérer? Bref, le désir d'immortalité.

Quelques semaines avant sa mort – cancer à 26 ans – la sympathique et douce Marie Uguay intitule *L'Outre-vie* un recueil de poèmes qu'elle termine en page 86 par ces vers simples et prophétiques :

> Je regarde finir le monde
> et naître le désir.

Samedi 18 avril 1992

Pour un festival de la durée

Eh quoi ! aucune chance de revenir sur ses pas ? Toujours coincés entre deux éternités, dirait Vigneault, toujours bousculés au milieu de notre chemin, quand, comment nous arrêter ? Où sont les antiques sabliers et les horloges solaires ? Comment à toute vitesse accélérée sauver cet instant qui passe ? Quel est-il, pour le sauver, cet instant ? N'est-il qu'une anticipation immédiate de l'avenir ? Qui encore a dit que l'instant est au présent ce que le souvenir est au passé et le désir à l'avenir ?

Tout compte fait, on dirait que les amoureux, ces artistes du cœur, et les grands souffrants du corps et de l'âme, et les enfants, sont les seuls à aménager le présent, à identifier l'instant et à le retenir comme en passant. À propos des enfants, Ariane Émond écrit fort élégamment dans *Le Devoir* du 8 janvier dernier : « C'est pendant l'enfance que le rapport au temps est le plus profond, le plus naturel, le plus intime. On devrait ramasser les miettes d'éternité pour s'en gaver. » Ô éternité ! Temps durable que les anciens appellent d'un vocable à faire rêver les étoiles : immortalité.

Oui ! il existe au-dedans de nous, et peut-être malgré nous à certaines heures plus pénibles, le désir d'un instant éternel, durable, à la manière de la durée bergsonienne, désir toujours en devenir : long désir de durer dans l'attente d'une fête d'amour interminable, telle que racontée dans la finale de l'Apocalypse selon Jean de Patmos et commentée par tant d'artistes futuristes, Fra Angelico par exemple. L'histoire des rites les plus anciens enseigne, en outre, que seule la fête permet, au moins subjectivement, d'arrêter le temps, voire de l'éterniser, jusqu'à donner au présent toutes les caractéristiques d'un temps immobile et sacré. Ces désirs sont à prendre au sérieux. Surtout en fin de millénaire. Comme dit un charmant proverbe rwandais: « Petite souche qui a duré longtemps conserve feu longuement. »

Il suffit de relire les philosophes, par exemple Platon, les essayistes anciens, Sénèque, et les mystiques qui se sont inspirés de la tradition gréco-latine, Augustin d'Hippone, pour vite détecter ce désir d'une démesure du temps à l'image du temps psychologique et intérieur qui laisse entrevoir des successions et des fusions d'un temps continu finalisé. Ô temps sacré! Nostalgie séculaire de l'avenir! Insatiable désir d'une immortalité en attente!

Il va de soi que, pour qui cherche le sens de sa vie et le sens de ses amours en dehors de son moi primal, les questions de la durée nées de la réflexion des siècles reviennent en surface en ces jours où diverses Églises de tradition judéo-chrétienne célèbrent ou s'apprêtent à célébrer Pâques. Pâques, fête de l'immortalité! Fête de la vie éternelle! Fête de la durée à cause du Maître de Lumière qui a dit un jour: « Qui croit en moi aura la vie éternelle. » Loin d'être une évasion, loin d'inviter au refus de vivre, ces temps choisis pour la fête et le congé longtemps attendus tendent à fixer l'instant jusqu'à vouloir le rendre durable en tant que tel.

De plus, à en croire le bibliste Bertrand Ouellette, « il est probable qu'il y a très longtemps, une fête ou un festival avait lieu au moment de la pleine lune du printemps ». Remontons-nous à la préhistoire? Sans doute. Encore maintenant, la fête de Pâques est fixée par rapport à la pleine lune et change ainsi de date à chaque année.

Peut-être faudrait-il rappeler à certains Québécois de souche des années 70, attristés par leur karma religieux catholique, que ni juifs ni chrétiens n'ont inventé les notions de durée, d'éternité et d'immortalité, ni même celle d'une résurrection personnelle dans un corps glorieux et lumineux. L'immortalité est un vieux *dogme* relié au désir normal de durer même après cette vie. De ce désir, l'instant réussi devient comme le symbole vivant. Bien des mythologies s'en sont nourries depuis longtemps. Quel historien des croyances ne se remémore Phénix qui renaît de ses cendres. Et Adonis ! Ce corps glorieux du Christ, dont les premiers textes chrétiens s'entretiennent à propos de la résurrection, répond à des idées grandioses qui font le trésor de l'humanité depuis très longtemps. Derrière cela, il y a le sentiment commun à toute culture que l'amour est irrésistible et qu'il ne meurt pas. Immense espoir de l'humanité au meilleur de ses pensées.

La croyance en la résurrection personnelle du corps est peut-être une des plus belles affirmations des droits de la personne, de chaque personne, même la plus physiquement diminuée. C'est la survie de l'humanité que Pâques célèbre à sa manière avec son festival de congés et ses liturgies christiques.

Samedi 10 avril 1993

Pâques à long terme

Qu'est-ce que le bonheur ? Qui l'a inventé ? Freud ? Mais avant Freud ? D'où vient ce désir d'un bonheur à long terme, jamais satisfait ? Un tel absolu vaut-il la peine qu'on se donne pour le saisir ? Qu'est-ce que le bonheur ? La réponse philosophique est belle : le bonheur serait la possession certaine, consciente et définitive d'un bien au superlatif. S'il ne dure pas, à quoi bon s'essouffler ?

Spinoza qui, au fait et pour une fois, résume assez bien la réflexion des siècles, pense que « le bonheur est la satisfaction de toutes nos inclinations, tant en extension, c'est-à-dire en multiplicité, qu'en intensité, c'est-à-dire en degré et en protension, c'est-à-dire en durée ». Encore la durée !

« Soyez un peu plus concret », me direz-vous. Mais non ! Pas tout de suite. Surtout pas avant d'avoir identifié le bonheur à son meilleur, le bonheur qui, nous le savions, appelle l'amour dans une transparence sans retour et sans repli. Aimer ! Être aimé ! Toujours ! À jamais !

Jésus aurait dit, en Galilée probablement, qu'il n'y a pas de plus grand amour que de donner sa vie à l'amour, c'est-à-dire à la personne aimée et qu'ainsi il y a plus de bonheur à donner qu'à recevoir.

Sans ce don continu de la vie, l'amour risque de n'être qu'un épisode, épisode non négligeable bien sûr, mais incapable d'assurer le vrai bonheur. La continuité indéfinie est la seule réponse valable au désir fondamental qui est en chacun, chacune de nous.

Ce n'est pas tout. Pour être heureux à jamais, il faut non seulement un esprit généreux, mais, n'étant ni dieux ni anges, il faut aussi le corps. En chaque personne, corps et esprit vont ensemble. Sauf que ce corps, né pourtant d'un désir d'amour infini, reste mortel et périssable. Nous mourrons tous. Déjà à cette hypothèse, le corps résiste. Avec raison. Ne mérite-t-il pas mieux, ce corps, ce corps personnel, qu'un passage-terminus au columbarium, si doré soit-il ? Plus qu'un six-pieds-sous-terre ? Sa manière de résister à la maladie et à la souffrance ne serait-elle pas une invitation implicite à sa propre durée ?

Eh bien ! Voilà qu'en ces jours de printemps les chrétiens de diverses allégeances célèbrent les liturgies pascales jusqu'à magnifier, chanter, sinon crier leurs désirs de vie et de survie, leur espoir d'un bonheur à long terme.

C'est à cause d'un jeune adulte né d'une femme comme nous, être en chair et en os, vu et revu en Galilée comme en Judée. Ce Jésus-Christ et Seigneur à qui les toutes premières communautés chrétiennes attribuent tant de miracles jusqu'à celui de son propre retour à la vie après que les soldats romains l'eurent mis à mort, souhaite ardemment, au nom de la même toute-puissance sacrée qui l'avait fait naître, que nous demeurions tous et toujours dans le même désir d'un bonheur durable : « Qui croit en moi, s'il meurt, obtiendra la vie éternelle. » Un de ses confidents privilégiés, Jean de Patmos, résume : « Dieu a tellement aimé le monde qu'il a donné son fils unique afin que quiconque croit en lui ne se perde pas mais ait la vie éternelle », c'est-à-dire le bonheur d'aimer personnellement à jamais.

Plusieurs siècles avant le Christ, un mystique judaïsant d'Orient longtemps éprouvé par la souffrance avait prédit au nom du même Dieu :

« Ah ! si seulement on écrivait mes paroles, si on les gravait en une inscription ! Avec un burin de fer et de plomb, si pour toujours dans le roc, elles restaient incisées. Je sais bien, moi, que mon rédempteur est vivant, que le dernier, il surgira sur la poussière. Et après qu'on aura détruit cette peau qui est mienne, c'est bien dans ma chair que je contemplerai Dieu.

C'est moi qui le contemplerai, oui, moi ! Mes yeux le verront, lui, et il ne sera pas étranger. Mon cœur en brûle au fond de moi. » (Job 19, 23-27)

Dans ces perspectives, la vie d'ici serait comme le prologue d'une vie continuée autrement. Énergisé, transfiguré à partir de ses cendres, le corps corruptible deviendrait un corps spiritualisé, transformé quoi. Comme il est arrivé au corps meurtri du Christ.

Mais non ! Mais non ! Personne n'est humainement obligé d'y croire et de suivre cette suprême croyance de milliards de chrétiens depuis deux mille ans. Croire à de tels mystères (la mort restera toujours un mystère) qui engagent la durée même de la vie amoureuse ne peut être valide que si l'acte de foi devient un acte ouvert, personnel et libre. Bref, Pâques, cette année encore, est la fête d'un désir d'amour à longue durée, désir élargi et mué en croyance démesurée comme tout ce qui touche à la permanence du bonheur, qui, lui aussi, ne veut pas mourir. « Ô abîme d'amour ! Océan profond ! » dirait la grande Catherine de Sienne. C'est aussi la « leçon des ténèbres » de notre déesse des mots les plus beaux, Anne Hébert : « Immobile. Attendre que les temps soient révolus Dans l'espoir d'une petite étoile à l'horizon couleur de suie. » Pâques au ciel de l'humanité ? Une petite étoile à deviner…

Vendredi 24 décembre 1993

Nocturne

La nuit de Noël reste unique en tendresse et en gratuité

Nocturne ! Ce mot à lui seul déjà fait rêver. Quel artiste n'a pas un jour ou l'autre voulu célébrer la nuit ? C'est Chopin, Fauré, Debussy, bien d'autres musiciens. Des peintres aussi : Caravage, La Tour, Rembrandt, Chagall, Pellan… Et parmi les poètes : Novalis dont les *Hymnes à la nuit* sont en leur langue originelle quasi inimitables : « As-tu aussi un cœur humain, sombre nuit ? Que caches-tu, sous ton manteau, d'invisible qui si fort en appelle à mon âme ? » Puis vint Péguy :

« Ô ma nuit étoilée, je t'ai créée la première [...]. Ô silence de l'ombre, ô douce, ô grande, ô sainte, ô belle nuit, peut-être la plus sainte de mes filles, nuit à la grande robe, à la robe étoilée [...]. »

Les anciennes mythologies sont pleines de craintes révérencielles pour cette « fille de chair », Nix, déesse attendue du mystère et des énergies sacrées. La nuit engendrerait les enfants, les rêves, voire la mort. Qu'est-ce qu'un rêve sinon un « songe dans le vrai » ? Hubert Reeves commente : « Les rêves des hommes constituent une partie de leur histoire et ils expliquent beaucoup de leurs actes. »

Il est même dit que Bouddha et Mahomet doivent à la nuit des confidences révélatrices. Les mystiques juifs et après eux les chrétiens célébreront dans des liturgies différemment apprivoisées la nuit de l'Exode, la colonne de nuée, le soir du repas pascal, ainsi que certaines visions d'Isaac, de Jacob, de Samuel, de Daniel.

C'est vrai que, pour des raisons de progrès, la nuit est devenue plus rare en notre Occident luminescent, mais sans elle nos chrétiens s'expliqueraient mal leur enthousiasme pour la nuit de Noël s'ils n'avaient pas déjà intégré le joli récit archétype d'une jeune femme du nom de Marie, qui, sur le point d'accoucher dans la nuit, se débat avec les refus des bien nantis de son pays. Dès qu'elle accouche, le même récit, à saveur orale, veut que les anges se mettent à chanter, dans la noirceur encore. C'est arrivé, nous dit-on, tout près de Bethléem en Judée.

Paix ! Douceur ! Silence ! Mystère ! Sainte Nuit ! *Heilige Nacht!* chantons-nous avec raison. En plein cœur de Montréal la Distraite, des hommes et des femmes de ce pays auront leurs offices nocturnes entrelacés de psaumes et de versets musicalement ornementés. Pour leur part, plusieurs frères et sœurs de ma communauté spirituelle reliront toujours avec la même émotion le tendre récit de Frei Betto, jeune dominicain brésilien jadis jeté en prison pour inconduite politique : « Toute la prison chante, comme si notre chant seul, heureux et libre, pouvait résonner dans le monde entier. Les femmes chantent dans leur section et nous, nous applaudissons [...]. Tous savent ici que c'est Noël et que quelqu'un naît de nouveau. Et, avec notre chant, nous témoignons que nous renaissons aussi à la foi pour un monde sans larmes, haine et oppression. C'est une satisfaction de voir ces chers jeunes, serrés contre les grilles et chantant leur amour [...]. Inoubliable ! Cela ne convient pas à nos juges, accusateurs publics ou à la police qui nous a arrêtés. Ils voudraient rendre la beauté de cette nuit intolérable. Les bourreaux craignent un sourire, même léger [...]. »

Comme des *Îles dans la nuit* (Grandbois), d'autres souvenirs remontent à la surface. Ah ! cette chère mémoire ! « Couloir réservé du cœur », ainsi que l'écrit si discrètement la poète Hélène Dorion. Tant de jeux d'enfant ! Tant d'espoirs d'adultes attachés au seul rappel de la veillée de Noël ! N'est-il pas assez signifiant que, au Canada français, *la* fête ait déclenché à même un vieil héritage européen consenti, toute une série de contes, de chansons, de récits, de cantiques, d'histoires merveilleuses de fées, d'étoiles, de bergers ? C'est naïf, mais, comme toute légende, rempli de sens. C'est dans la nuit de Noël que, paraît-il, les étoiles sont plus scintillantes, que la lune est plus vive, que la neige est plus blanche, que les anges voyagent plus aisément, qu'à la grange les animaux à minuit se mettent à genoux, que les chiens jappent moins, que les chats ne courent plus après les souris. Et cætera ! Et cætera !

Il faut dire que nos ancêtres dans la foi chrétienne dite catholique n'étaient pas comme nous obstinément engagés dans un processus de purification collective ; ils ne connaissaient ni nos ressentiments ni les insomnies de l'esprit angoissé qui distraient parfois du message essentiel ; ils étaient pauvres matériellement et souvent peu instruits. Leur manière de croire et de pratiquer la religion était plutôt volontariste, formaliste et sans grandes perspectives théologiques. Il reste que, malgré toutes leurs limites (étaient-ils si responsables ?), le seul jour de Noël provoquait chez eux comme par enchantement le joyeux temps des Fêtes qui durait au moins jusqu'à l'Épiphanie, le 6 janvier, et même jusqu'à la Chandeleur, le 2 février : un temps de généreux menus et beuveries, avec des veillées ritualisées, le tout encadré de sérieux avertissements d'Église, bien reçus selon l'habitude mais légèrement « obéis ». La loi avertit ; l'esprit vivifie !

1993. Nous sommes pressés, très pressés. Cette année, le père Noël s'est montré à Montréal le 11 novembre. La série accélérée des événements sociaux, scolaires et même familiaux, ouverte depuis le début de décembre, signifie notre impatience, mais aussi la générosité de notre cœur. Ce soir encore nous trouverons des cadeaux, d'autres cadeaux ; il y aura des visites, des fêtes domestiques, nous nous émerveillerons encore. Tant mieux ! C'est beau ! Cette nuit encore, des cérémonies d'église inciteront chacun, chacune, à vouloir ranimer la flamme sous braise d'un culte multimillénaire, tout en sachant bien, comme dirait le Christ, que « la vraie fête, le vrai royaume, est d'abord au-dedans de nous ».

En fait, à moins de n'être plus capable d'aimer et d'être aimé, il suffirait d'observer – quel que soit notre âge – la joie éclatée des enfants et les yeux rassurés de certains réfugiés affamés de pain et d'amour pour sentir que cette nuit reste, malgré nos limites d'existence, une nuit unique, unique en tendresse et en gratuité. Il y a de ces fleurs qui ne fleurissent bien que la nuit ! de ces étoiles qui attendent leur soirée préférée pour se pointer au creux du firmament ! Étonnantes métamorphoses ! Même l'univers s'en mêle !

En somme et au risque de nous répéter, souhaitons-nous ce que Saint-Denys Garneau (dont on vient de célébrer majestueusement le cinquantième anniversaire de la mort) appelait la « joie de jouer » au « paradis des libertés ». Souhaitons-nous toutes les fantaisies possibles autour d'une fête civilisée et personnifiée, autour d'un partage, d'une visite, d'un texte sacré enjolivé de cérémonies culturelles réfléchies. Et s'il le faut en certains cas pour retrouver le sens d'une halte nocturne supersacrée, fermons un instant les yeux, ouvrons notre esprit à une méditation doucement aménagée. « Ferme tes yeux et tu verras. »

Samedi 2 avril 1994

Le rêve des fleurs

Nous sommes inscrits à jamais dans le temps qui, une fois reçu, est durable, voire éternel

Fin de siècle, fin de millénaire : l'anticipation va de soi. Elle est dans nos mœurs, elle fait fortune, les magnats de la publicité marchande le savent. Conçu à l'échelle du désir d'être, l'avenir lointain fait surgir cependant quelques graves questions : pourquoi vivre si c'est pour en mourir ? D'où viennent nos désirs de durer, nos besoins absolus d'aimer avec cette conscience de l'immortalité dont parlent depuis longtemps et avec grand respect plusieurs sages d'Orient et d'Occident ?

Pour sa part, le christianisme, comme le judaïsme, plonge dans l'avenir à corps perdu : chaque vie est unique et donnée une fois pour toutes. Nous sommes inscrits à jamais dans le temps qui, une fois reçu, est durable, voire éternel. La mort elle-même fait partie de la vie. Qu'elle survienne, et la vie continue, mais autrement. L'esprit, l'intelligence, l'âme, une fois en orbite, ne s'arrêtent plus.

Le corps réduit au silence par la mort resurgira un jour, spiritualisé, glorifié, réhabilité, transfiguré. Du grain de blé mis en terre surgit la vie qui continue son chemin, *dixit Christus*! Valéry traduirait avec l'élégance sévère qu'on lui connaît: « Chaque atome de silence est la chance d'un fruit mûr. »

Au lieu d'être l'échec suprême de ma vie, la mort serait plutôt l'étape qui en prévoit la suite. La liturgie chrétienne dira: la vie n'est pas abolie, elle change tout simplement, et pour un temps, en attendant la grande plénière de toutes les vies humaines perdues et retrouvées. Optimiste jusqu'à l'excès, le voyant bibliste orienté par la tradition des textes sacrés refuse sa propre mort. Au nom des droits élémentaires de la personne, il souhaite déjà la survie de son propre corps pour un nouveau partenariat, esprit et corps pour toujours fusionnés. S'il s'acharne à penser que la vie continue après la mort, ce n'est point par vantardise ou mérite personnel, ni à cause d'une théorie, encore moins à la suite d'un constat scientifique. Bien au contraire! Il croit que la vie lui a été donnée une fois pour toutes; il croit à cause de quelqu'un, à cause du Christ, de ce qu'il a dit, prédit, accompli. Jésus, personnage historique, est né, il a vécu, il a souffert, il est mort puis il a été revu avec un corps éthéré, spiritualisé, transfiguré, glorifié par le même pouvoir divin qui l'avait attiré sur la terre. Vivre! Revivre! Quel mystère! Un vrai défi à l'intelligence humaine! Bien sûr, le christianisme n'a pas inventé cette idée de résurrection. D'ailleurs, l'initiateur de la religion chrétienne, le même Jésus de Nazareth, parle surtout de continuité, voire de vie éternelle. Son intuition, reçue en partie de la synagogue, est toute simple: la mort, ni la sienne, ni la nôtre, ne peut avoir le dernier mot. Daniel le prophète l'avait perçu. Job encore plus. Ézéchiel donc!

C'est trop beau pour être vrai ? Oui et non. Qui aurait prévu en l'an 1000 les merveilles de la technique de l'an 2000 ? S'il ne faut accepter que ce que l'on sait aujourd'hui, que ce que l'on peut vérifier, que ce que l'on croit ne pas devoir croire en 1994, l'avenir est bien court. Cette idée d'une vie personnelle, bienheureuse, et d'un corps perfectible ne témoigne-t-elle pas plutôt de la noblesse de la pensée humaine ? Croire à ses désirs profonds de survie est-il déshonorant ? « Travaillons à bien penser », dirait Pascal et peut-être apprendrons-nous à croire d'une manière plus humanisante.

Est-il inutile de rappeler que Dieu (un nom au-delà de tout nom), notre Dieu, le Dieu d'Abraham, d'Isaac, le Dieu de Jésus, désire ardemment pour chacun, chacune de nous, ce que certaines Églises persistent à nous dérober avec leur moralisme à court terme ! « Dieu souhaite que tous soient sauvés et parviennent ainsi à la connaissance de la vérité. » « Terre nouvelle ! Nouveaux cieux ! » proclame joyeusement l'Apocalypse au Ier siècle de notre ère.

De toute manière, qu'on y croie ou non, Pâques aujourd'hui célèbre la vie éternelle, la résurrection anticipée du corps, à la manière entêtée de milliers de personnes qui, depuis deux mille ans et à partir d'une intuition sacrée reçue du judaïsme, persistent à intégrer leur propre mort dans un courant vital d'espérance et de survie.

Si nos ancêtres catholiques venus d'Europe avaient largement dramatisé leur mort célébrée en noir, et avec moult messes parallèles, ils avaient quand même perçu que cette mort ne serait que partielle, provisoire et physique ; elle serait le passage obligé vers l'outre-vie (Marie Uguay).

Comme un grand repos, long sommeil du corps, avant le réveil final de la résurrection marqué par le retour du Christ. Il arrivait justement que l'on écrivait sur les tombeaux et les cartes mortuaires « R.I.P. », ce qui veut dire : « Qu'ils reposent dans la paix». Devant le cercueil de son plus grand ami, le petit L. a dit tout récemment: «Grand-papa, il dort!» Parole d'enfant! Croyance multiséculaire!

Ah! si les fleurs pouvaient parler! Peut-être raconteraient-elles, elles aussi, leur rêve premier, un rêve unique, celui d'être belles, toujours belles, afin qu'un jour, cueillies par une main prestigieuse, elles deviennent un bouquet offert à la Vie qui les a fait naître, chacune à leur heure. Bouquet pascal! Bouquet pour un éternel printemps à partager!

Samedi 24 décembre 1994

Sur les ailes du vent

Nous savons à quoi nous en tenir avec le vent et les poudreries. Même à Noël. Qui a lu *Maria Chapdelaine* le sait. Ce soir, cette nuit, demain peut-être, ici et là en ce pays toujours à recommencer, il y aura encore des surprises météorologiques. Qui peut tout prévoir? Modéré ou impétueux, le vent souffle comme il veut, où il veut. Il compose avec l'air, il ne se repose jamais. Alizé, chinook des Prairies ou nordet du Québec, il veille, glorieusement sinon impudemment, sur toutes les saisons. Du nord au sud, de l'est à l'ouest, à sa guise, il se joue des nuages et, volage et subtil, d'un coup se lève, déjoue, s'accroît, tourne et retourne de la brise à l'ouragan, de souffle doux à violentes rafales, laissant peu d'espace aux calculs humains les plus sophistiqués. Que de secrets! Que d'inédits!

Au dire de certains sages d'Orient, les sons émis par le vent chantent entre les planètes et sont à l'origine même de la musique que les Grecs appelaient justement fille de Jupiter.

Les noms que nous lui donnons et les proverbes qu'il suscite encore aujourd'hui sont significatifs. «Petite pluie chasse grand vent. » « Selon le vent, la voile. » « Qui sème le vent récolte la tempête. » « Temps venteux, temps capricieux ! »

Ne conviendrait-il pas en ce jour de fête de citer le magnifique *Hymne au vent du Nord* de notre bien-aimé Alfred DesRochers qui *À l'ombre de l'Orford* gémit avec l'air du temps pour aussitôt se ressaisir :

> Ô mon vent, emporte-moi vers la grande aventure
> Je veux boire la force âpre de la nature
> Je tiens autant de toi que d'eux ma violence
> Ma haine de l'obstacle et ma peur du silence.
> Et malgré tous les ans dont je me sens vieillir
> De préférer encore l'espoir au souvenir.

Non, DesRochers n'est pas seul à monologuer sur les aventures inattendues de ce trouble-fête. Quel érudit de nos lettres d'ici ne se souvient de *Présence de l'absence* de Rina Lasnier et de ses vers somptueux du vent et de l'esprit ? Et Vigneault avec son cerf-volant ! Avant eux : A. Lozeau, A. Décarie, J. Charbonneau. Ils ont tous célébré, chacun à sa façon, cet inévitable compagnon de nos grands espaces d'hiver.

Encore maintenant, c'est à se demander si, dans chaque « dépliement » du vent, il n'y aurait pas un message ainsi que dans chaque sillon du ruisseau, il y a toujours une chanson qui coule, dirait André Breton.

Il fallait s'y attendre : les mythologies, les grandes religions, la littérature biblique, comme le montre savamment Marc Giraud dans *Les Symboles cosmiques* (Fides, 1991), n'ont cessé de se référer au vent et à ses rôles sacrés. Même la fête de Noël, avec tout ce qu'elle rappelle et promet de rêves et de réalités, ne peut y échapper et pour plusieurs raisons dont la première est que, poudrerie ou pas, cette nuit ou demain, le vent sera de la partie. Déjà Jésus, premier héros de cette fête, naît en bordure du désert, patrie de tant d'ouragans. Grand prophète de l'instant et poète en surplus, souvent il en appelle explicitement au vent.

D'après des souvenirs rassemblés et transmis par l'évangéliste Luc, il aurait parlé du vent comme d'un régulateur cosmique fiable : « Quand vous voyez souffler le vent du midi, vous dites : il va faire chaleur accablante, et cela arrive » (Luc 12, 55). Le même Jésus serait aussi intervenu un jour de tempête sur un lac avoisinant et, tel un vrai de vrai Gaspésien, mais avec des mots moins carrés, il aurait crié au vent et à la mer : « Silence ! Tais-toi ! » (Marc 4, 39). Puis, à cause de son intelligence vive du sacré, Jésus transforme le vent en symbole de l'Esprit et en signe de vitalité intellectuelle : « Le vent souffle où il veut ; tu entends sa voix mais tu ne sais pas d'où il vient ni où il va. Ainsi de quiconque est né de l'Esprit » (Jean 3, 8).

Est-ce l'Esprit qui pousse Jésus, prédicateur itinérant, à mettre vigoureusement en doute, et en vertu de la même pensée symbolique, ceux qui ne suivent que les courants faciles de l'opinion publique ?

Mieux vaut, dit-il en son langage familier, bâtir sa maison sur la pierre solide d'une parole éprouvée que sur le sable mouvant des racontars charriés par le vent du premier ouragan.

De tels propos conviennent-ils à ce 25 décembre 1994, à la fin d'une année qui n'est pas tellement glorieuse pour notre humanité dite libérée ? Sarajevo ! Hébron ! Kigali ! Goma ! Morin Heights ! Comment nous souhaiter encore un Noël tout blanc, doré, superfestif, et cætera ? C'est peut-être le temps de revenir à l'intuition généreuse du poète d'Orford : mieux vaut encore l'espoir, si difficile soit-il à préserver, que le culte des mauvais souvenirs et des plaisirs arriérés du ressentiment. Mieux vaut caper (le terme est gaspésien) sur l'avenir, au large sur un fleuve venteux, que de bouder une fête multiséculaire. « Écoute le Vent ! »

À la manière du troubadour nocturne du Moyen Âge, Bernard de Ventadour qui, anticipant d'heureuses trouvailles, mêle joies et liesses autant que musique et désirs, nous psalmodierons tous ensemble à la nuit qui vient : « Oui, je voudrais en cette nuit la plus belle de tous les temps tenir en mes mains le vent qui t'ensorcelle. »

Tel est peut-être le souhait de Jésus de Bethléem à toute personne de bonne volonté, de la plus mystique des moniales de Berthierville au plus agnostique des insulaires en quête d'absolu : « Que Celui qui est au-dessus de tout nom, *Dieu sur les ailes du vent* (psaume 103), vous unisse tous et toutes pour une nuit glorieuse d'amour intériorisé et de paix généreusement partagée. »

Samedi 15 avril 1995

Pâques arc-en-ciel

Plus que la seule « révélation » cosmique du printemps, Pâques est pour les croyants de la Vie la fête lumineuse d'un être divin

Selon ce qu'en raconte une jolie légende indienne, tout aurait commencé un jour d'orage, en plein ciel, quand certaines des plus belles couleurs jamais vues au firmament entrèrent en conflit. La jalousie ! Le ton monta, la discussion s'envenima – discussion de vedettes – comme au Parlement, chaque couleur, se croyant et se disant la plus belle. Tout à coup, croyez-le ou non, sans avertissement, un cling ! clang ! aussitôt suivi d'un bing ! bang ! sec et incisif : l'éclair, on dirait, à la poursuite du tonnerre ! Frustrées, apeurées, sept des couleurs en guerre se blottirent les unes contre les autres. Et commença une douce pluie en pointillé, filtrée au soleil, qui se mit à « crayonner » une écharpe multicolore du plus bas au très haut firmament, et jusqu'à la ligne d'horizon. L'arc-en-ciel : épiphanie cosmique ! C'est alors que le soleil, ou l'ondée, on ne sait plus trop, prit la parole : « Mais pourquoi cette querelle et ces désirs de domination ? Vous êtes déjà, chacune, si belle ! Toi rouge, toi orangée, toi jaune, toi verte, bleue, indigo, toi violette. Si belles, et pourtant si différentes ! Ne savez-vous pas que vous avez été ainsi rassemblées pour que, toutes ensoleillées, côte à côte, vous témoigniez face à l'univers de la diversité créatrice de la beauté ? »

Bien entendu, il existe des versions plus savantes et donc moins romantiques de l'origine de l'arc-en-ciel. Je les confierais aujourd'hui à quelque astrophysicien célèbre, Hubert Reeves par exemple, à savoir que l'arc-en-ciel, sorte de météore, se produit lorsque les rayons du soleil enluminent à distance des gouttelettes de pluie qui, dès lors, réfractent la lumière et la décomposent pour créer ces arcs translumineux offerts à nos yeux jamais rassasiés, jolies aquarelles joyeusement ancrées d'un versant à l'autre du ciel. Et visibles jusque par-dessus nos plus prétentieux gratte-ciel ! Qui n'aime pas les arcs-en-ciel ?

Prophétie des temps à venir autant que victoire du soleil, l'arc-en-ciel symbolise, après tant de nuages et de conflits plus ou moins supportables, le retour au beau temps, c'est-à-dire à la tendresse, à l'amour, à la lumière. Eh oui ! il est possible qu'après les violences verbales et les tempêtes de la vie renaissent tout à coup la communion, la compassion partagée, l'amour. Amours perdues et retrouvées ! Les paysans de Bellechasse diraient : « Après la pluie, l'accalmie ! » Le beau temps finit toujours par avoir raison.

Mystifiés par ces étranges ponts aériens en arc allant du ciel à la terre pour annoncer la fin d'une ondée, de sages anciens, soucieux de révélations et préoccupés de combler la distance entre le visible et l'invisible comme entre le lointain et le proche, se sont demandé ce que signifiait cet escalier lumineux, ce frère du soleil de nos Amérindiens, ce pont des dieux des anciens Pygmées. Est-il exact de croire, comme on l'a fait jadis, que seuls des dieux forts et puissants franchissent avec succès les lieux enfermés dans l'arc-en-ciel ? Qu'en pense Iris et messagère de l'Olympe, dont on a dit qu'elle savait certains secrets d'en haut ?

Il fallait s'y attendre : plusieurs grandes religions qui ont subi l'épreuve des siècles accordent à l'arc-en-ciel des rôles de prédiction, de divination et même de réconciliation. Dans les récits premiers de la Genèse, au temps de Noé, l'arc-en-ciel récapitule une amitié divine faite d'alliance et de promesses : « Voici le signe de l'alliance que je mets entre moi et vous et tout être vivant avec vous, pour toutes les générations futures. J'ai mis mon arc-en-ciel dans la nuée pour qu'il devienne un signe d'alliance entre moi et la terre » (Genèse 9, 12-13). La prière juive dont on ne dira jamais assez la richesse mystique raconte que, par cet art illuminateur, « tout le ciel et la terre sont remplis de la gloire de Dieu » (Voir Ezéchiel 1, 28). Ainsi le proclament plusieurs autres textes sacrés des années 180 av. J.-C., Le Siracide par exemple : « Vois l'arc-en-ciel et bénis Celui qui l'a fait. Il est si beau dans sa splendeur, il trace dans le ciel un cercle de gloire : les mains de Dieu l'ont tendu. »

Héritière de ces trésors de poésie biblique, nos spiritualités chrétiennes, tant en Orient qu'en Occident, n'ont pas manqué de saluer en l'arc-en-ciel Jésus de la Nouvelle Alliance, Jésus dit le Christ qui, au Ier siècle de notre ère, meurt dans le bruit d'une commotion cosmique (voir Matthieu 27, 51-52) pour réapparaître vivant et glorieux dans un corps transfiguré. Jésus arc-en-ciel ! Des paroles issues de la tradition orale et mises en écrit dans les années 100 lui prêtent en effet le rôle non équivoque d'un être de généreuse clarté. « Je suis la lumière du monde » (Jean 8, 12). « Pendant que vous avez la lumière, croyez en la lumière, pour devenir des enfants de lumière» (Jean 12, 36).

Tel est justement le sens fondamental de la fête chrétienne de Pâques à travers le monde depuis deux mille ans. Plus que la seule «révélation» cosmique du printemps, plus que le souvenir des temps mythiques de l'arche de Noé, Pâques est pour les croyants de la Vie, la fête lumineuse d'un être divin, Jésus, exubérant de vitalité, qui, durant sa courte existence terrestre, n'a cessé de crier à qui voulait l'entendre la valeur éternelle de chaque vie humaine et cela, en dépit de la mort physique qui devient dès lors un incident provisoire traversé d'éternité. Pâques célèbre glorieusement le triomphe superdésirable de la vie sur la mort, comme celui du printemps sur l'hiver, de l'arc-en-ciel sur l'orage. D'où le cri jamais oublié dans la mystique chrétienne d'un converti des premières heures: «Mort, où est ta victoire?» (1re épître aux Corinthiens 15, 55).

À sa célébration de la Lumière, au 2715, chemin de la Côte-Sainte-Catherine, à Montréal, réunie au matin de Pâques à 4 h 15 et pour trois heures d'affilée, la jeune communauté chrétienne de l'Université de Montréal relira cette année encore les mêmes textes sacrés de la Genèse. Elle chantera, interrogera les signes des temps et fêtera par rites et cérémonies le passage de la nuit au jour. *Pâques arc-en-ciel!*

Revenons à la légende indienne et résumons pour ceux et celles qui n'ont pas eu le temps de lire! De même qu'un jour le soleil brouillé par l'orage fit naître l'arc-en-ciel, ainsi d'un amour piégé peut naître une réconciliation, ainsi de l'épreuve de la mort du Christ surgit la fête de la vie, cette vie retrouvée et par lui promise à jamais à toute personne de bonne foi. Alléluia!

Samedi 23 décembre 1995

Braise sous neige

Allons ! Allons ! Un peu de souffle à la cheminée, un peu d'amour au cœur pour que Noël flambe encore chez nous.

Veille de Noël. Petite neige au dehors. À la maison, un feu de braise qui risque de s'éteindre. « Maman, pourquoi la braise ? » « La braise, c'est du feu qui attend… » « Y a-t-il de la braise sous la neige ? » Ah ! les questions des enfants ! Bien sûr, nous, les adultes, savons tout : nous savons que la braise est faite de bois calciné ; nous savons qu'un feu de braise bien aménagé sous la neige ne s'éteint pas nécessairement. Les scouts en campement d'hiver et les chasseurs d'orignaux le disent : des éclisses et des brindilles, un léger souffle habilement dirigé, quelques crépitements et valse la flamme. Bravo !

Puissance de l'air. Forces cachées du feu. Espérances de la braise. Une riche symbolique cosmique est rattachée à tous ces phénomènes. Les symboles, on le sait, brouillent les dictionnaires comme ils survivent à tous nos raisonnements. Si justement la braise symbolisait tout ce qui déjà dort en nous de désir, d'idéal, de bien annonciateur pour parler à la manière de l'antique Orient. Si la braise symbolisait tout le territoire enfoui du sacré dont Eliade disait qu'il était le réel par excellence ! Si la braise symbolisait en ce pays tout ce qui cherche à s'allumer à nos vieux souvenirs religieux mal éteints !

Bien entendu, nous savons que « la neige garde mal le souvenir des fleurs » (Raynald Lemieux), et force nous est de constater que l'être dit québécois de souche persiste depuis quelques décennies à s'engouffrer « dans son tunnel obscur […] où le feu n'a plus rien de sa magie/feu sans joie sans flamme et sans dieux » (Roland Giguère, dans *L'Âge de la parole*). Et pendant toutes ces années entêtées dans des refus passéistes, conscients ou inconscients, partiels ou globaux, la vie passe, le temps va, le temps fuit (François Villon).

Il arrive qu'à l'instant où tout paraît désacralisé, surgissent ici et là, au vent de l'Esprit, au moindre souffle de bonne volonté, des indices, des faits, des actions d'hommes et de femmes, d'enfants même, qui se livrent à l'entraide, qui prient, qui méditent, qui font silence dans le secret jamais dévoilé de leurs générosités. Qui ne voudrait faire l'éloge de tous ces souffrants et de toutes ces souffrantes qui gardent la croyance en leur cœur comme on garde la braise la veille d'un 25 décembre ?

Ni le froid ni la tempête ne peuvent éteindre en cette soirée, dans nos villes comme à la campagne, la fête de l'amour et du partage. Même certains de nos grands malades aux soins palliatifs se surprendront peut-être à rêver cette nuit d'un sursis inattendu. Magie de Noël ! Magie des grandes fêtes ! Fraternité universelle ! Énergie indomptable du cœur à son meilleur ! Ce soir, demain, durant le temps des fêtes, des gestes de soutien, des mots, une visite inattendue, un rire d'enfant, et d'un seul coup flambera la joie. Les journaux n'en parleront pas. Ni TVA, ni TQS, ni TV5, ni même RDI. Dites, pourquoi le feraient-ils ?

Qui savait au temps du grand César Auguste, faisant dans l'Empire romain la pluie et le beau temps, que cet enfant dit Jésus le Nazaréen allait bouleverser l'opinion publique pour des siècles, pour des millénaires ? Eh oui ! encore aujourd'hui et malgré tous nos tire-braise, la fête renaît. Noël s'allume. Comme de la braise cachée surgit un feu-surprise. L'essentiel ne se passe pas nécessairement dans nos églises de pierre mais plutôt dans le temple secret de nos cœurs nouvellement apprivoisés.

À ce propos, tous ou presque tous les mystiques bibliques connaissent l'épisode magnifique du buisson ardent tel que raconté au chapitre troisième du livre de l'Exode. Moïse, le grand Moïse, est à faire paître les moutons de son beau-père

Jéthro, prêtre de Madiân, par-delà le désert, à la montagne, quand il aperçoit tout à coup une flamme: « Le buisson était embrasé mais il ne se consumait pas. »

N'est-il pas merveilleux, ce feu qui a le pouvoir de ne pas s'éteindre? Ce feu – un feu sacré – symbolisera peu à peu l'unique Alliance, l'Amour, le pouvoir inextinguible du cœur et de l'esprit humain. Pouvoir des petites fraternités priantes et des amitiés partagées, des groupes d'entraide ou des communautés vivantes libérées des fagots verts de l'intégrisme militant. Pouvoir du « petit reste » qui change le cours de l'histoire. La Bible en parle. La grande spiritualité juive s'y réfère.

D'ailleurs, Amos (4, 11) le prophète compare ce petit reste à un tison incendiaire. Le grand Ezéchiel (1, 13-14) prévoit, à sa manière surréaliste, que des braises incandescentes viendront avertir l'univers: il y a autre chose à faire sur la terre que de perdre son temps dans la rébellion et l'incrédulité. Il est signifiant qu'au lieu de miser sur la majorité pratiquante qu'il ne délaisse pas pour autant, Jésus préfère selon toute vraisemblance l'action première de quelques personnes souvent bien ordinaires, fragiles et vulnérables mais de bon vouloir.

De la braise au feu, de la semence à la moisson comme il disait, il ne dépend que de nos enthousiasmes à dire et à vivre la Parole de Dieu. Il suffirait de peu pour que la braise s'enflamme.

Qui ne se souvient de cette jolie ballade de Ferland si admirablement chantée à la manière d'une berceuse pour adultes: « Fais du feu dans la cheminée/Je reviens chez nous/S'il fait du soleil à Paris/Il en fait partout. » Comme pour ramasser, à la suggestion du Christ, ce qu'on pourrait appeler les miettes du sacré tombées de la table des Québécois plus nantis, n'est-il pas normal de rappeler, en cette fête éminemment internationale, l'appel discret de Celui qui en est le héros: « C'est un feu que je suis venu apporter sur la terre et je voudrais qu'il soit allumé» (Luc 12, 49). Mais surtout, selon la version de l'évangéliste Matthieu (12, 20), «n'éteins pas la mèche qui fume encore».

Allons! Allons! Les amis d'ici et de là, un peu de souffle à la cheminée, un peu d'amour au cœur pour que Noël flambe encore chez nous et que l'on puisse se dire allégrement une fois de plus: Joyeux Noël!

Samedi 6 avril 1996

La nuit réconciliée

Il est connu depuis toujours que l'aube, ou l'aurore, demeure avec la brunante et le crépuscule un des moments les plus émouvants du cycle des jours. Artistes, poètes, peintres, musiciens, une fois de plus, donnent le feu vert. Rimbaud, Baudelaire, Monet, Debussy, notre Félix Leclerc avec *Pieds nus dans l'aube*, Vigneault dans *Étraves*, Jacques Brault et Robert Mélançon avec *Au petit matin* et, tout récemment, Paul Tremblay dans *Les Saisons à venir* saluent, chacun à sa manière, cette «sœur de la nuit aux doigts de rose», porte du jour, l'aurore qu'Érasme appelait tendrement l'âme des muses.

L'aurore, ce «petit matin qui se lève de bonne heure», disait mon père, est le moment bien aimé où s'éteignent une à une les étoiles et les lampes des lève-tôt d'autrefois puisque «l'aurore n'a pas besoin de chandelle pour trouver sa voie». Si en plus nous évoquions les aurores boréales telles que perçues en ciel gaspésien, avec leurs reflets d'archipels sur forêts et rochers! Écharpes mouvantes et rideaux lumineux allant du ciel à la mer! Inoubliables féeries des pays nordiques! Les Esquimaux y lisent, m'a-t-on dit, des messages divins comme Thérèse de Lisieux entrevoyait autrefois son nom – un T – en regardant les étoiles.

Dès lors, il devient normal qu'une réflexion religieuse à composantes cosmiques fasse de l'aurore, ou de l'aube, une réalité privilégiée en même temps qu'un heureux symbole : réalité d'une autre victoire du jour sur la nuit comme de la lumière sur les ténèbres et symbole convenu d'un triomphe de la vie sur la mort. Quant à l'aurore boréale, particulièrement choyée en littérature, elle annoncerait en pleine nuit l'au-delà lumineux rêvé des croyants de toute religion qui ne capitulent pas face à la suprême épreuve de la mort.

Largement tributaire de l'admiration que les spirituels accordent généreusement à la méditation matinale, le christianisme ne cesse de se référer à la lumière première. Justement, à Pâques, la liturgie propose de relire les grands récits de la Genèse alors que les ténèbres couvraient l'immensité de la terre sans forme et déserte. Et Dieu dit : « Que la lumière soit [traduisons : big-bang !] et la lumière fut. Il appela la lumière jour et la ténèbre, il l'appela nuit. »

Pour les chrétiens nourris en surplus de récits évangéliques, voici qu'« à l'aurore du premier jour de la semaine [...] de très bonne heure au lever du soleil comme il faisait encore sombre », selon les dits de la première tradition, vinrent au tombeau fraîchement clos du Christ enseveli, quelques femmes portant des aromates qu'elles avaient, on le présume, soigneusement préparés.

Que la même tradition biblique veuille que le Christ disparu à leurs yeux ait été entrevu le matin au petit jour va de soi. Bien plus ! Ce prophète prestigieux, « Jésus de l'histoire », originaire de Nazareth, né à Bethléem, exécuté plus tard par quelques soldats romains à proximité de Jérusalem, aujourd'hui tenu en haute estime par tous les gens quelque peu cultivés, est depuis 2000 ans et pour des milliers et des milliers de gens « Jésus de la foi ». Par une sorte de gratuité de l'esprit, qui tient davantage de l'intuition que des diplômes, don intérieur difficile à justifier idéologiquement, ces croyants et croyantes d'une foi souvent déconcertante prennent Jésus au mot, admirant et aimant à la fois. Si absurde que ce soit matériellement, ils affirment que, à cause de Jésus-Christ mort et re-vivant, la mort est comme une seconde naissance, un passage à l'autre rive, à l'aube d'un jour éternel. « En vérité, en vérité, je vous le dis, celui qui écoute ma parole et croit en Celui [Dieu] qui m'a envoyé, a la vie éternelle ; il ne vient pas en jugement mais il est passé de la mort à la vie » (Jean 5, 24s). La miséricorde se moque du jugement !

Ainsi que des froidures de l'hiver surgit le printemps que l'on souhaite définitif, comme de la nuit viendrait l'aurore d'un jour parfait, à sa manière la fête chrétienne de Pâques salue le passage du temps mesuré d'une vie trahie par la mort à un temps indéterminé « qui se perd dans la clarté intérieure d'une aube à deviner » (Hélène Dorion, Éditions du Noroît). « Vous êtes tous des fils de la lumière, des fils du jour ; nous n'appartenons pas à la nuit et aux ténèbres », écrit Paul de Tarse dans les années 50 à ses frères et sœurs de Thessalonique. Héritiers à leur manière des grandes liturgies orientales toujours aussi sensibles aux cultes matinaux, des moines et des moniales en divers lieux gardent jalousement ce respect pour le matin de Pâques et l'éveil de l'aurore. À Saint-Benoît-du-Lac, à Oka, à Rougemont, à l'abbaye Sainte-Marie des Deux-Montagnes, à Saint-Romuald de Lévis chez les trappistines, à Berthierville chez les dominicaines, à Valleyfield chez les Clarisses, ailleurs aussi, des psaumes habilement sélectionnés endossent les rythmes du petit matin : « Mon âme attend le Seigneur comme un veilleur attend l'aurore » (Psaume 129, 6) ; « Seigneur je te cherche dès l'aube » (Psaume 62, 2).

Des poètes soucieux de la vérité de leurs mots suggèrent, et sans qu'ils s'en doutent toujours, le premier sens mystique de cette fête au petit matin, d'une « nuit réconciliée d'aurore » comme l'appelle si noblement une poète de Québec, Élaine Bégin-Lacroix.

Non, il n'est pas nécessaire d'être un martyr publicisé de l'Ordre du temple solaire pour se rendre compte de l'importance du support cosmique de nos grandes fêtes religieuses. Noël à minuit ! Pâques à l'aurore ! Pas plus qu'on ne saurait nier le matin cosmique en multipliant les néons, pas plus qu'on ne tuerait l'aurore en assommant le veilleur (Afrique), il n'est possible, oh ! jamais possible, d'abolir cette croyance quasi naturelle au temps à longue durée, au temps éternel. Voilà qui expliquerait un peu, ou de loin, qu'emportés sur « les ailes de l'aurore », comme dit si bien la Bible, et malgré toutes les déviations possibles, des millions de croyants et de croyantes, fidèles en cela à leurs écrits sacrés soigneusement préservés, chanteront encore allégrement au matin de Pâques, à l'aurore, en les multipliant, leurs joyeux alléluias. Alléluia !

Mardi 24 décembre 1996

Le cirque des étoiles

Le réel est au bout du virtuel comme le bonheur si souvent à la fin d'un rêve

Il fallait s'y attendre. L'Orient d'où vient tant de sagesse chérit les étoiles. Et pour cause ! Inaccessibles ou presque, lointaines et pourtant lumineuses comme lucioles enjouées ou perles éparpillées, sans bruit, silencieusement, elles scintillent, elles me font de l'œil. Épiphaniques fleurs de nuit sur tapisserie d'un ciel d'hiver ! Féerie des féeries ! Les poètes s'émerveillent, les astrophysiciens scrutent, les mystiques allégorisent, les exégètes s'inquiètent… et les enfants exultent : « Regarde en haut, maman, le cirque des étoiles ! »

Émerveillement qui ne date pas d'aujourd'hui. Une tradition tenace, du Xe siècle au moins avant notre ère – c'est le célèbre récit yahviste de la Genèse –, veut que les étoiles, « chacune appelée par son nom » (Psaume 9), célèbrent le premier jour où Dieu, et lui seul, « fit les grands luminaires pour gouverner la nuit ». Il est raconté dans un autre livre sacré, le livre de Daniel, qu'à leur façon les étoiles vivent dans la gratitude de leurs divines origines : « Et vous les astres du ciel, bénissez le Seigneur » (3, 63).

L'hagiographie enchaîne. L'art sacré aussi. C'est ainsi, pour donner un exemple, que le grand Fra Angelico dessine une étoile au-dessus de la tête de son héros, Dominique de Guzman. Encore aujourd'hui, n'identifions-nous pas nos frères du judaïsme par l'étoile de David, tout comme nos voisins américains par les 51 étoiles dessinées sur leur drapeau ? Au surplus, quel sportif n'a pas désiré, un jour ou l'autre, devenir une « étoile », une étoile pour les prochains Jeux olympiques ? Tiens ! Je me souviens qu'à l'école du rang 3, à Saint-Michel-de-Bellechasse, nos « devoirs », comme on les appelait généreusement, étaient remis à l'enseignante qui les ornait, selon nos mérites bien entendu : étoiles bleues, rouges ou même dorées. Et quel bonheur le soir de montrer à nos parents un cahier de classe largement étoilé !

L'histoire et, comme toujours, les traditions et les légendes s'en mêlant, il n'est pas étonnant qu'il y ait encore aujourd'hui à Noël des étoiles épinglées ici et là dans les maisons et les églises. Comme au firmament. Héros premier de cette fête, Jésus de Nazareth n'est-il pas déjà, dans les années 90, surnommé l'Étoile du matin (Apocalypse 22, 16) ?

Plus tôt, dans les années 60, il est raconté qu'au temps du grand César Auguste, durant une nuit pareille pourtant à d'autres nuits du Proche-Orient, quelques bergers aux champs qui montaient la garde auprès de leurs troupeaux furent mystérieusement avertis de la naissance d'un enfant aux multiples noms, Sauveur, Seigneur, Christ. Une visite éclair à Bethléem et ils s'en retournèrent sous les étoiles, « chantant la gloire et les louanges de Dieu pour tout ce qu'ils avaient vu et entendu » (Luc 2, 8s).

Des mages à leur tour, peut-être tout simplement des astrologues babyloniens, auraient aperçu une étoile, une vraie étoile, pour les guider jusqu'à Bethléem : « Nous avons vu son étoile en Orient et nous sommes venus lui rendre hommage » (Matthieu 2, 2).

Bien sûr, la lecture de ces textes, comme toute lecture, varie selon les désirs de chacun d'y trouver plaisir ou déplaisir, d'autant plus que la consultation des étoiles a toujours été une grande aventure de l'esprit qui peut mener aux pires extravagances mentales.

Quoi qu'il en soit, et puisque c'est Noël partout dans le monde, pourquoi, venus de divers horizons culturels, ne nous souhaiterions-nous pas toutes et tous ensemble et sous le chapiteau du même firmament une fête des étoiles qui nous inviterait, les uns à l'adoration avec les bergers de Bethléem, les autres à l'admiration toute simple, ou même à la recherche d'un territoire sacré qu'inspirerait l'au-delà du regard immédiat ? « S'élever au-dessus de la terre, c'est mériter les étoiles », dit un proverbe venu de l'Orient même.

Pour notre part, convaincus qu'il existe déjà une grande solidarité cosmique et spirituelle entre ciel et terre, nous nous sentons aujourd'hui, ce soir, demain, solidaires de tous ceux et de toutes celles qui, à leur manière, cherchent un sens plus intérieur à ce jour de fête internationale devenue largement commerciale. Et nous dirions à la manière des enfants pauvres qu'aujourd'hui, c'est le temps de rêver aux étrennes et à tous les paradis possibles et impossibles. Le réel est au bout du virtuel comme le bonheur si souvent à la fin d'un rêve.

À ce propos, nul autre que l'Enfant de Bethléem devenu grand disait un jour à des proches quelque peu sceptiques sur ses dires : « Laissez les enfants venir à moi. Ne les empêchez pas ! Le royaume des cieux est à ceux qui sont comme eux. » Aussi, c'est d'abord à tous les enfants de l'univers et quelles que soient leurs origines et leurs croyances que nous souhaitons aujourd'hui un Joyeux Noël tout étoilé de rêve et d'amitié !

Quant aux adultes trop sérieux que plusieurs d'entre nous sommes devenus, il est toujours possible que, regardant de près les petits jouer, rire ou même à l'occasion se chamailler pour un jouet, nous découvrions l'enfance spirituelle, cette enfance tout intérieure du cœur et de l'esprit, possible à tout âge.

Et ainsi nous dirions : « Joyeux Noël, tous les enfants ! »

Samedi 29 mars 1997

Feu nouveau !

Ô Pâques ! Fête du Feu ! Fête de la Lumière !
Fête de l'Illumination !

Par une belle nuit d'Orient, dans un château silencieux, quelques papillons alertés par une chandelle nouvellement allumée voltigent, émus par un désir fou de s'unir à celle qui les éclaire si joyeusement. Ils vont, ils viennent et virevoltent, chacun se donnant déjà une vocation d'éclaireur jusqu'à ce que le plus jeune, donc le plus téméraire de la papillonnerie, se jette à corps perdu dans le feu : et les ailes ! et les pattes ! et le dos !... Le plus sage des papillons, qui l'observe, voit que la flamme et le jeune papillon ne font plus qu'un et il dit : « Lui, il a connu ce qu'il désirait connaître, mais seulement lui comprend et l'on ne peut rien ajouter. »

Comment expliquer ? Même s'il fait peur, le feu, fût-il celui d'une modeste bougie d'occasion, fascine. Tous les rites qui lui sont associés depuis des millénaires ! Qui oublierait la spiritualité amérindienne ? Qui n'a pas vu ces pèlerins allant d'un temple à l'autre allumer ici un cierge, là un lampion, pour en appeler à des forces secrètes, voire divines ? Pourquoi insister quand nous pourrions tout de suite citer le grand François d'Assise, qui prie, tout ébahi : « Loué sois-tu, mon Seigneur, pour Frère Feu par qui tu éclaires la nuit, et il est beau et joyeux et robuste et fort. » Puis vient Tagore (†1941) : « Ô Feu, mon frère, je te chante un chant de victoire. Tu as l'image, pourpre et brillante, de la terrible liberté. Tes bras s'élancent vers le ciel, et par tes doigts impétueux, les cordes des harpes sont effleurées. Magnifique est la musique de ta danse. »

Enthousiaste comme jamais, Teilhard de Chardin cherche des mots, fait des prières qui enveloppent ciel et terre : « Je me prosterne, mon Dieu, devant votre présence dans l'univers devenu ardent [...]. Je vous désire, je vous attends [...]. Si le feu est descendu au cœur du monde, c'est finalement pour me prendre et pour m'absorber. »

Fallait-il vraiment tous ces témoins pour explorer le rite qui ouvre les fêtes chrétiennes de Pâques, si sagement nommé « la bénédiction du feu nouveau » ? Par exemple, chez moi à Montréal, au 2715, chemin de la Côte-Sainte-Catherine, à 4 h 15 (*sic*) de ce 30 mars 1997, en présence d'une centaine de braves de la communauté chrétienne de l'Université de Montréal, le dominicain Yves Bériault, accompagné du pasteur Jean Porret, commencera ladite Fête du Feu aussi bien nommée et connue comme l'office de la Lumière et la proclamation de Pâques.

La rubrique veut que nous nous assemblions en premier aux abords de l'église des Dominicains qui, pour l'instant, demeure dans l'obscurité. Autour d'un bûcher provisoirement aménagé, au vent, au froid, à la pluie, à la neige, peu importe, s'amorce la cérémonie qui durera trois heures. Briquet à la main, le pasteur allume et, aussitôt que paraissent assez énergisées les flammes, le feu est transmis à un long cierge orné des quatre chiffres de l'année en cours.

Et c'est l'appel à la lumière: «Ô Dieu qui avez répandu la flamme de votre lumière, sanctifiez ce feu nouveau [...] enflammez-nous de telles aspirations spirituelles que nous méritions de parvenir, l'âme purifiée, aux fêtes de la lumière éternelle.» C'est à ce moment que nous entrerons doucement à l'église.

Des cierges distribués à l'entrée vont s'allumer, de voisin à voisin, à partir de l'unique cierge dit désormais cierge pascal et c'est à la lumière que se succéderont, toujours avant le lever du soleil, des chants d'exultation, des hommages à la nuit ainsi que la proclamation des grands récits, si chers à Israël, de la création du monde, de la traversée de la mer Rouge, de la colonne de feu qui guide le peuple élu à travers le désert.

Des évocations larges comme le monde seront intercalées: «Exultez, vous, les anges, et toi aussi terre qui resplendis de tels éclairs et qui brilles de la splendeur du Roi éternel [...]. Clarté merveilleuse de cette lumière pascale [...].»

Bien entendu, la célébration du feu en ce matin de Pâques, et avec toute son évidence symbolique, n'est subjectivement évocatrice qu'avec une certaine sensibilité ouverte aux mystères du feu illuminateur.

Dès lors, nous apprenons que les papillons persans et quelques liturgistes mieux informés ne sont pas les seuls à s'émouvoir du divin pouvoir de celui que Rabelais n'hésitait pas dans son *Quart Livre* à appeler le Grand Maître des Arts. Peut-être même que la popularité grandissante des incinérations n'est pas étrangère à cette intuition première d'un feu primal purificateur, sans oublier notre purgatoire avec ses images de flamme libératrice.

Ô Pâques ! Fête du Feu ! Fête de la Lumière ! Fête de l'Illumination ! Fête même de la suprême purification par la mort qui invite à la vie tel le grain mis en terre en avril qui deviendra fleur de mai. « Vie et mort : deux mots, une chose », écrit le grand Jacques Brault.

Dans nos livres saints les plus anciens, tel le Deutéronome 4, 24, Dieu s'appelle Feu dévorant ; dans Exode 3, 2-5, il est comparé à un buisson ardent qui, ainsi qu'Amour, brûle sans jamais s'éteindre. Et pourquoi ne citerions-nous pas le Cantique des Cantiques 8, 6-7, dont on sait à quel point il peut être réaliste et inspirateur ? Le feu y symbolise en effet l'amour total, l'amour de l'époux et de l'épouse à son apogée rituelle : « Amour est fort comme la mort. Les grandes eaux ne sauraient l'éteindre ni les fleuves le submerger. Ses flammes sont des flammes ardentes. » D'où la vigoureuse interpellation de Jésus le Nazaréen qui, à son corps défendant, crie à ses opposants : « C'est un feu que je suis venu apporter sur la terre. Comme je voudrais qu'il soit déjà allumé ! »

À celui, à celle qui nous ont lu jusqu'ici, nous voudrions même proposer des rêves de papillons si éblouis d'amour et de lumière qu'ils en croient à la vertu de leurs propres cendres.

Symbolisé par le Feu nouveau, un grand Amour promet de ranimer un jour le corps de celui, de celle qui s'y jettent. Et alors seulement lui, seulement elle, auront compris, et « l'on ne peut rien ajouter ». Alléluia !

Mercredi 24 décembre 1997

L'amour acharné

Aimer ! Aimer ! Doit-on le dire et le redire ? Il n'y a que cela qui importe dans une vie normale d'homme et de femme. D'enfant tout autant.

C'est Luc Lacourcière (†1989), un autre de nos grands oubliés, qui un jour parlait, et avec quelle émotion – l'émotion d'un folkloriste averti –, d'une vieille Acadienne qu'il venait d'interviewer. Elle ne connaissait pas tous les mots de nos savants dictionnaires, si *françoys* fussent-ils, et elle avait l'habitude de nommer les années en cours non pas selon nos computs, telle ou telle année après l'Incarnation, mais selon telle année après l'Acharnation. Bravo ! Bien dit !

Oui, bien dit ! Si la date exacte de la naissance de Jésus ne coïncide pas toujours avec certains calculs en cours, il demeure que Jésus est bel et bien né à Bethléem, « en Judée », au temps de César Auguste, à la suite d'une longue espérance religieuse faite d'alliances, de prophéties, de marches à travers le désert, d'acharnements. Que j'y croie ou que je n'y croie pas – « trop beau pour être vrai » –, que je n'aie plus le goût ni le temps d'y penser, cette histoire d'amour dure depuis deux mille ans et survivra à toutes les crises de l'humanité.

Sans enlever à qui que ce soit la liberté suprême de penser autrement, nous ne pouvons pas, pour notre part, oublier l'aveu même de Jésus à cet ami de la première heure, Jean de Patmos : « Dieu a tellement aimé l'humanité qu'il lui a donné son Fils unique », lui qui nous aimera jusqu'à la fin (Jean 3, 16).

Aimer ! Aimer ! Doit-on le dire et le redire ? Il n'y a que cela qui importe dans une vie normale d'homme et de femme. D'enfant tout autant. Vocation universelle ! La plus belle. La plus exigeante. Aimer jusqu'à la fin : aimer tout ce qu'il y a de bien, de beau et de vrai en soi et autour de soi.

Cet amour d'amitié, comme on l'appelait au Moyen Âge, est l'amour de soi vécu en vue de l'amour de l'autre. Divin en ses origines, il vaut plus que nos mots, plus que nos églises, nos cimetières, nos refus, nos sermons… et cet éditorial. Qui n'aime pas est mort. Ce qui fait dire à Paul de Tarse, dans les années 50 de notre ère : « Si je n'ai pas l'amour, je ne suis que cymbale résonnante. J'aurais beau savoir tous les mystères, avoir une foi à transporter les montagnes, si je n'ai pas l'amour, je ne suis rien » (1re épître aux Corinthiens 13, 1-2).

Cette année 1997 a marqué, et *Le Devoir* l'a même noté, le 30 septembre, le centième anniversaire de la mort d'une grande amoureuse qui, sans quitter sa maison, son cloître à Lisieux, s'est acharnée à aimer courtoisement son Dieu et les autres. Elle ne veut pas, elle ne peut pas les séparer, pas plus, diraitelle, qu'elle ne séparerait l'époux de l'épouse. Quelques mois avant sa mort, à 24 ans, elle écrit : « *Amour* ! Océan sans rivages […]. J'ai compris que sans l'amour toutes les œuvres ne seraient que néant, même les plus éclatantes comme de ressusciter les morts ou de convertir les peuples. » Dire que notre Marie de l'Incarnation ne parlait pas autrement au XVIIe siècle, et nous ne le savions pas : « Mon âme est à l'Amour, et l'Amour est à mon âme ; et si je l'ose dire, tous biens sont communs, et il n'y a plus de distinctions du mien et du sien. »

Lorsqu'un notable de la place demande à Jésus ce qu'il y a de plus louable dans une vie, la réponse ne tarde pas. Elle vient de la tradition juive à son sommet : « Tu aimeras le Seigneur ton Dieu de tout ton cœur, de toute ton âme, de toute ta force et de toute ta pensée, et ton prochain comme toi-même » (Luc 10, 27).

Les vrais amours s'entêtent. Comme vieux tison qui peut s'allumer en toute saison. Ni question d'âge, ni question d'hormones ou de religions prescrites. « Vieil amour meurt rarement de mort subite ! » Il existe dans nos livres sacrés un joyeux refrain hébraïque dit, chanté, psalmodié encore ce soir, demain et après-demain : « Car éternel est l'Amour. »

Noël magnifie cet Amour qui ne lâche pas sa proie, qui n'éteint pas la mèche qui fume encore, qui ne brise pas le roseau même froissé, qui ne sépare pas tout de suite l'ivraie du bon grain, qui sait attendre l'autre comme le père de l'enfant prodigue dont parle si noblement l'Évangile.

Noël célèbre l'amour à sa source, l'amour qui s'entête à durer, jusqu'à sa preuve suprême, ainsi que l'ont démontré il y a quelques mois, en Algérie, sept trappistes français et l'évêque Pierre Claverie, tous assassinés pour avoir observé un amour inconditionnel envers leurs sœurs et frères musulmans d'à côté.

Merveilleux amour ! À l'occasion, il contourne ou transcende petites querelles et grands orages. C'est vrai : « L'esprit a beau faire plus de chemin que le cœur, il ne va jamais aussi loin. »

Et si, de toute manière, ces vacances de Noël greffées à la naissance du grand ami de l'humanité, Jésus le divin Nazaréen, n'existaient que pour nous rappeler ce dont nous sommes capables à nos meilleures heures, c'est-à-dire aimer, aimer encore, aimer toujours, elles mériteraient déjà, et simplement pour cela, d'être célébrées par chants, musique, hymnes, repas et autres convivialités.

Bonnes Fêtes ! Vive Noël !

Vive l'Amour acharné !

Samedi 11 avril 1998

Rumeurs des racines

Si la fête de Pâques nous appelait à vivre les bienfaits d'un silence perdu et retrouvé?

Pas un mot. Pas un bruit. Un silence pareil à celui des toutes premières heures du monde, alors qu'au «commencement, la terre était déserte et la ténèbre à la surface de l'abîme». Parmi les êtres privilégiés issus de ce silence abyssal, il y aurait à saluer aujourd'hui, sans paroles bien sûr, la lumière, le soleil, la lune, les étoiles, la nuée, la brume, le verglas non, la neige peut-être oui, et quoi encore! Si, dans un moment inattendu de plénitude sacrée, toute l'humanité réussissait en ce matin de Pâques à se taire, ne fût-ce qu'une seconde, peut-être entendrait-elle naître le printemps, les fleurs, l'herbe des champs, la vie et ses secrets. Infatigable vie!

Patience, patience, patience dans l'azur
Chaque atome de silence
Est la chance d'un fruit mûr.

Cher Valéry! Mère Teresa nous rappelait elle aussi, il y a déjà quelques mois, à quel point nous sommes tous reliés à ce moment inédit de nos origines: «Dans quel silence croissent les arbres, les fleurs et l'herbe! Dans quel silence se meuvent les étoiles, la lune et le soleil!»

Et nous? Et vous? Et moi? Toujours sous les charmes inévitables de la publicité surmédiatisée, jour et nuit nous écoutons les bruits de nos mots qui parfois frôlent la brutalité. Peut-être éprouverons-nous à l'occasion la nostalgie d'un matin, voire d'une journée, de silence parfait pour entendre les appels si souvent refoulés de l'intériorité. Le silence ne fait-il pas partie, lui aussi, de nos gènes?

Si la fête de Pâques nous appelait à vivre les bienfaits d'un silence perdu et retrouvé? Un lecteur attentif, une lectrice assidue des premiers récits de la Pâques chrétienne noteront que cette fête nous renvoie, à sa manière, aux origines épiques du monde. Tel le récit d'un évangéliste, Luc en l'occurrence, qui ne se perd pas habituellement dans ses mots : « Le premier jour de la semaine, de grand matin, des femmes vinrent à la tombe en portant les aromates qu'elles avaient préparés. Elles trouvèrent la pierre roulée de devant le tombeau. Étant entrées, elles ne trouvèrent pas le corps du Seigneur Jésus. Elles étaient déconcertées. » Silence ! Personne n'a vu ni entendu ce qui, exactement, est arrivé à l'heure X, à la minute Y, à l'instant Z. Ni scribe, ni exégète, ni théologien, ni pape, ni évêque, ni prêtre, ni savant. Quelle déception pour un paparazzi ! Quelle frustration pour un amateur de preuves ! Même aujourd'hui ! Ni codex, ni volumen, ni palimpseste. Rien, rien. Personne n'était là, semble-t-il, quand le corps à peine refroidi de Jésus torturé se serait libéré de sa pesanteur et comme réanimé pour devenir un corps, le même corps que les premiers écrivains chrétiens ont appelé, faute de mots convenus, un « corps glorieux » (1re épître aux Corinthiens 15, 44).

Corps dématérialisé ! Corps-lumière ! Présence incandescente ! À la Fra Angelico ? À la El Greco ? À la Chagall ? « C'est le Seigneur ! » s'écrie Marie Madeleine, qui d'abord ne l'a pas reconnu. Il est si pareil ! Il est si différent ! La supériorité de l'esprit sur le corps, voire l'immortalité si souvent proclamée par certains penseurs grecs et romains au temps même de Jésus, trouvent-elles ici leur compte ? Comme foi en la vie victorieuse de la mort, peut-on désirer ou imaginer mieux ? L'intuition si souvent affirmée à travers les siècles et en plusieurs traditions religieuses que ne peuvent disparaître à jamais ceux, celles qui nous ont déjà quittés, que nous avons aimés, que nous aimons encore et qui survivent « en esprit et en vérité » à leur absence physique, est-elle à la barre ? Vous ne me suivez pas ? Il y a de quoi ! La foi, ici, propose, la pensée dispose.

Jésus aurait-il lui-même prévu – divine intuition ! – ce qui arriverait après sa mort corporelle ? Un jour, à ses amis : « Une fois jetée en terre, la semence germe. Que le semeur dorme, qu'il soit éveillé, jour et nuit, elle germe ; elle pousse et finalement porte beaucoup de fruit [...] le grain de blé mis en terre meurt, sinon il demeure seul ; s'il meurt, il portera beaucoup de fruit » (Marc 4, 26-29 ; Jean 12, 24). Le corps de Jésus a-t-il obéi à la même énergie sacrée qui l'avait fait naître à Bethléem quelques décennies plus tôt ? Puissance d'une Parole première incarnée dans une promesse jamais reniée ! Alliance jamais démentie ! Victoire d'un désir de vie ! Le grand Tagore, poète de la mystique hindoue, s'extasie lui aussi à la pensée de « la puissance du mot d'où a jailli l'univers ». Est-ce bien ce que Jésus a voulu dire : « Qui croit en ma parole, même s'il meurt, aura la vie éternelle » (Jean 11, 25) ?

Il est gratifiant, pour le cœur et pour l'esprit, que l'image proposée en ce jour pour signifier la continuité de la vie par-delà les silences parfois insupportables de la mort, soit une image printanière, celle de la vie, une vie souterraine en quête déjà d'une moisson désirable. Rumeurs des racines !

Peut-être est-ce aussi le message de ce printemps 1998 ? Après toutes les frustrations du dernier hiver s'affirment dans des recommencements muets les continuités qui font espérer le meilleur à venir. Des centaines d'arbres entêtés, amputés de leurs plus solides branches, s'apprêtent à « ressusciter » devant nous. La vie a de ces secrets ! Comme l'amour. Et voilà ! Cette vie qui, chaque printemps, défie le silence de nos origines, ne mérite-t-elle pas qu'on lui chante, au moins aujourd'hui, un joyeux alléluia ?

Vive Pâques ! Vive la vie ! Alléluia !

Jeudi 24 décembre 1998

Grande joie au pays des montagnes

Il est raconté affectueusement qu'au tout début de notre ère – deux mille ans déjà ! –, la fiancée d'un certain Joseph, enceinte de son Emmanuel, qui se traduit « Dieu-avec-nous », partit en hâte pour se rendre au pays des montagnes. Elle allait visiter en Judée une cousine du nom d'Élisabeth, elle aussi « partie pour la famille », mais sur le tard. Sitôt réunies, les deux femmes s'entrelacent. La plus jeune, et donc la plus spontanée, chante, prie, s'énerve, s'exalte, prophétise : « Toutes les générations me diront bienheureuse, le Tout-Puissant a fait pour moi de grandes choses, mon âme glorifie le Seigneur » (Luc 1, 47s).

Noël est la fête de cette naissance attendue. Une fête joyeuse, très joyeuse. D'une joie presque aussi démesurée que nos amours à leur meilleur. L'exultation se perpétue d'âge en âge, de continent à continent. Toutes sortes de rites et d'habitudes parfois surprenantes s'y expriment. N'en seront heurtés que ceux, ou même celles, qui ont changé leur « cœur de chair » en un « cœur de pierre ».

Dans la perspective biblique et chrétienne qui est la nôtre, la fête commence chez « les gens d'en haut » pour parler à la manière d'autrefois : « Gloire à Dieu au plus haut des cieux ! » « Les anges dans nos campagnes/ont entonné l'hymne des cieux. » La plus authentique liturgie s'adresse d'abord à l'Éternel qui a tout permis : « Aujourd'hui, je t'ai engendré. » Et nous chantons dans la même veine : « Minuit, chrétiens, c'est l'heure solennelle/où l'Homme-Dieu descendit jusqu'à nous. » Une légende veut que ce « divin Enfant » prévu par Isaïe soit né dans une étable, à Bethléem, et qu'il soit beau, très beau, le plus beau de tous ! « Tous les enfants des rois n'ont rien de comparable/aux beautés que je vois dans cette étable. »

Il n'y a pas si longtemps de cela, nous pensions généreusement qu'à la venue de cet enfant exceptionnel toutes les nations et tous les continents vivraient dans la paix. Il n'y aurait plus, à cause de Noël, fête pour toute l'humanité, qu'un seul pays au monde, le Pays de Dieu. « Le monde entier tressaille d'espérance à cette nuit qui lui donne un Sauveur. » Sainte nuit ! *Holy Night ! Stille Nacht ! Noche de paz !* On répétait allégrement qu'à Noël la lune serait plus belle et la neige plus blanche. *White Christmas.*

Les cantiques, les chansons populaires sont de la fête. Le regretté et talentueux folkloriste Luc Lacourcière (†1989) a jadis rencontré, dans la région de Joliette, un octogénaire qui lui a chanté tout de go, par cœur il va sans dire, le célèbre *Noël des animaux* dont le texte et la mélodie ont paru aux Archives de folklore à l'Université Laval. Étions-nous si originaux puisque, plusieurs siècles avant notre ère, un prophète juif illustre prévoyait un temps idyllique où le loup voisinerait avec l'agneau et où le léopard se coucherait près du chevreau (voir Isaïe 11, 6) ?

Déjà, quelques décennies après le récit circonstancié de l'évangéliste Luc, vers les années 80 de notre ère, un texte apocryphe, dit l'Évangile du pseudo-Matthieu, parle de l'âne et du bœuf à genoux devant l'Enfant-Jésus. Pourquoi remonter si haut quand ici, au pays de Joliette encore, la grande Rina Lasnier (†1997) chante la même tradition dans *Présence de l'absence* (L'Hexagone, 1992, p. 41) ? Notre ineffable Antonine Maillet s'en souvient elle aussi dans *Emmanuel à Joseph à Dâvit* (p. 116). Et le joyeux rêve de Félix Leclerc qu'un jour les fleurs viendraient saluer les étoiles !

Vieilles croyances si l'on veut, qui, comme tous les contes et récits qui s'y greffent ou s'en inspirent, n'en expriment pas moins la générosité festive suscitée depuis des siècles par ce jour difficilement comparable.

Nous l'avons écrit souvent : la fête de Noël devient de plus en plus irréversible, internationale et socialement incontrôlable. Peut-être exprime-t-elle à sa manière et jusque dans ses excès la richesse créatrice du cœur humain ? Pour sa part, l'ingénieux théologien psychanalyste allemand Eugen Drewermann voit dans la « Nativité du Sauveur », ainsi que l'appellent entre eux les chrétiens, le jour par excellence de l'Amour : l'Amour qui sans cesse se reprend et résiste à ses épreuves. « La lumière ne peut s'éteindre tant que nous portons nous-mêmes la nostalgie de l'Amour, et la souffrance elle-même reste toujours comme un rappel de cette vérité en notre cœur. » En fait, grand ou petit, riche ou pauvre, favorisé par le sort ou relégué dans un coin, chacun, chacune, demeure « dans son être et dans son devenir, dans la beauté de sa personne, une image de la divinité ».

Quête d'infini ! Divinité de l'amour ! Pouvoir d'aimer ! Pouvoir d'émerveillement ! Tout se tient. Une fois de plus, notre chère humanité, déchirée par tant de folles rivalités, apparaît, au moins à Noël, comme un grand enfant aux yeux d'aurore qui ne désire qu'une chose : aimer, être aimé. Infiniment, doucement, « de tout son cœur, de toute son âme et de toutes ses forces », selon l'appel de nos textes sacrés les plus prestigieux.

Si, jadis, une jeune femme du nom joli de Marie s'enthousiasme et, dans toute sa candeur virginale, croit sur parole que son corps sera remué, si la même petite fileuse de Nazareth prévoit qu'un jour « toutes les générations me diront bienheureuse », si, neuf mois plus tard, quelques bergers en faction près de Bethléem croient entendre le vent leur chanter des hymnes sacrés, peut-être est-ce cela simplement, tout simplement cela, la fête de Noël. La fête de l'Amour universel, la fête d'un feu impossible à éteindre. Même en hiver !

Souhaitons-nous dès lors, dans le respect convenu de nos cheminements intérieurs, une certaine altitude d'âme et de cœur comme en eurent jadis, en montagne, les cousines Marie et Élisabeth. Voilà qui nous permettrait encore une fois de chanter, à même l'écho de nos souvenirs les plus beaux, le rêve toujours nouveau d'une humanité qui ne pourrait se dire que des mots d'amour. Oui! Oui! Joyeux Noël!

Le Noël des animaux
Autour de Bethléem
Les animaux de Laquedem
Chantaient Noël, Noël
Nous sommes sur la terre
Jésus descend du ciel.
Le coq, la tête altière
S'avançait d'une joie fière
Chantant: coquorijour
J'annonce la lumière
Salut, astre du jour.
Mais la cane fidèle
À son maître qui l'appelle
S'en vient disant: Can can,
Jésus est le modèle
Des tout petits enfants.
Et la brebis timide
S'approcha d'un pas rapide
En murmurant: Mais ais...
J'étais lâche et craintive
Serai brave désormais.

Samedi 3 avril 1999

De très bonne heure !

À l'aube, de très bonne heure, deux jeunes femmes portant toutes les deux le même joli nom de Myriam, vivent une expérience plutôt bouleversante. Elles revoient, sans d'abord le reconnaître, leur grand ami, Jésus le Nazaréen, celui-là même qui avait été mis à mort quelques heures plus tôt aux abords de Jérusalem. Elles le revoient, il leur parle, elles n'en reviennent pas. C'est lui !

Le fait s'est avéré si déterminant que, depuis ce matin-là et selon d'autres témoignages codifiés par des contemporains, des milliers et des milliers de gens ont cru à la résurrection de la chair, ainsi qu'il a toujours été dit dans leur Credo. Avant de miser sur cette première aurore, n'est-il pas convenable, au nom du respect partagé avec tous les croyants et même avec ces incroyants multiples de bonne volonté, de rappeler que l'événement en question s'est passé aux premières lueurs du matin ?

Dès lors, nous nous demandons sérieusement si l'aube ne porterait pas déjà en elle-même quelque vertu prémonitoire. Or la mythologie confirme. Eos, de la toute première génération des dieux, est la personnification même du petit matin « aux doigts couleur de rose ». Ô jeunesse du matin ! À l'aube s'ouvre largement la porte au char du soleil pour la course éventuelle du vent. Le jour a déjà décidé de son parcours.

Pendant que les mythologies inspirent des recherches de sens, le temps, lui, continue sa route, irréversible. Chaque matin, l'aube est au rendez-vous. Nos ancêtres, dont on découvre de plus en plus la générosité d'âme, ont, pour toutes sortes de raisons, célébré et aimé ce temps premier du jour. Se lever de bonne heure, aller « pieds nus dans l'aube » (Félix Leclerc, 1946) furent des habitudes quasi sacrées. L'avenir appartient-il à ceux qui se lèvent tôt ? Même notre Paul Valéry (†1945), qui ne fut pas, à ce que je sache, un spirituel averti, écrit que « de toutes les heures du jour, l'aube est ma préférée [...]. Je veux voir poindre le mouvement sacré. » Son contemporain le grand Teilhard de Chardin (†1955), exilé en Chine mais toujours aussi enthousiaste, salue majestueusement ces premières lueurs quand « une fois de plus, sous la nappe mouvante de ses feux, la surface de la terre s'éveille, frémit et recommence son effrayant labeur ». Elle aussi, notre unique Anne Hébert, si sobre, si attentive aux moindres bruits du jour et de la nuit, chante à son tour « ce bruit de source dans la paix lisse du matin [...]. Et que brille l'aurore à tue-tête sur le monde qui s'éveille ! » Que dire, ma foi, de cette croyance entêtée des habitants d'autrefois aux rives du fleuve Saint-Laurent, à savoir qu'à l'aube les aurores boréales de l'autre bord leur promettent un paradis de bonheur et de lumière ? Enfin, cette coutume d'ici d'aller le matin de Pâques, « au crépuscule de l'aurore » (Baudelaire), chercher à la rivière l'eau nouvelle, n'obéirait-elle pas au même respect instinctif des heures originelles ?

Donc ! Donc ! Il n'est pas indifférent à notre quête du sacré que la Bible, dès la Genèse, valorise le matin et qu'elle salue tout de suite l'instant solennel de la première aube : « Il y eut un soir, et il y eut un matin : ce fut le premier jour ! » « Éveiller les paupières de l'aurore », « chevaucher sur les ailes de l'aurore » ou devancer le jour dans la prière vont de soi dans les liturgies primitives. Au matin, la sanctification du jour ! Encore aujourd'hui, de très bonne heure, dans diverses communautés chrétiennes, comme à la jeune communauté universitaire de Montréal au 2715, chemin de la Côte-Sainte-Catherine, l'on chantera à qui mieux mieux : « Alléluia ! Alléluia ! Tu es mon Dieu, je te cherche dès l'aube. »

Aussi, le fait que Jésus ait été revu vivant, de très bonne heure, est à notre avis plein de signification. Un tel support cosmique n'est pas négligeable. La nuit symbolise la mort depuis si longtemps ! Que tout à coup, ce matin-là, le retour à la vie d'un être exceptionnel ait pu s'imposer, voilà de quoi être médusé, mystifié ! Comment expliquer ? Que dire ? Croire ou ne pas croire ? Deux mille ans de réflexions et de discussions acharnées ne sont pas venus à bout de cet événement. Non que tout cela soit prouvable. Et même que le support cosmique soit nécessaire à la croyance. Mais non ! La foi religieuse est d'un autre ordre : l'ordre de l'intuition, l'ordre du risque global, dirait Pascal.

Que par quelque pouvoir surhumain la vie triomphe de la mort, comme le matin annule à jamais la nuit, demeure pour tous une énigme. « Que nous veux-tu, Zeus ? » criaient les tragiques grecs. Énigme et mystère ! Énigme de nos désirs les plus secrets ! Mystère de la vie désirable même après la mort ! Tout ici obéit vraisemblablement à un désir fondamental, universel : le désir naturel de ne jamais quitter la vie, de ne jamais disparaître. Désirs inutiles ? Désirs prophétiques ? Désirs, durée et amour s'interpellent comme frères et sœurs d'une même famille de pensée. Il semble que toutes les formes historiques de scepticisme ne pourront jamais faire oublier ces quêtes fondamentales de sens.

De toute manière, croyance ou pas, de très bonne heure, chaque matin, l'aube annonce déjà la fertilité du jour, la vie à poursuivre et nos amours à faire durer. Aussi pourrions-nous, en cette fête de la vie en plénitude, nous souhaiter doucement, à chacun et à chacune, ce qu'un mystique musulman des siècles derniers appelle si noblement une aurore sans couchant.

Vendredi 24 décembre 1999

Sur l'océan des âges

Qui d'entre nous, ultimes survivants des collèges classiques, n'a pas un jour ou l'autre récité ces merveilleux vers de Lamartine? De quoi faire rêver les plus rebelles d'avant la révolution dite tranquille: «Ainsi, toujours poussés vers de nouveaux rivages/ Dans la nuit éternelle emportés sans retour/Ne pourrons-nous jamais sur l'océan des âges/Jeter l'ancre un seul jour?»

Et si ce seul jour était Noël 1999! Ne serait-ce pas le moment favorable pour nous arrêter, jeter l'ancre et interroger les rives de nos départs et de nos arrivées depuis deux mille ans? Ce dernier 25 décembre avant l'année 2000 ne tient-il pas son prestige de la date présumée de la naissance de Jésus à Bethléem, ainsi que de l'autorité accordée depuis longtemps, et officiellement, à l'an 1?

Nous n'ignorons pas, entre-temps, que pour des raisons pas toujours faciles à discerner, certains de nos compatriotes, peut-être trop obsédés par un passé religieux douloureux, n'ont pas du tout envie de s'attendrir ni encore moins de réfléchir sur le sens de l'aventure humaine depuis les derniers siècles. La fête chrétienne de Noël les énerve! Se seraient-ils comme par hasard trop aventurés au large? Leur refus global du passé chrétien serait-il à ce point déterminant qu'ils auraient oublié jusqu'à l'avertissement solennel du génial Nietzsche: «Nous avons quitté la terre, et donc toute certitude ferme. Nous nous sommes embarqués. Nous avons coupé les ponts, bien plus, nous avons rompu avec la terre. Dès lors, petit navire, prends garde! À tes côtés s'étend l'océan: sans doute ne hurle-t-il pas toujours et parfois s'étale-t-il comme de la soie et de l'or et comme une rêverie de bonté. Mais des heures viennent où tu reconnaîtras qu'il est sans limite et que rien n'est plus effrayant que l'infini» (*Le Gai Savoir*, III, § 125).

Embarqués que nous sommes tous en ces jours sur la mer tumultueuse de nos peurs de l'avenir, essayons de jeter l'ancre. Au moins un seul jour ! À Noël ! Essayons ! Essayons de profiter au maximum de ces instants ultimes qui ne reviendront plus jamais. Toutes nos trouvailles électroniques de dernière heure, tous nos calculs les plus minutieux ne dérangeront pas l'univers. Dans une semaine, le 31 décembre à minuit, toutes les manifestations prévues en l'honneur de l'an 2000 n'empêcheront pas le soleil de se lever, la lune et les étoiles de poursuivre leurs ineffables trajets dans l'espace, le fleuve à Gaspé de se jeter dans l'Atlantique.

Mais comment faire ? Nous arrêter pour une pause ! Un instant, s'il vous plaît ! « Ô temps, suspends ton vol ! » C'est du même Lamartine. Camus raconte justement dans *La Chute :* « Il semblait que la matinée se fut fixée, le soleil arrêté pour un instant incalculable. Dans cette lumière et ce silence, des années de fureur et de bruit fondaient ensemble. » Oui ! Oui ! Il est possible de se donner dans la vie de ces moments uniques. Entre souvenir et avenir, il n'existe ni lointain, ni proche, ni hier, ni aujourd'hui, il n'existe que maintenant : *Today! Now!* La caméra a vu : flash ! Silence, on tourne ! Temps indivisible ! Temps créateur ! Une intuition engendre en un clin d'œil des années de réflexion. Un seul point d'orgue fixe à jamais l'harmonie de toute la cantate. Les artistes savent. Les mystiques aussi. D'aucuns n'hésitent pas à comparer ces divins instants aux extases amoureuses à leur paroxysme. Cloîtrée au Carmel de Lisieux depuis ses 15 ans, Thérèse Martin se souvient de ces instants purs où elle se retrouve « entre deux éternités, sans ombre ni nuage ». N'est-ce pas assez significatif que cette nuit, la nuit de Noël, les grandes liturgies monastiques, tant en Orient qu'en Occident, célèbrent la naissance du Christ, l'aujourd'hui de Dieu, l'instant divin de Celui pour qui « 1000 ans sont comme un jour, une heure dans la nuit » ?

Divin instant ! Escale mystique ! Nirvana suprême ! Plénitude d'être ! « Ô Dieu, tu es mon Dieu, chante le psalmiste, je te cherche dès l'aube ! »

Le héros premier de la fête de Noël, Jésus de Bethléem, dirait qu'il est possible, très possible, de vivre au présent ces instants sacrés. « Regardez les oiseaux du ciel ! Observez les lis des champs ! » Il convient de se bien conditionner l'esprit… et le cœur. Surtout le cœur ! À la manière des petits enfants. « À moins de redevenir comme un petit enfant, vous n'entrerez pas dans le Royaume… » Observons-les ce soir, cette nuit, les tout-petits. Un mot, un clin d'œil, un geste, et c'est l'illumination. « Joie de jouer ! Paradis des libertés ! » (Saint-Denys Garneau).

Peut-être est-ce ce bonheur d'aimer dans l'instant et d'être divinement aimé qu'éprouvera dans quelques minutes ma petite-nièce de la Côte-du-Sud quand elle apercevra au pied de l'arbre de Noël le cadeau de ses rêves. Le temps s'immobilisera, le bonheur de cette nuit annulera les pleurs d'hier. Vicky va s'exclamer, rire, applaudir, embrasser, s'extasier, chanter, danser, courir… et finalement ouvrir tout grands ses petits bras : « Merci, grand-maman ! » La joie parfaite, dirait François d'Assise.

Joyeux Noël à tous les enfants du pays, et quel que soit leur âge !

Samedi 22 avril 2000

Quand les arbres s'enfeuillent

Dans ce Québec majestueux des espaces à perte de vue et des forêts des Laurentides et de l'Abitibi, les arbres sont souvent honorés, voire défendus par des livres, des dessins et des films. Oui, et sans vouloir tout cataloguer, les arbres, en ce pays aux saisons contrastées, sont beaux. Surtout au printemps, quand ils s'enfeuillent. Et à l'automne, quand ils s'encolorent. Que viennent mars et avril, le dégel, et dans la nuit quelque froidure, toute l'érablière est en liesse. Ailleurs, c'est déjà le temps festif des cerisiers, des vergers enneigés de fleurs, des lilas, des jardins apprivoisés. C'est ainsi qu'en chaque saison chaque arbre qui réussit sa vie célèbre la victoire de ses racines. Nous les aimons, nos arbres ! Honnis soient qui les méprisent ! Il n'est pas nécessaire d'aller si loin. Je pense aux arbres du poète Saint-Denys Garneau récemment exposés au Musée de Joliette, aux arbres du grand Muhlstock, qui dorment dans son atelier de la rue Sainte-Famille à Montréal. Qui ici voudrait oublier le souhait majestueux de notre regrettée Anne Hébert de « s'endormir debout comme un arbre dans la nuit ».

Même si elles mélangent parfois tout, récits, contes, légendes, chansons et paraboles, les religions à mystère ont pour les arbres des mots de tendresse d'une superbe révérence. Dès les premières lignes de la Genèse : « Au troisième jour, la terre produisit de la verdure, des herbes portant semence [...] des arbres donnant des fruits. » Un jardin sacré est aménagé par Yahvé au milieu duquel surgit un arbre-parabole, défi à nos libertés : « Tu pourras manger de tous les arbres du jardin, mais tu ne toucheras pas à l'arbre de la connaissance du bonheur et du malheur. » Nous savons la suite. Trop. Difficile liberté ! Mais que ferions-nous sans elle ? Mieux vaut liberté blessée que liberté reniée.

Symbole universel de rêves perdus et des libertés mal négociées, l'arbre de vie du paradis, l'arbre de la connaissance, ne sera plus jamais oublié. Il fait partie de l'histoire de l'humanité à la découverte de son destin. Au temps de Pâques, une coutume est observée, en plusieurs communautés de foi à travers le monde, de relire les pages qui racontent les commencements de l'univers. Relire et chanter. Aussitôt après, et dans la même cérémonie dite vigile pascale, un autre récit survient, à propos d'un arbre. Un autre arbre ! Peut-être un cèdre, le cèdre scié, peut-être un olivier, ébranché, taillé, sur lequel fut un jour attaché et cloué un certain Jésus de Nazareth accusé de trahir son Dieu et César. Arbre du Calvaire, appelé depuis Arbre du Salut. Tous les mots sont bons pour le célébrer. Traduisons à partir d'un hymne du Moyen Âge latin : « Salut arbre royal ! Salut arbre de vie ! Salut Croix unique ! Nulle forêt n'a vu pareil arbre… Ô Croix victorieuse ! »

On m'a dit : « C'est du passé. » Est-ce si vrai ? Il y a quelques heures à peine, en divers temples et chapelles, à l'occasion du Vendredi saint, la cérémonie de l'adoration de la Sainte Croix a été célébrée avec chants et neumes, procession, ostentation, prostrations : la fête de l'arbre de la Croix. Un sage Amérindien l'a déjà dit : il y aura toujours ici et là des arbres protecteurs, porteurs d'énergie et de pouvoir. Il reste à les identifier. Chacun a ses critères. De toute façon, l'histoire de l'art ne cesse de témoigner de cette vénération portée à l'arbre de la Sainte Croix : ce sont des croix ornées, croix d'églises, croix de chemins, croix de montagnes. Gaspé ! Mont Royal ! Calvaire d'Oka ! Et caetera !

Dans quelques jours, pluies et vent léger aidant, nos arbres s'enfeuilleront pour de bon, les pommiers fleuriront, le temps sera toujours propice à la mémoire, au regard contemplatif ainsi qu'au souvenir des arbres sacrés du paradis et du Calvaire. Peut-être y a-t-il plus qu'un cri du cœur et de l'âme de la part de ce vieil anachorète, habitué des longs silences des antiques forêts d'Égypte, quand un matin il fut surpris par la visite inopinée d'un groupe d'enfants extasiés devant la beauté du boisé. Le saint ermite ne cessait de crier : « Silence ! Silence ! les enfants ! Les arbres fleurissent. » Il voulait tout simplement dire : « Silence ! Silence ! Les arbres prient ! »

Samedi 23 décembre 2000

Joyeuse lumière !

C'est l'histoire d'un mandarin. Sur le point de distribuer ses biens, caprice de vieux riche, il promet son château à celui de ses deux fils qui aura le premier réussi à le remplir, d'un mur à l'autre : « Vous avez 20 heures pour le faire. » Aussitôt s'agite le fils aîné. Les serviteurs sont mobilisés, chacun y vient : lui avec des paniers d'osier, l'un avec des branches de cèdre, l'autre avec de vieux meubles, si bien qu'en une demi-journée le château est plein à craquer. Plein… recoins en moins ! Arrive le cadet à la toute dernière minute du temps alloué. Il porte dans sa main gauche une petite lampe allumée et il entre. Joyeuse lumière ! Tout le château s'illumine, même du dehors. « À toi l'héritage ! »

On aurait dû s'en douter. La lumière est d'une nature essentiellement généreuse. Douce. Silencieuse, en plus. Et de quelle efficacité ! Il s'en faut de peu pour que, par elle, tout soit « émerveillé » : un tableau, un visage, un paysage, une mise en scène. Pourquoi sont-elles si resplendissantes, les rosaces à Notre-Dame de Paris ? Et les vitraux à Chartres ? Les fresques de Fra Angelico ? Et Rembrandt ! Et Georges de La Tour ! Et la dernière série de Riopelle au Musée du Québec ! D'antiques astrologues ont même prétendu que la lumière, cette petite sœur du vent, présidait depuis longtemps, depuis toujours peut-être, à la bonne marche de l'univers. Saint Augustin l'aurait proclamée, déjà au ve siècle, la fée, sinon la reine de toutes les couleurs du monde.

Pourquoi aller si loin, ou si près, quand déjà mon pays en est tout ébloui ? Rien qu'à dire ces beaux mots provocateurs de joyeuses mémoires : Beaupré, Beauvoir, Bellechasse, Beaumont, Bellerive, Beaucage, Belœil, Luceville… Des noms de personnes tout autant signifiants, on l'espère : Lucie, Luce, Lucile,

Aurore, Marie-Soleil, Claire et d'autres, et d'autres. Émouvant que notre grande Anne Hébert, partie au début de cette année, ait intitulé son dernier livre *Un habit de lumière.*

Est-ce par hasard, noble instinct ou simple gratitude que, dans la Rome antique, le 25 décembre soit devenu le jour tout désigné pour une fête de la lumière ? Pourquoi ? Parce que, ce jour-là, le soleil, le roi du ciel, se lève un peu plus tôt que la veille. Victoire non équivoque de la lumière sur les ténèbres, comme du bien sur le mal… et de l'Empire romain sur le reste du monde méditerranéen.

Comprenons tout de suite que les religions de longue tradition, sensibles à leurs composantes cosmiques, accordent une divine priorité au 25 décembre. Avant qu'on n'attribue au big-bang l'étrange réputation que l'on sait, il était écrit, dès les premières lignes de la Genèse, qu'au commencement « Dieu vit que la lumière était très bonne : ce fut le premier jour ». *Lux umbra Dei !* « Lumière, ombre de Dieu ! » Telle est du moins l'inscription que l'on a trouvée sur d'anciens cadrans solaires.

Dans la même perspective d'une révélation cosmique, on pensa, jusqu'à le confirmer par des calculs plus ou moins maladroits, que Jésus était né un 25 décembre. Solstice d'hiver oblige ! Jésus ne fut-il pas bientôt nommé par ses proches « fils de lumière » ou encore, à cause de sa mystérieuse naissance, « Lumière née de la Lumière » ?

Lui-même aimait dire : « Croyez en la lumière [...]. Qui fait la vérité vient à la lumière. » C'est dans ce sens qu'un jeune ami de Jésus, son ami préféré a-t-on dit, Jean de Patmos, conclut tout bonnement que « toute personne qui aime demeure dans la lumière ».

Ce premier Noël du nouveau millénaire profite, bien sûr, de tous ces heureux précédents. Tant mieux ! L'histoire progresse par répétitions et inventions. Je sais pour ma part que là où je gîte, ce soir, aux premières vêpres solennelles de Noël, on chantera avec un sacré plaisir: «Joyeuse lumière!» Et ce, sur une mélodie processionnelle à saveur byzantine.

Enfin, et quel que soit le chemin qui nous conduise à la fête, nous sommes certains, cette nuit, de trouver une compagne discrète et silencieuse, si discrète qu'elle peut se faire invisible, notre Sœur la Lune. Oui, la Lune, Sœur de Frère Soleil ainsi que l'appelle ingénument François d'Assise. Or, cette année, autre triomphe nocturne de la lumière, et n'est-ce pas merveilleux: la fête de Noël appelle la pleine lune!

Joyeuse lumière!

Samedi 14 avril 2001

Altitude!

Magnifiques, nos Laurentides, les Rocheuses, les Appalaches! Immuables. Entêtées. Aucun gratte-ciel, fût-il le plus somptueux du monde, ne saurait rivaliser avec la beauté première d'une haute montagne. Imaginons même Montréal sans son «petit» mont Royal, Québec sans la Citadelle ou encore Paris sans Montmartre, voire, mieux, les Japonais sans leur mont Fuji San et les Français sans le mont Saint-Michel.

Cela s'explique! La montagne à elle seule appelle la perspective, l'immuabilité, la résistance, la durée. Dans la peinture chinoise, elle s'oppose, paraît-il, à l'eau, comme le yang au yin: ainsi, dans chaque vie, l'absolu et le relatif, l'immuable et le mouvant, le quotidien et l'actualité. Vu de mon pays de Bellechasse-Montmagny, le mont Sainte-Anne, fierté minérale d'un paysage grandiose, paraît résister au fleuve. Le fleuve, il va, il vient, il revient, il passe. Le mont Sainte-Anne, pendant tout ce temps-là, ne bouge pas. Toute une leçon de vie pour les riverains!

Existerait-il une spiritualité liée aux hauts lieux ? Une spiritualité de style théophanique ? Il suffira d'ouvrir la plus élémentaire des histoires des grandes religions pour constater à quel point la montagne est l'axe traditionnel du monde mystique. Pour Homère, l'Olympe est la résidence des dieux. Les sommets de l'Himalaya ont longtemps été considérés comme les clochers du monde. « Tout ce qui monte converge », écrit quelque part Teilhard de Chardin. L'altitude appelle l'élévation de l'esprit, la purification de la mémoire ou, tout simplement, le divin. Notre Bernard Voyer, à 46 ans, atteint le mont Everest : « J'ai parlé à mon père décédé depuis quelques années déjà [...]. Je me suis dit que je ne serais jamais aussi proche de lui. » L'astronaute Marc Garneau, dans l'espace, salue filialement Dieu, son Dieu, « le Dieu d'en haut ». Enfin, une confidence plutôt inattendue d'un célèbre écrivain, Pierre Jean Jouve : « Montagne, quand on est sur toi et que l'on écoute la pensée immobile, on dit oui à Dieu. »

En ces jours de fêtes et de congés, plusieurs communautés de prière célèbrent avec grand éclat de mots et de couleurs leur fête première : Pâques ! Pour ce faire, elles relisent, psalmodient, chantent les souvenirs de plusieurs montagnes sacrées, tels les monts Sinaï, Horeb, Sion et d'autres. « Notre Dieu est un dieu des montagnes », déclare le psalmiste.

Observons maintenant les allées et venues de Jésus en Palestine. Lorsque le Grand Prophète a quelque chose d'important à dire ou à faire, quand il s'agit de prier, de réunir des amis, de se reposer, voire de pleurer, il va à la montagne. Au mont des Béatitudes, au mont Thabor, au mont des Oliviers. Et dans la transcription des récits qui ont suivi sa crucifixion sur le Calvaire, récits marqués largement par des traditions orales locales, l'ultime rendez-vous du Seigneur mystérieusement glorifié dans son corps est encore à la montagne, « sur une haute montagne ».

Pâques, fête du Christ à jamais vivant ! Fête du temps perdu et retrouvé ! Fête de l'altitude et des larges horizons ! Fête de la mort vaincue ! Jour premier de la célébration du corps humain réhabilité ! Le corps qui aurait dû subir à jamais l'échec de la mort rejoint son âme, et ce, en vertu de la même énergie sacrée qui l'avait appelé à l'existence. Dès lors s'accomplit au plus haut sommet d'une vie ce que tant d'anciens de diverses croyances ont déjà appelé l'immortalité. La vie promise à tous ceux et à toutes celles qui auront assez aimé pour oser croire sur parole qu'ils pourraient se retrouver un jour – Jour éternel –, en corps et en âme, réunis à jamais par l'Amour. « Qui croit en moi, même s'il meurt, dit Jésus à ses proches, aura la vie éternelle. » Enfin ! Enfin ! Moment unique, irréversible ! Instant immobile ! La paix des cimes ! L'éternité ! Quels mystères !

Lundi 24 décembre 2001

Il neige, il neigera !

Chaque année, la neige fait de ce pays un jardin de nuit. Qu'elle vienne, qu'elle tarde à venir, elle finira bien par avoir raison : « Ah ! que la neige a neigé ! » Les enfants en raffolent. Les sportifs en rêvent. Quelques adultes protestent. Dans cet univers de jargonnerie et de cancanerie, la neige a fait trouver des mots, de beaux mots, pour se nommer, des mots à faire rêver les anges : neige de jour et neige de nuit, neige fine et neige folle, neige plumeuse et neige flottante, neige ouatée et neige étoilée. Qu'elle tombe en brume ou en papillons, qu'elle voltige ou qu'elle s'affole, elle subjugue. Qu'elle brouille les chemins ou simplement blanchisse la montagne, la neige d'ici semble avoir tous les droits. L'on comprend nos « anciens Canadiens », ces hommes et ces femmes d'une « invincible allégresse », dit Maria Chapdelaine, qui trouvent qu'une bonne bordée aux environs de Noël n'est pas de trop. La célèbre tempête de l'Immaculée, le 8 décembre, avec la belle neige descendue « drette du ciel » fait que les cœurs s'allument. La poudrerie a prophétisé : « Habillez-vous, les enfants ! Sortez vos traîneaux ! » Rien qu'à y penser, notre grande Anne Hébert s'est enthousiasmée : « Veille mon cœur, la neige nous met en selle sur des coursiers d'écume/Sonne l'enfance couronnée, la neige nous sacre en haute mer, plein songe, toutes voiles dehors. » Voilà qui nous renvoie aux jolis vers de Bernard de Ventadour, joyeux troubadour pour musique d'amour : « J'ai le cœur si plein de joie qu'il transmue [...]. J'ai tant d'amour au cœur, de joie et de douceur, que frimas est une fleur et neige verdure. »

N'est-il pas quelque peu exaltant que, depuis longtemps et dans les grandes traditions à saveur monothéiste, la neige appelle aussi le pardon, le pardon de la paix perdue et retrouvée ? Un des psaumes les plus réputés pour dire la miséricorde divine, le psaume 51, se chante comme suit, psaltérion en main : « Aie pitié de moi, Seigneur, selon ta grande miséricorde [...]. Lave-moi et je serai plus blanc que neige. » Vers les années 740 avant l'ère chrétienne, le grand Isaïe proclame déjà l'espérance de cette paix promise par un divin pardon : « Si vos fautes sont comme l'écarlate, si elles sont rouges comme le vermillon, elles deviendront comme de la laine, elles deviendront blanches comme neige » (1, 18).

C'est ainsi que la neige de Noël symboliserait à sa façon l'amnistie générale offerte à toute personne de bonne volonté. L'amnistie d'un Dieu plus grand encore que nos mots, plus grand que notre cœur. Sa miséricorde se moque de nos calculs de moralistes mal informés des vraies culpabilités, collectives ou personnelles : « Là où abonde la faute, là surabonde la miséricorde », racontent nos oracles sacrés. Subtile espérance de Noël offerte à notre humanité gravement heurtée depuis quelques mois !

Or, le plus étonnant de cette tradition de Noël est que cet immense pardon, donné à toute âme en quête du meilleur d'elle-même, se concentre autour de Bethléem à cause d'un enfant étendu sur la paille, un enfant nommé Jésus, Jésus dit de Dieu, Dieu-avec-nous, l'Emmanuel. Quel scénario ! Un enfant juif, salut de l'univers !

Quelle maman, quel papa n'a pas éprouvé à sa manière ces mêmes sentiments d'absolue bonté simplement à tenir son nouveau-né dans ses bras ! Je comprends mieux ce qu'un aumônier de prison m'a raconté l'autre soir à propos des plus redoutables parmi tous les coupables de meurtres prémédités. Peut-être s'épongeront-ils les yeux quand ils verront ce soir, à la télévision, un enfant chanter : « Petit Noël/Descendu du Ciel… »

Qu'il neige, qu'il ne neige pas : Joyeux Noël ! « Veille mon cœur !… La neige nous met en rêve sur des vastes plaines sans traces ni couleur. »

Samedi 30 mars 2002

Sources sacrées

Il était une fois, à Pâques, très tôt le matin, avant le lever du soleil… Plusieurs de nos ancêtres de la Côte-du-Sud avaient pris l'habitude de se rendre à la rivière voisine pour y recueillir, à contre-courant s'il vous plaît, ce qu'ils appelaient religieusement l'« eau de Pâques ». Concurrente involontaire de l'eau bénite la veille à l'église paroissiale, cette eau, toute pure, toute neuve, possédait, paraît-il, un pouvoir quasi sacré, celui de guérir ou, du moins, de soulager la maladie.

Toute cette histoire a été savamment codifiée et racontée par une ethnographe du Québec, Denise Rodrigue, dans un livre publié aux Presses de l'Université Laval, intitulé *Le Cycle de Pâques au Québec et dans l'ouest de la France.*

Eau de Pâques, ou eau tout court, que ferait-on sans elle? L'antique Russie le proclame: « L'eau est notre mère comme le pain est notre père. » Nous le savons, terre sans eau est pire que désert sans puits. L'eau renouvelle, fortifie, purifie. Sa toute première nature est d'être à la fois généreuse, tendre et douce. « Sœur Eau, chante François d'Assise, sœur Eau si utile, très humble, précieuse et chaste. » Fécondité primordiale. Énergie créatrice. Vérité cosmique. Source, rivière, fleuve, mer ou même océan, l'eau continue à nous aimer. Il n'est pas étonnant que, depuis toujours, tant dans l'Occident matérialiste que dans l'Orient mystique, elle inspire les écrivains, les poètes, les conteurs, les peintres, les cinéastes (merci, Pierre Perrault), voire de nombreux musiciens, tels Haendel (*Water Music*), Ravel (*Jeux d'eau*), Debussy (*Jardins sous la pluie*). Nos poètes? Déjà de beaux vers de Gatien Lapointe, des mots tendres de Gilles Vigneault, Robert Melançon, dans *Le Dessinateur* (Noroît, 2001), d'Hélène Dorion, dans *Portraits de mers*, d'autres, d'autres…

L'historiographie n'en finit pas de raconter tous ces rites marins qui font de l'eau comme une déesse. Les jardins du paradis de l'islam ont des ruisseaux d'eaux vives et des sources. D'elles surgit le mystère qui souvent appelle le culte et la prière. Depuis des temps immémoriaux, de pieux observateurs de la nature ont noté que l'eau vient d'en haut. Comme le soleil, comme la lumière. Créature céleste s'il en est une. Du sacré instinctif? Des Indes antiques vient la prière qui nous rappelle, dans la majesté de ses mots, certaines invocations amérindiennes: « Vous, les Eaux, souveraines des merveilles, vous, les Eaux qui réconfortent, apportez-moi la force, la grandeur, la joie […]. » À la même époque, le plus célèbre psalmiste d'Israël, David, trouve l'image qu'il faut pour dire ses états d'âme:

« Comme un cerf altéré cherche l'eau vive, ainsi mon âme a soif de Toi, mon Dieu. » Visionnaire s'il en fût, le prophète Isaïe célèbre de la même façon le pouvoir quasi magique de la parole de Dieu : « De même que la pluie ou la neige tombe du ciel et n'y remonte pas sans avoir abreuvé la terre, sans l'avoir fécondée, sans l'avoir fait germer, ainsi la Parole jaillie de ma bouche ne revient pas vide sans avoir produit ce qui me plaît, sans avoir rempli sa mission. »

Pâques 2002. Ce soir, vigile pascale. Chrétiens et chrétiennes en assemblées priantes reliront ou même chanteront ces textes grandioses qui les renvoient à leurs sources sacrées : « Lorsque Dieu commença la création du ciel et de la terre, la terre était déserte et vide et la ténèbre à la surface des abîmes : le souffle de Dieu planait à la surface des eaux. Dieu vit que cela était bon. »

Issu de la grande famille juive, Jésus se sent solidaire de tout ce prestigieux passé de rites et de croyances à support cosmique ! « Si quelqu'un a soif, qu'il vienne à moi et qu'il boive… Qui boit de cette eau que je verse n'aura plus jamais soif, car l'eau que je verse est une source d'où jaillit la vie sans fin » (Jean 4, 13-14).

De toute manière, rien n'est enlevé au congé de Pâques si nous nous rendons compte à cette occasion de la richesse de notre univers aquatique, sans compter tout ce qu'il symbolise. En ces jours d'un printemps depuis longtemps à nos portes, comment ne pas être reconnaissants tous ensemble pour ce qui s'appelle ici, autour, eau, eau tout court, eau de source, eau de pluie, eau de neige, eau de brume, voire eau d'érable ? Une coïncidence s'impose à certains d'entre nous : Pâques célèbre aussi l'eau dite baptismale, eau régénératrice, source divine signe de tant de biens de l'esprit et du cœur.

Coule l'eau ! Coule la source ! Coule la rivière ! Coule le fleuve ! C'est Pâques, c'est le printemps, c'est la fête !

Mardi 24 décembre 2002

Courriels du ciel

Nous leur prêtons des ailes. Nous leur faisons même l'honneur d'avoir un corps, et souvent le plus beau corps qui soit. Existent-ils ? Existent-ils simplement parce que nous y croyons ? Leur existence ne dépendrait-elle pas plutôt de la part d'imaginaire qui nous habite ? Comment vérifier ? Objectivement, cela va sans dire ! À l'affût de tout excès de croyance populaire, le Vatican s'est récemment inquiété de leur prolifération.

Croyance ou pas, ils font partie depuis longtemps du patrimoine culturel de l'humanité : Ravenne, Vézelay, les cathédrales du Moyen Âge. Et, au Québec, quelle église, quelle chapelle, quel cimetière n'a pas ses anges ? Il faut dire que les peintres, les imagiers, les iconographes, les sculpteurs y sont pour beaucoup : Cimabue, Giotto, Fra Angelico, Botticelli, El Greco, Chagall, Ozias Leduc, d'autres encore. Du côté des écrivains ? Je citerais tout de suite *Le Récital des anges* du cher Nelligan. Plus près, le chantre dépareillé de la saga québécoise des anges bibliques, Rina Lasnier (1915-1997), et le poète Jean-Marc Fréchette qui, dans *La Porte dorée* (Noroît, 2001), en route mystique vers Jérusalem, salue ses anges avec des mots riches de vie.

Que je déroule la Torah, que j'ouvre la Bible ou le Coran, les anges sont toujours là. Des chérubins zélés montent la garde devant le Paradis terrestre ; l'ange Gabriel, si cher à l'islam, accompagne le pèlerin Tobie. Selon l'Apocalypse, les anges se chiffreraient par milliers et myriades. Chacun, paraît-il, est unique en son espèce, comme nous, différent de tous les autres, et créature de Dieu.

La vieille théologie, qui change rarement d'idée, a proclamé solennellement en 1215, au IVe Concile de Latran, que « notre univers est habité d'esprits invisibles », prêts à nous secourir au moindre appel, mais en tout premier, comme il se doit, au service du Tout-Puissant. La croyance est ferme en Orient depuis longtemps ; elle est vite passée en Occident. Pour résumer des siècles et des siècles de foi, disons qu'il existerait, entre la divinité pure et l'humanité, des êtres moins divins que Dieu mais plus spirituels que nous, des êtres sans lourdeur, messagers d'en haut, porteurs des courriels du ciel, médiateurs, génies volants si nous voulons, voyageurs de l'Esprit. Magnificence du réel invisible ! Débordement jamais à court de moyens de l'imaginaire humain !

Certains anges, dit-on, sont des adorateurs souvent en extase devant l'Éternel. Sont-ils supérieurs à ceux qui ont la réputation d'être de grands musiciens ? D'autres ont essentiellement une mission de « voyageur » afin de nous rappeler, peut-être, la vocation spécifique de toute âme humaine éprise d'idéal et de vérité libérée.

Attendons-nous qu'à Noël il y ait des anges. Beaucoup d'anges ! Des anges plus ou moins discrets selon les situations dans lesquelles nous les plaçons. Un récit ancien, daté des années 80 de notre ère et signé Luc, raconte à voix basse, à voix haute, je ne sais plus, que tout à coup, dans la nuit du premier Noël, « l'Ange du Seigneur se tint près des bergers et la gloire du Seigneur les enveloppa de sa clarté. Ils furent saisis de crainte, mais l'ange leur dit : "Voici que je vous annonce une grande joie, qui sera celle de toute la Terre : aujourd'hui, dans la ville de David, vous est né un Sauveur qui est le Christ Seigneur." Et soudain se joignit à l'ange toute une armée du ciel en grand nombre qui chantait la louange de Dieu. Ils disaient : "Splendeur pour Dieu dans les hauteurs ! Sur la Terre, paix pour les hommes ses bien-aimés !" » Lorsque les messagers furent repartis vers le ciel, les bergers se sont concertés : « Allons jusqu'à Bethléem et voyons ces choses que le Seigneur nous a fait connaître. » Ils se sont hâtés et ils ont trouvé Marie, Joseph et l'Enfant couché dans l'étable.

À nous, croyants de tradition ou chercheurs à travers ombres et clartés, le chemin des bergers, qui dans la nuit veulent voir et savoir ce qui se passe ailleurs, est encore ouvert par les courriels venus du ciel : c'est le privilège de la pensée, de la libre pensée, de la liberté pure et sans tache. « Toute notre dignité consiste donc en la pensée » (Pascal). Il s'agit simplement de nous mettre en route, comme vers un Compostelle imaginaire. C'est à ce prix qu'arrivent parfois des conquêtes, les conquêtes jamais terminées de la pensée face aux croyances reçues ! Chemins de vérité possibles aujourd'hui, ici au Québec plus particulièrement. Les randonnées au nom d'une liberté religieuse réapprivoisée ne peuvent qu'être bénéfiques à ceux, à celles qui souhaitent encore aujourd'hui passer de l'acquis à la découverte, du passé à l'avenir.

Le temps de Noël est propice pour nous retrouver ainsi, joyeusement alertés, réunis aux frontières du voir et du croire, du savoir pour mieux croire. Dotés d'intelligence et de bon vouloir, déjà en voie d'absorber positivement les refus absolus de la Révolution tranquille, il n'est rien dont nous soyons moins capables, en 2002, que d'aller plus loin, plus haut, au-delà de nos blessures. Intérieurement, cela va sans dire. Les voyages de l'âme sont beaux, captivants et prometteurs. L'horizon recule à mesure que l'on avance. Se déploie devant nous l'univers aérien de la pensée renouvelée. Chemins du divin ! Chemins des bergers ! Chemins des anges ! Peut-être, et c'est un ultime souhait de Noël, qu'un courriel du ciel, une illumination portée par un ange, nous y entraînera ! Qui sait ?

Qui sait ?

Samedi 19 avril 2003

La pâque des outardes

Cher peuple migrateur ! Il paraît que le battement des ailes de chaque outarde incite celle qui la précède à une plus grande vitesse. C'est ainsi qu'est respecté le vol initial et réussie une route transcontinentale semée d'embûches. Étrange trajectoire, et d'une suprême élégance. Entêtées, solidaires, elles dessinent, elles inventent à mesure l'architecture de leur route et glissent comme si cela allait de soi dans le glacé de l'air qui les accueille. Les bernaches, nos « oies sauvages », les outardes ont aussi ceci de très séduisant qu'elles traversent mers et continents en cacardant de mystérieux menuets dignes de nos plus lyriques alléluias de Pâques.

Pas plus qu'une hirondelle, une outarde ne fait le printemps. Nous le savions. Il demeure que la visite de ces voyageuses de l'espace a de quoi nous mystifier. Des messages à coder, à codifier ? Simplement à leur passage. Pâques y est pour quelque chose. De toute façon, le retour des oiseaux, surtout à la ville, nous inviterait à penser large et à la verticale.

Pour nous mettre en appétit, si ce n'est déjà fait, quoi de plus pédagogique qu'une promenade au Musée du Québec ? L'*Hommage à Rosa Luxemburg* y est d'une grande splendeur. Cette fresque nous rappellera, à la manière de Riopelle, à quel point la seule venue des oies rivées sur le Saint-Laurent a quelque chose d'émouvant. Je me souviens ! Quand les outardes arrivaient en turlutant au-dessus de nos érablières de Bellechasse et de Montmagny, nous étions certains du printemps. Enfin ! À l'époque, nous lisions aux écoles *Les Oies sauvages* de Félix-Antoine Savard. Le plaisir est grand, mais d'un autre ordre, d'entendre notre Félix Leclerc chanter lui aussi, à sa manière rythmée, douce et réfléchie, le passage des outardes.

Les outardes de 2003 ne sont pas les premières à nous instruire. N'est-ce pas assez révélateur qu'une très antique tradition de mythes et de symboles associe l'envol d'un seul oiseau dans l'espace aux meilleures aspirations de l'âme ? Encore récemment, Pierre Morency, dans *À l'heure du loup*, notait le « passage des oiseaux qui vont nous conduire jusqu'au dépassement de nous-mêmes ». N'arrive-t-il pas à la suite d'un chagrin, d'un échec, d'un deuil, que notre esprit veuille lui aussi s'envoler bien loin, bien haut, du moins s'élever au-dessus de ce qui le déçoit, au-delà de la matière qui le colle forcément au sol ? Ô désirs jamais comblés de la pensée pure ! Désirs de clarté, d'infini, de lumière ! Tagore a les mots pour le dire : « Moi, l'oiseau prisonnier, devant l'obscurité du ciel je t'interroge, bel oiseau libre ! Dis-moi, est-ce là le dernier jour du monde ? Le soleil ne viendra-t-il plus dorer les barreaux de ma cage ? Va donc, toi ! Monte au-dessus de cette conspiration des nuées ; cherche l'illusion qui me manque [...]. Chante ! Chante pour moi la lumière éternelle ! »

C'est qu'il faut les aimer, les oiseaux, et pas seulement les outardes ! Il faut les aimer, aimer qu'ils soient, aimer les voir venir, aller, virevolter en toute liberté originelle.

Encore une fois, il fallait s'y attendre, une tradition biblique tenace, orientale elle aussi, celle du livre de la Genèse, nous renvoie aux origines mythiques du monde. Dès le cinquième jour de sa création, Dieu dit : « [...] que les eaux grouillent de bestioles vivantes et que l'oiseau vole au-dessus de la terre face au firmament du ciel. » Et, le jour suivant : « [...] faisons l'homme [mâle et femelle] à notre image, qu'il soumette les oiseaux du ciel et toute bête qui remue sur la terre. » Même jour, en soirée : « Dieu vit que cela était bon, très bon même. » Enfin, tout est en ordre, tout va bien. Chaque être vit selon sa nature et les aptitudes de son espèce. Oui, tout va à merveille jusqu'au moment où, soucieux d'en savoir plus long, Adam et sa tendre et naïve conjointe Ève, elle aussi éprise de science supplémentaire, cèdent. Le mal entre dans l'histoire humaine. La guerre, la division, Babel. La situation est à ce point pénible que le même Seigneur et Créateur songe à effacer de la surface du sol l'Adam de sa création et, en même temps, « tout ce qui vole dans le ciel ». Fort heureusement, Dieu n'est pas que tout-puissant, il est aussi amoureux, miséricordieux. Comme tous les amoureux qui se réconcilient, il peut changer d'idée, pardonner, absoudre. Parmi les signes convenus de ce changement d'attitude, il y a, bien sûr, le retour des oiseaux, le retour des nids et – sans doute ! – le retour des outardes sur le Saint-Laurent.

Aussi bien dire que le retour des oiseaux migrateurs et les randonnées des oies blanches au printemps, en avril, la naissance des fleurs, la poussée des feuilles sont aussi des signes de vie et de miséricorde. La vie que l'on croyait « partie » salue la vie qui revient. La mort, pas plus que la guerre, n'aura le dernier mot. Cela dit, avec le souhait pour chacun, chacune de nous, de Tagore : « Pareil au troupeau migrateur d'oiseaux qui, nuit et jour, revolent impatients vers les nids qu'ils ont laissés dans la montagne, que ma vie, ô mon Dieu, s'essore toute vers son gîte éternel dans une suprême salutation. »

N'est-il pas en un sens chaleureux autant que prophétique, en ce matin de Pâques, l'appel de Jésus, Jésus le Sage, qui disait à des amis tout près : « Regardez les oiseaux du ciel : ils ne sèment ni ne moissonnent, ils n'amassent point dans des greniers ; et votre Père céleste les nourrit ! Ne valez-vous pas beaucoup plus qu'eux ? »

Mercredi 24 décembre 2003

Minuit-Soleil!

Ni le vent, ni la pluie, ni la neige: rien ne pourra arrêter sa course trans-stellaire. Titan d'en haut, roi des astres. Fils du feu ou père de l'aurore, il tient à sa trajectoire comme un TGV à ses rails. On dit en certains cas que là où le soleil ne va pas, là va le médecin. Totalitaire, intransigeant à sa manière et se fichant pas mal des nuages, il protège ses droits un peu comme un lion sa forêt. Par le soleil se montre la lumière au petit matin et par lui s'éteignent une à une les étoiles. Mille idées postmodernes, mille inventions *high tech* ne l'empêcheront pas de paraître, au lendemain du solstice d'hiver, quelques secondes plus tôt que la veille. Chez les Romains, longtemps avant notre ère, le solstice d'hiver était l'occasion de grandes réjouissances: Salut, soleil! Salut, lumière! Enfin…

Légendes et réalités entrecroisées, il est arrivé que le héros du même solstice d'hiver se soit nommé Jésus. Épris de mystique cosmique comme d'énergie vitale, les premiers croyants de notre ère se mirent à comparer le Messie longtemps attendu au soleil levant, à la lumière d'en haut. Ainsi prie déjà le contemporain Zacharie, prêtre juif et témoin bien identifié des temps nouveaux: «Béni soit le Seigneur, le Dieu d'Israël […]. Grâce à la bonté profonde de notre Dieu nous visite l'Astre levant venu d'en haut.» Au temple de Jérusalem, un autre ancien, du nom de Siméon, prend le nouvel Enfant dans ses bras: «Enfin! Mes yeux ont vu ton salut, Lumière pour éclairer les nations […]. Laisse ton serviteur s'en aller en paix.»

Le récit strict de cet événement fondateur qu'est la naissance de Jésus à Bethléem se limite à ce qui est écrit dans les années 80 de notre ère: «Marie accoucha de son fils premier-né, l'emmaillota et le déposa dans une mangeoire» (Luc 2, 7). Ne sont indiqués ni le jour ni l'heure, et encore moins la minute. Il faudra attendre quelques siècles avant que ne soit rappelé d'une façon plus définitive que Jésus, soleil invaincu, lumière née de la lumière, est né au temps du solstice d'hiver, soit le 25 décembre.

Pour nos ancêtres venus de la vieille Europe chrétienne, cette date est acquise et par voix de tradition orale et par voix de textes superposés, avec cette précision locale que « mon pays, c'est l'hiver ». Jésus est né au froid, peut-être durant une bordée de neige. Pas de chauffage ! Grand-père Blais, de la côte de Bellechasse, est à la fois ému, fier et rassuré : « Le petit Jésus, lui, est né dans la misère, au frette, comme nous autres dans les rangs d'en haut. Tu vois ben, mon garçon, ça n'en a pas fait un enfant feluette. »

Admettons charitablement avec grand-père que Jésus soit né en hiver et au froid. Mais à quelle heure exactement ? Ils ont voulu savoir. La réponse est simple : à minuit pile. Pourquoi ? Un jour aussi sacré, aussi divin, ne peut commencer qu'avec le premier instant de la première seconde. « Minuit, chrétiens, c'est l'heure solennelle où l'Homme-Dieu descendit jusqu'à nous. »

C'est ainsi que, pendant des siècles de foi et sans toujours mesurer l'impact de toutes ces croyances, nous avons tout bonnement obéi à une vision cosmique de la journée de Noël : messe à minuit, messe à l'aurore, messe durant le jour, vêpres le soir. Mystique et sentiment épique ont toujours fait bon ménage.

Après la prière de Zacharie, après celle de Siméon et les oraisons de tant de priants, voici encore, au XIIIe siècle, le salut au soleil du grand François d'Assise, dont on dit, au surplus, qu'il aurait inventé la crèche de Noël. « Loué sois-tu, mon Seigneur, avec toutes tes créatures, spécialement Messire le frère Soleil, qui fait le jour et par qui tu nous éclaires. Qu'Il est beau et rayonnant, avec grande splendeur ! De Toi, Très-Haut, il porte signification. »

Plus près de nous, Tagore: « Ô mon Soleil éternellement glorieux, que je ne fasse plus qu'un avec ta lumière. Ainsi, je vais comptant les mois, les années où je me suis séparé de toi. »

Peut-être même devrions-nous remercier nos ancêtres de Nouvelle-France de nous avoir offert ce cadeau d'un Noël élargi fait de vent, de froid et de neige, même imaginaire, comme pour marquer d'une manière encore plus vraie et universelle la joie d'une naissance, les bienfaits de la lumière et l'espérance d'un soleil qui promet le printemps.

Salut, soleil! Salut, minuit! Salut, Enfant bien-aimé! Une belle et joyeuse fête de Noël à tout le monde!

Samedi 10 avril 2004

Extase blanche!

Ah! les couleurs! Rimbaud en rêve: « A noir, E blanc, I rouge, U vert, O bleu ». S'il n'y avait pas en effet quelques poètes plus fantaisistes, des enfants, des peintres, des aquarellistes et quelques fleuristes pour nous tenir en alerte, nous risquerions peut-être d'oublier. Vienne le printemps, et nous y sommes: blancs perce-neiges, feuilles neuves toutes vertes, jonquilles, tulipes rouges. Et ce bleu du ciel au temps de la pleine lune. Kandinsky l'a dit: « Le bleu profond, la couleur la plus typiquement céleste, attire l'homme vers l'infini. » Dire que d'autres préfèrent le rose, le blond, le brun, le roux, voire le noir! Faisons un sondage. Un autre! « Dites-nous votre couleur préférée! » Pour être certain d'avoir raison, tout de suite, je réponds: « Blanc! Blanc partout! Blanc toujours! »

Ont-ils tort ou raison, ces savants, chercheurs d'avenir, qui, face à la pollution accélérée de la planète, croient que la fin des temps approche et qu'il ne restera plus bientôt qu'une « terre » toute petite… et blanche ? Telle est l'opinion de Trinh Xuan Thuan, un « astrophysicien de renom autant qu'un observateur passionné du ciel », ainsi que l'appelle Caroline Montpetit dans un cahier du *Devoir* (13 décembre 2003). Dans *Origines – La nostalgie des commencements* (Fayard, 2003), Trinh Xuan Thuan, le célèbre auteur de *La Mélodie secrète* (1988), prévoit qu'à la toute fin de notre monde la plus célèbre de nos étoiles, le Soleil, « va s'effondrer en une naine blanche de la taille de la Terre » pour ensuite engloutir avec elle Mercure, Vénus…

Franchement et bouddhistement plus optimiste est Tagore (1861-1941), qui prévoit une finale toute de feu et de lumière : « Le mur s'entrouvre, la lumière, rire divin, le traverse/Victoire, ô Lumière/Le cœur de la nuit est percé !…/Accours, ô Toi qui es terrible dans ta blancheur immaculée/La mort agonise dans un jaillissement de splendeur ! » (*La Corbeille de fruits*, page 39).

Telle n'est pas exactement la perspective de plusieurs religions, dont le christianisme. Jésus de Nazareth a vu la mort en face, l'a subie, l'a intégrée, au point de dire : « Qui croit en moi, même s'il meurt, aura la vie éternelle ! » Là se trouve une promesse de vie. Vie promise à chaque personne. Par résurgence ! Là se trouve une promesse de vie. Vie promise à chaque personne. Par résurgence ? Par renaissance ? Par résurrection, après révision, bien sûr, de chaque destinée ? Survie de l'univers aussi : « Je vis un ciel nouveau et une terre nouvelle » (Apocalypse 21, 1).

Et les couleurs, maintenant ? Alignés sur les mêmes récits de notre ère, nous nous rappellerons que Jésus de Nazareth, un jour transfiguré, portait une robe blanche, « si blanche qu'aucun foulon sur terre ne peut blanchir de la sorte ». De même, Jean de Patmos, l'un des quatre évangélistes qui ont proclamé qu'ils ont bel et bien vu Jésus de retour, précise que les deux anges qui saluent le témoin Marie Madeleine, au matin de Pâques, sont vêtus de blanc.

Si nous consultons de nouveau les textes sacrés, voici que le blanc – encore lui! – signifie la gloire de Dieu et même sa miséricorde, comparable selon les psaumes à la plus blanche des blanches neiges. De quoi nous réconcilier avec l'hiver prochain! Si nous nous en prenons encore à la « révélation » du charismatique prophète Daniel (160 av. J.-C.), Dieu en personne s'est un jour présenté à nous comme un vieillard de grande sagesse; il portait un vêtement blanc et sa chevelure était blanche « comme de la laine nettoyée ».

Il n'en fallait pas plus pour que la pâque chrétienne se célèbre en blanc: blanches nappes à l'église, chasuble blanche, étole blanche, roses blanches si possible. Les nouveaux baptisés sont invités à revêtir une belle tunique blanche pour signifier la fête.

Les symboles ont la vie dure. C'est à tel point que certains chercheurs, dont l'écrivain et jésuite Michel de Certeau (1925-1986), ont imaginé l'éternité d'une infinie blancheur, comme éblouie par la vision de Dieu. Non plus, cette fois, une simple image ou parabole, mais un événement. Grand éblouissement! Ravissement suprême! Éternelle joie! Comme si je voyais le soleil de face: la lumière prend tout…

Ne nous arrive-t-il pas parfois de fermer les yeux pour mieux regarder et mieux penser? « Pour bien voir la lumière, dit un ami, éteins ta chandelle! » Extase blanche!

Si, en définitive, la célébration de Pâques n'existait que pour nous aider à rêver, même à croire à cette possibilité d'une mort subite, mais aussitôt annulée pour un univers tout blanc, dans un temps-lumière, dans un temps-amour, il me semble que cette fête déjà prestigieuse mériterait qu'on se dise au moins aujourd'hui, chacun, chacune, selon sa pensée respectée: joyeuses Pâques! Joyeuses Pâques quand même!

Vendredi 24 décembre 2004

Bien-aimée musique !

D'où vient la musique ? D'où vient qu'elle nous ensorcelle encore ? Serait-elle née de l'écho identifié que font les astres en route à toute vitesse entre les sphères ? D'autres, plus instruits, ont parlé des vibrations et résonances des vents dans l'espace, tel le noroît qui joue de la cornemuse dans la forêt laurentienne. Peut-être est-elle née de la simple imitation d'un bruit de torrent en cascades – ah ! Wagner ! – ou du bruissement des feuilles d'un peuplier. Cher Debussy ! Qu'elle parle, qu'elle chante, qu'elle récite, au besoin qu'elle pleure, la musique est unique et divine, disait Luther. « Le rythme et l'harmonie, affirme Platon, s'ils pénètrent de bonne heure dans l'âme, l'atteignent jusqu'au fond et la rendent vraiment belle. » Cette vieille idée qui veut que le dieu Shiva ait créé le monde en dansant n'est pas si folle. Comment ne pas admirer ces mystiques orientaux qui, selon le livre de la Sagesse (11, 20), croient toujours que Dieu en personne a créé la musique quand il a disposé l'univers avec nombre, poids et mesure ?

De toute façon, personne ne voudrait se passer d'elle, surtout pas à Noël. Tout cela à cause d'une naissance attendue « depuis plus de 4000 ans », c'est-à-dire… depuis très longtemps. Un juif hellénisant du nom de Luc raconte sérieusement, dans les années 40 de notre ère, qu'en pleine nuit en Palestine, « une armée céleste d'anges » se mit à chanter à des bergers éblouis : « Gloire à Dieu au plus haut des cieux ! » Musique à Noël, musique au ciel ! Rien, depuis, n'a pu arrêter la musique, ni la tradition picturale des anges musiciens (encore Chagall !) ni toutes ces jubilations alléluiatiques desquelles surgissent certains grands hymnes luthériens.

Parmi les œuvres de ces derniers temps, c'est la majesté des cantates de Noël de Bach, les symphonies des noëls de

Corrette, *Le Messie* de Haendel, *Le Noël des enfants qui n'ont plus de maison* de Debussy, les *Vingt Regards sur l'Enfant Jésus* de Messiaen, les harmonisations de Daveluy, la *Danse joyeuse sur Noël nouvelet* de Rachel Laurin, d'autres, d'autres...

Viennent aussi les gospels et les negro-spirituals! Plus connus de nous: *Çà bergers, assemblons-nous, Il est né le Divin Enfant, Dans une étable*, des cantilènes, des cantiques, tous exultant de joie et d'espiègleries sacrées, soit dans les sons, soit dans les mots. Qu'elle soit musique des anges ou musique des sphères, musique populaire ou musique savante, la musique à Noël demeure un heureux trait d'union entre des traditions et des sensibilités multiples. On se souvient joyeusement encore à quel point, au commencement du pays, nos ancêtres venus de la vieille France n'ont rien épargné pour que Noël en terre nouvelle soit emmusiqué. On pense alors comme au Moyen Âge qu'un Noël sans musique est comme un moulin sans eau. D'autres répètent – tenez-vous bien! – que la musique chasse le diable.

De toute façon, le récent ouvrage d'Élisabeth Gallat-Morin et Jean-Pierre Pinson, *La Vie musicale en Nouvelle-France* (Septentrion, 2003), raconte, confirme que plusieurs de nos cantiques traditionnels, les plus aimés en fait, sont des adaptations, davantage dans les mélodies que dans les mots, de chansons plutôt gaillardes des XVIe et XVIIe siècles français. D'après le musicologue Paul-André Dubois (*ibid.*), le plaisir de la musique en conduit même quelques-uns, comme le célèbre jésuite missionnaire en Huronie Jean de Brébeuf, à offrir aux Amérindiens de chanter ces mêmes cantiques « mis en leur langue ». *Jesous Ahatonhia!* Le besoin de chanter Noël de toutes les manières possibles est si grand que certains clercs ont trouvé une façon plutôt ingénieuse de justifier les abus toujours redoutables en rappelant à leurs ouailles, déjà acquises à leur point de vue, que Jésus en personne et accompagné de sa mère n'a pas hésité, lors de leur première sortie publique à Cana, à changer l'eau en vin ! Alléluia ! Jouez hautbois, résonnez musettes !

En fin de compte, la musique en nos vies, surtout si elle frôle le sacré, s'affirme comme un événement digne de nous réconcilier périodiquement avec l'humanité en quête plutôt désespérée de raisons de vivre et de mourir. Ah ! la musique ! Bien-aimée musique ! Elle serait, selon Luther encore, « la plus haute des sciences après la théologie ». Mozart dit qu'elle est l'« écriture de Dieu », et Baudelaire, qu'elle « creuse le ciel ».

Samedi 26 mars 2005

Mille étincelles !

On a souvent dit d'elle qu'elle a des ailes. Mère attitrée des Muses, voyageuse de nature, étincelle de l'esprit et gardienne du passé (Cicéron), la mémoire est comparée, dans *Macbeth* par exemple, à une sentinelle qui veille jalousement sur ses biens. De la braise du passé surgiront par-ci par-là comme d'un feu rarement éteint mille faits, des images, des mots parfois qui, autrement, risqueraient d'être enterrés vivants sous le poids inévitable d'une multitude d'événements imprévisibles.

Étincelle ou sentinelle, qui pourra la faire taire ? Le faut-il vraiment ? Sélective, parfois éclectique, souvent partisane, parfois réductrice, obsessive à l'occasion, mais bon ! que ferais-je sans elle ? Où en serais-je ? Pour raconter, écrire, transcrire même, chanter, discourir, voire éterniser mes amours, elle est là, je le dis, indispensable.

La mémoire a même ses héros, ses penseurs, ses athlètes. Parmi ses plus célèbres théoriciens, il y a Platon, Aristote, Augustin l'Africain d'Hippone, Thomas d'Aquin. Plus près de nous: Freud à sa façon, surtout Bergson et, aujourd'hui, en pays francophones, un Ricœur qui n'en finit pas de disserter sur les fonctions narratives du récit. D'autres? Bien sûr. Qui ne voudrait saluer ici, au moins en passant, la mémoire prodigieuse de ces musiciens, comédiens, chansonniers, artistes de l'oralité qui, par cœur (ah! la jolie expression!), nous offrent l'intégrale des sonates pour piano de Beethoven ou *Le Cid* de Corneille? J'entends encore pour ma part la grande Françoise Faucher dire sans broncher des pages et des pages de Claudel ou encore, un exemple parmi tant d'autres, Danièle Panneton jouer de mémoire avec *Les Mots* du regretté Jean-Pierre Ronfard. Puisque nous y sommes, je nommerais les films de Perrault, les contes de Ferron, les ineffables commémorations de la Sagouine, les jongleries poétiques de Gilles Vigneault. Et Gregory Charles, donc! Comme pour l'amadouer ou la faire taire, je ne sais plus, un autre artiste célèbre de chez nous, sérigraphe et peintre, René Derouin, jettera à l'eau des centaines de statuettes sculptées de sa main pour que le fleuve au moins se souvienne de certaines personnes aimées qui y habitent.

Tout cela dit, rappelé, à cause de Pâques. Pâques 2005! Pâques des souvenirs! Pâque de la mémoire! Temps exemplaire de la pensée croyante! Samedi, ce samedi, lors de la veillée pascale, un sommet du temps liturgique, l'assemblée, aussitôt regroupée, écoute sa mémoire. Viennent à la suite, lus, chantés ou psalmodiés, les premiers récits de la Genèse, le célèbre passage de la mer Rouge si cher à la liturgie juive, l'histoire de Moïse, celle du grand Abraham jamais oublié des musulmans. Suivent des extraits des prophètes, surgit peu à peu le souvenir du grand initiateur de la foi chrétienne, Jésus de Nazareth. Grâce à la Parole, la foi éclate en mille étincelles. À la mémoire de Jésus aux divers visages, humain, divin, souffrant, glorifié, annonçant même son retour, se greffe l'espérance d'un temps éternel. Se souvenir, c'est s'instruire! Se souvenir, c'est aimer!

À ce propos, nous n'ignorons pas qu'à trop se souvenir on risque de s'exiler, comme à coudre du vieux on risque de perdre son fil. Il reste que plusieurs d'entre nous partagent actuellement une grande inquiétude en lien avec la mémoire religieuse des Québécois de souche. Il en serait même de cette mémoire comme de la glace de nos rivières au printemps. Elle s'amincit à un point tel que, le devoir de mémoire perdu, par ignorance ou, pire, par refus global, certaines de nos embarcations – lisons nos institutions – risquent de couler à pic.

De toute façon, cette grande noirceur de notre époque en matière de religion nous renvoie aux appels pressants d'un illustre libérateur et à son célèbre discours inaugural en 1994. Nelson Mandela, héritier, on le sait, de la tradition implorante de certains negro-spirituals, suppliait ses compatriotes enfin délivrés : « Nous portons en nous une force qui nous dépasse complètement. [...] Tu es un enfant de Dieu. Te rapetisser n'aide le monde en rien. [...] Si nous laissons briller cette lumière qui est la nôtre, nous permettrons inconsciemment à d'autres de faire de même. » Ainsi de suite !

Samedi 24 décembre 2005

Stille Nacht ! Heilige Nacht !

« Tais-toi, ne parle plus, reste tranquille, écoute, attends. » Ces consignes venues d'antiques contemplatifs du désert n'ont pas fini de nous étonner. Comme d'autres propos d'Orient : « Si tu parles quand tu dois te taire, ton discours est boue. Si tu te tais quand tu dois parler, ton silence est poussière. Si tu parles et te tais sans la nécessité, sans s'attacher aux paroles et au silence, ni la boue ni la poussière ne peuvent atteindre ta personne. » Il existerait, paraît-il, un silence intégral qui s'appelle l'*hesychia*, soit une espèce de non-dit qui aurait la vertu unique de faire taire jusqu'à la pensée elle-même.

De toute manière, il n'y a qu'à lever les yeux, regarder, observer, écouter, pour nous rendre compte que la plupart des êtres de l'univers sont silencieux. Ni le soleil, ni la lune, ni les étoiles, ni l'air, ni la nuée, ni la neige ne parlent vraiment. La Terre, chère petite planète bleue, serait le lieu par excellence où l'on piaille sans arrêt. Les élections ! N'insistons pas.

Difficile silence ! Ton pouvoir est-il simplement d'une nature extatique ? Inimitable en un sens ? Divin peut-être ? Dans ce journal, il y a plusieurs années déjà, une femme d'ici, poétesse distinguée – elle s'appelle Nicole Brossard – avouait que le silence dont on a dit aussi qu'il est l'ombre de la parole, se tient à la limite du vertige et de l'extase. Être privé de silence serait comme être privé de lumière. La sagesse populaire n'y va pas par quatre chemins : « Qui parle sème, qui écoute récolte. » « Qui sait bien parler sait aussi bien se taire. » « Ne parle que si tu as quelque chose à dire de mieux que le silence. » Ainsi de suite. Les grands amoureux savent tout cela : pas un mot et souvent tout est dit. Qui, de toute manière, quel philosophe, quel théologien, quel savant peut se vanter de pouvoir tout dire de ce qu'il sait ? Même avec les mots les plus raffinés, parfois le langage cède, la pensée attend. Le silence, réponse des sages ! Dans ma fraternité dite des Frères prêcheurs, née au début du XIIIe siècle, on proclame encore à qui veut l'entendre que le silence est le père de la parole. Sans lui, tu risques le pieux bavardage du « sermon » improvisé. Ça arrive !

Entre toutes les formes de silence pratiquées, qu'y a-t-il de plus saisissant, de plus vrai, que le silence d'une nuit quelque part au loin, très loin, au nord du Nord ? C'est que le silence et la nuit ont la réputation fort enviable de faire bon ménage. L'on raconte depuis longtemps que l'univers serait né en silence, la nuit. Né d'une nuit prédestinée, né d'une pensée originelle. Silence d'avant le big-bang! «Au commencement la terre était déserte et vide, et la ténèbre à la surface des abîmes [...]. Dieu dit: "Que la lumière soit" et la lumière fut. [...] Il y eut un soir, il y eut un matin [...].» Du rien naquit le tout. Comme d'un vœu silencieux naît une parole, comme «de l'ombre naît la lumière» (Jean Royer). D'ailleurs, encore aujourd'hui, la nuit demeure le temps privilégié des secrets, des rêves et souvent de la toute première éclosion de la vie.

Que l'on soit ou non de culture judéo-chrétienne, nous nous rendons compte que la fête de Noël renvoie plusieurs d'entre nous à des récits mythiques qui ont traversé le temps et qui ont contourné par leur beauté naïve nos scepticismes d'adultes gavés de doutes et de refus. Comme il est bon de penser tout à coup que l'enfant auquel se réfère la célébration chrétienne de Noël serait né la nuit, dans un bourg, avant le petit jour. Né d'une mère mystiquement envoûtée – avec la complicité d'un «père» emprunté –, puis «posé dans une mangeoire». Au même moment, poursuit le texte sacré, «une armée céleste d'anges chante les louanges de Dieu».

Même si, aujourd'hui, nos anges paraissent plutôt silencieux, nous aimons toujours cette fête enrubannée de mots et de cadeaux. Magie d'une nuit jamais oubliée, orchestrée en ce pays avec de joyeux cantiques pour la plupart venus de l'«autre bord»! Or, parmi ces chants de diverses traditions, il en est un qui, dit-on, doit presque tout de son inspiration au silence des hautes montagnes d'Autriche. *Stille Nacht! Heilige Nacht!* Ce soir, cette nuit ou demain, plusieurs d'entre nous se surprendront peut-être à fredonner, voire à «tourner», sur des mots tout simples une mélodie tendre et douce comme sommeil d'enfant: «Ô nuit de paix! Sainte nuit!» Ce sera une fois de plus une manière de nous souhaiter, en tout respect et liberté, un Joyeux Noël!

Samedi 15 avril 2006

Sacré printemps !

« Assieds-toi, en silence, ne fais rien. Le printemps vient, et l'herbe pousse toute seule. » Non, il n'y a pas que les sages d'Orient qui puissent de cette façon nous inviter à saluer cette saison dont on dit qu'elle est avant tout, cosmiquement même, la saison des désirs. Il fut un temps pas si lointain où, à l'université, nous redisions nos souhaits saisonniers en psalmodiant, de mémoire s'il vous plaît, les mots enchanteurs du regretté Gatien Lapointe (†1983) : « Avons rêvé avec le sapin et l'érable / Avons soufflé dans chaque nid d'oiseaux / Avons rempli d'eau les yeux du soleil/Avons semé des fleurs dans les bois de nos portes [...]. » Sacré printemps ! Espérance du monde ! Certitudes fleuries après le long hiver !

Simplement à le voir venir, à l'entendre venir plutôt – merci, les outardes ! –, nous nous émerveillons quand arrivent sur les pentes de Bellechasse, toujours aussi désordonnées et bruyantes, des légions d'oies blanches. Place aussi aux hirondelles, aux merles et à tant d'autres joyeux touristes ! C'est la saison des nids. Sacré printemps ! Qui sait si en ce moment ne se mettent pas en route du nord au sud quelques caribous, troupeaux d'orignaux ou mères ourses affamées ? Qui sait ? Qui a dit que seules les bêtes connaissent vraiment le cœur de cette saison ?

La grande originalité du printemps est d'être la saison des recommencements et des résurrections. D'où d'ailleurs, ici et là, avril s'imposant, le temps toujours attendu du jardinage et des ménages, le temps des tulipes, l'heure capricieuse des lilas, et cætera. Sacré printemps !

Mes amis historiens des cultes et du sentiment religieux à travers le monde savent fort bien à quel point, et depuis longtemps, le printemps et le sacré se côtoient. Ancienneté et tradition obligent. Selon le livre des commencements, la Genèse,

« Dieu dit : “Que la lumière soit et la lumière fut.” […] Il y eut un soir et il y eut un matin : premier jour. » Premier jour ! Premier matin ! Premier printemps ! Plus tard à Rome, Rome l'Impériale, la nouvelle année aurait commencé, selon un certain calendrier, non pas en janvier mais bien au mois de mars. C'est d'ailleurs à l'intérieur des frontières acquises de l'Empire romain qu'un jeune Juif nommé Jésus raconte à sa manière, par toutes sortes d'allusions verbales, paraboles et courts récits, les bienfaits de cette magnifique saison. Il parle de semences, de grains mis en terre, d'herbe des champs, de vignes, d'oiseaux, voire de moineaux. Faut-il préciser que la vie « romaine » du même Jésus se terminera ironiquement au temps printanier de la pâque juive ? Trois jours après sa mise à mort, certains ont cru le revoir. Lui, mais autrement. C'est à cause de cet événement de mort et de retour que Pâques, depuis au moins le VIe siècle, se fête le dimanche suivant la première lune après l'équinoxe du printemps, soit entre le 22 mars et le 25 avril.

Les croyances qui ont un support cosmique ont la vie dure. Elles nous imposent des intuitions parfois inattendues. C'est ainsi qu'une tradition juive veut que la naissance du monde ait eu lieu le printemps. La tradition chrétienne l'entendra de même à propos de la résurrection de Jésus qui reviendrait tout glorieux, comme il est ici et là prédit, au printemps bien sûr. Par la même logique croyante, la vie éternelle, l'éternité si vous voulez, serait elle aussi un événement printanier. Aujourd'hui de Dieu ! Printemps éternel ! Instant divin, stable et définitif, sous les cieux nouveaux et sur des terres nouvelles, comme l'a prévu, dans les années 90 de notre ère, le célèbre et toujours populaire livre de l'Apocalypse.

Même l'islam promet aux croyants fidèles un paradis fiscal, lieu de grandes floraisons avec beaucoup de jeune beau monde autour, dans une surabondance printanière qui ne peut que rappeler ici, en ce beau pays, le joli mois de mai.

Qui enfin n'aimerait partager la perspective plutôt nirvanesque des Pères du désert, grands ascètes devant l'Éternel, pour qui la manière la plus honorable de quitter la terre, cette vallée de larmes comme ils l'appellent, serait effectivement de mourir au printemps, le matin de Pâques si possible, ce qu'a fait le 10 avril 1955 le grand Teilhard de Chardin ? Mourir au printemps, mourir d'amour, mourir à Pâques et même, ainsi que l'expriment plusieurs de ces moines pénitents, mourir en psalmodiant le Cantique des Cantiques : « Les grandes eaux ne pourront éteindre l'amour, ni les fleuves le submerger. »

Faut le faire ! Sacré printemps !

Samedi 24 décembre 2006

Le Noël des animaux

Religion sans mystère, comme pays sans légende. Qui n'a pas fait un jour l'expérience du mystère serait, comme dit Einstein, pareil à l'œil qui n'a pas vu la lumière. Le mystère de Noël, lui, tient en dix mots. À peine dix mots. Tous marqués par l'oralité du discours et comme tels transcrits, au tout début de notre ère : « Vous trouverez un nouveau-né emmailloté et couché dans une mangeoire » (Luc 2, 12).

Ça se passe la nuit, à Bethléem. Une jeune Juive, Marie, vient de mettre au monde un enfant qui portera le nom de Jésus. Quitte à s'en remettre au grand prophète Isaïe, qui l'avait prévu plusieurs siècles avant notre ère, ce Jésus ne serait nul autre que le Messie depuis si longtemps attendu. Ce messie vivrait ses toutes premières heures en ce monde dans une crèche, en compagnie de ses parents, bien entendu, mais aussi sous les regards attentifs d'un bœuf et d'un âne. Légende oblige, les moutons arriveront en premier; les chameaux, venus de très loin, seront nécessairement en retard.

Cette présence, assez étrange admettons-le, d'un bœuf et d'un âne à la mangeoire, confirmée par quelques écrits apocryphes, sera magnifiquement commentée par des artistes et des iconographes byzantins et, plus tard, par Giotto, Georges de La Tour, Caravage et tant d'autres. Sans oublier des écrivains aussi prestigieux que Flaubert, Léon Bloy et Francis Jammes. Chacun à sa manière. Même ici et très tôt, en ce jeune pays nommé Nouvelle-France, des fabliaux, des contes et de nombreuses chansons jubilatoires nous invitent à penser que ces animaux de la crèche, nous les avons aimés, chantés, « cantillés » tant et plus. Des mots, des mélodies d'époque que nous entendons encore: « Dans cette étable [...], Jésus est charmant [...], il est aimable dans son abaissement [...]. D'où viens-tu bergère? [...] Je viens de l'étable [...], j'ai vu un miracle ce soir arrivé [...]. Entre le bœuf et l'âne gris dort le petit fils [...]. » Ou encore, sur un vieil air de chanson à boire: « Nouvelle agréable! [...] Un Sauveur enfant nous est né. » Ailleurs: « Çà, bergers, assemblons-nous [...], laissons là tout le troupeau [...]. » *Le Noël des animaux*, texte édité et réédité depuis la version des Archives de folklore à l'Université Laval, est encore aujourd'hui adapté et mimé, au grand bonheur des enfants, des enfants de tout âge.

Soit dit en passant, l'animal a été depuis longtemps, pour les artistes et des écrivains de tout genre, un être de prédilection. Après les célèbres bovidés et cervidés de Lascaux, c'est le merveilleux bestiaire roman. Tout près: *Bestiaires – 5*, récemment encore: *Confessions animales: bestiaire* de Serge Bouchard et, superbement édité, *Mandala* de Blanche Paquette, alors que la gent animale est explicitement invitée aux voyages cosmiques.

Revenant au Noël des animaux, passe pour le bœuf: il jouit depuis longtemps d'une réputation assez honorable. Mais l'âne? Mais l'âne? Jimenez (*Platero et moi*) et Daudet à sa manière ont beau provoquer en nous une joyeuse sympathie pour cet animal si gentil, si humble, si généreux, si facile à nourrir, nous résistons, nous résistons. Le mystère est ailleurs.

Mystère? À en croire plusieurs des grands penseurs de l'humanité, tels Platon, Aristote, Plotin, Augustin et Pascal, nous serions tous et même toutes, d'un point de vue génétique, de race animale, avec cette précision rassurante: animal, oui, mais animal raisonnable. Il y a en outre que cette présence des animaux à la crèche – la joie des enfants – nous renvoie à une croyance parallèle et partagée par plusieurs Amérindiens mis au courant de nos récits. Le Christ serait venu vers nous non plus seulement pour secourir nos détresses, mais aussi en vue de préparer une paix à long terme, une paix universelle de tous les êtres vivants. Isaïe, encore une fois, entrevoit ce temps idéal où bêtes et humains n'auront que respect les uns pour les autres: «Le loup et l'agneau brouteront ensemble; le lion comme le bouc mangera du fourrage [...]. Il ne se fera ni mal ni destruction sur toute ma montagne sainte» (65, 25).

Ce rêve d'une humanité réconciliée, ce désir d'une harmonie que nos folies guerrières veulent nous faire oublier et cette présence pacifiante des animaux auprès de la crèche de Bethléem signifieraient-ils, à leur manière, une fraternité idéale d'une bonté essentielle du type de la compassion bouddhiste, fraternité universelle en devenir, qui serait possible sinon enviable, entre tous les êtres vivants quels qu'ils soient? Enfin, cette espérance qu'entretiennent aujourd'hui certains écologistes humanistes pour de nouveaux cieux et de nouvelles terres est-elle si utopique?... Allons réfléchir!

Samedi 7 avril 2007

Terre ! Terre !

L'on devine vite le bonheur qu'éprouve un voyageur au retour de longues randonnées à travers le monde lorsque tout à coup, sur la piste, son avion touche le sol. Enfin ! Terre ! Terre ! Tel fut aussi, le 12 octobre 1492, le cri éperdu de joie des matelots de Christophe Colomb apercevant au fin fond de l'horizon une petite, toute petite tache brune, sur écran bleu-vert : « Terre ! Terre ! »

Cette terre, nous l'aimons, nous l'aimerons toujours. Elle est notre mère, notre maison, notre forteresse, notre château, notre igloo. Grain de sable dans cet incommensurable univers d'étoiles et de galaxies. Chère petite planète bleue, dirait notre bien-aimée Julie Payette, astronaute de nos premières expéditions interplanétaires. Jacques Ferron l'a dit, à sa façon : « Notre coin de terre est bien petit, mais il porte un grand ciel. »

Il fut même un temps, pas si lointain – c'était avant l'ère du pétrole – où la richesse des pays et des nations était la terre. On le disait, on le redisait tout haut, par axiomes et proverbes : « On n'est un homme que lorsqu'on a tracé un sillon dans un champ. Tant vaut l'homme, tant vaut la terre. »

En plusieurs sens, ils sont privilégiés aujourd'hui, les écologistes savants, les environnementalistes de métier et tous ceux qui croient fermement aux « divinités de la terre ». De grandes inquiétudes ont remplacé les confiances antiques. Une vraie panique ! « Ô terre aveugle, écrit la poétesse et sage philosophe Hélène Dorion, poussière entre les mains de Dieu/qui égrène l'immensité/Nous voici sur les bords fragiles des ténèbres ! »

Dire que ces propos s'imposent encore à nous à la veille des vacances de Pâques tellement attendues. Un congé en surplus ! Étrange coïncidence puisque, durant ces mêmes jours, et plus exactement le samedi 7 avril, plusieurs de nos frères et sœurs croyants ainsi que de nombreux jeunes et nouveaux baptisés célébreront la terre, appelée terre originelle, celle imaginée aux premières heures de l'humanité. Ils liront, ils chanteront les récits épiques de la Genèse quand l'homme, au sens traditionnel du mot, fut assigné jardinier écologiste : « Soyez féconds et prolifiques, dit Dieu, remplissez la terre et dominez-la. » On sait la suite. Adam et Ève veulent tout savoir, ils veulent tout posséder, ils veulent tout discuter et plus qu'ils n'en peuvent naturellement porter. Péché des esprits forts ! Bris de solidarité entre l'homme et son créateur. Tout l'univers en est bouleversé. Depuis ce temps-là, légende ou pas, les humains s'entretuent, les loups dévorent les chèvres, les épines menacent les roses. Encore aujourd'hui, certains de mes amis les plus chers croient sérieusement que les hommes se sont donné le pouvoir de détruire la planète.

Mais non ! Mais non ! Malgré toutes nos conduites désordonnées de propriétaires fonciers et de révolutionnaires planétaires, le soleil préside encore nos vies, la pleine lune est au rendez-vous du mois, le printemps succède à l'hiver. Et caetera ! Ni Washington, ni Bagdad, ni nos expériences nucléaires les plus sophistiquées n'arrêteront la marche de l'univers, la succession des saisons, la renaissance de la terre en ce mois béni d'avril. Non, l'éclatement de la planète n'est pas pour demain. Celle-ci ne nous appartient pas, elle ne nous appartiendra jamais.

En somme, voyant la terre refleurir, les outardes revenir et les hirondelles valser de nouveau autour de nos bâtiments, la croyance ferme en des cieux nouveaux et des terres nouvelles ainsi qu'en la résurrection personnelle des corps, comme le proclame glorieusement l'Apocalypse, est peut-être plus qu'un beau rêve d'amoureux en mal d'immortalité. Depuis si longtemps, l'âme populaire le croit : la vie, nos amours, nos amitiés surtout, n'ont de sens que si elles entrent dans l'univers de la continuité et de la fidélité des saisons.

C'est toujours le bienfait du printemps et de ses énergies créatrices de nous faire aimer la terre et ses résurrections et, par elle peut-être, revivre chacun à sa manière ce qu'un Saint-Denys Garneau appelait si élégamment l'habitation du paysage. Peut-être aussi d'invoquer l'Autre à la manière du chef amérindien Dan George :

> Ô feu, pour la lumière de mes yeux,
> je te remercie.
> Ô soleil, pour la vie que tu m'as donnée,
> je te remercie.
> Ô terre, pour la force de mon cœur,
> je te remercie.

Que la fête religieuse de Pâques survienne au printemps, au moment où s'impose à nos yeux la sagesse lente et patiente de la terre, n'y a-t-il pas là un symbole de la longévité de l'humanité ? C'est si beau de retrouver tout à coup l'univers dans cet arbre en train de se refeuiller, dans cette tige prête à refleurir, dans cette jonquille égarée près du lac ? D'où le sage avis retrouvé au livre de Job (12, 8), environ 450 ans avant notre ère : « Cause avec la terre, et elle t'instruira. »

Lundi 24 décembre 2007

À cause d'un enfant voyageur

Est-ce à cause de l'hiver ? Ne serait-ce pas plutôt la fatigue ? Après toutes ces courses aux cadeaux ! Avec tous ces horaires inflexibles ! C'est qu'il nous arrive parfois, dans la perspective de quelques jours de congé, d'éprouver un besoin de partir, de voyager, d'aller ailleurs. « L'an dernier, mon mari et moi avons fait le tour du monde. Cette année, nous irons ailleurs… »

C'est dans nos gènes ? Peut-être ! Pour une majorité d'entre nous encore, et malgré toutes les embûches demeurés Français canadiens, puis Canadiens français, puis Québécois, ou Acadiens, ou Ontariens, ou autres, nous sommes les descendants directs de ces explorateurs infatigables des XVIIe et XVIIIe siècles. « Pas feluettes pour une miette ! » Nos ancêtres n'ont pas hésité à traverser les mers pour défricher, travailler d'arrache-pied, créer un pays, chacun, chacune à sa manière, héros, héroïnes de mille routes improvisées.

Et nous d'ici, aujourd'hui ? Ne sommes-nous pas aussi quelque peu itinérants, globe-trotters, enfants voyageurs, gens de passage ? *Les Vagabonds de l'Occident*, selon le philosophe Jean Brun. Les anciens rhéteurs romains auraient résumé en deux mots : *homo viator*. Jack Kerouac traduirait : *On the Road* ! Des poètes ont compris, à la manière de Rimbaud : « Ô que ma coquille éclate ! Ô que j'aille à la mer ! » « Moi, mes souliers ont beaucoup voyagé… », chante et rechante encore avec nous le grand Félix, Vigneault tout autant, à sa manière.

Aujourd'hui, cette nuit, l'occasion est bonne de nous rappeler ces moments de grand voyagement que fut pour Marie et sa famille la célébration du premier Noël. C'était en l'an I de notre ère. Au Proche-Orient. À ce que raconte une tradition orale bientôt soumise à l'écriture, un ange de grande renommée, Gabriel, fut « envoyé par Dieu dans une ville de Galilée » pour avertir une jeune femme d'une maternité qui lui arriverait sous peu. « Non, rien n'est impossible à Dieu ! » Marie de Nazareth prend aussitôt la route pour visiter une cousine, rentrer en Galilée et finalement, prise de court, accoucher en pleine nuit dans une grotte à Bethléem.

Tout de suite, à quelques pas de là, arrivent des bergers en faction tandis que, plus loin, des lecteurs d'étoiles surnommés les rois mages se mettent en marche vers Jérusalem… et bientôt Bethléem. « Nous avons vu son astre à l'Orient et nous sommes venus lui rendre hommage. » Beaucoup de remuement pour un enfant !

Peut-être n'est-il pas si exceptionnel, après tout, que le jeune garçon Jésus devenu adulte décide à son tour de parcourir son pays. Il compare sa vie, toute sa vie, au chemin qui le conduit à ce qu'il appellera la vérité amoureuse.

D'ailleurs, cette perspective d'une vie humaine voyageante a déjà été celle d'autres sages avant notre ère. L'humanité, toute l'humanité voyageuse, avance sur la route des années, voire des siècles. Elle avance pas à pas, à pas de siècles, vers un ailleurs toujours à réviser. Telle est l'opinion d'un célèbre penseur africain du Ve siècle, Augustin d'Hippone. Au dire de ce dernier, nous serions tous en train d'écrire un immense poème, le poème de notre histoire, notre légende des siècles ! Chaque siècle, chaque âge, chaque vie y met du sien : ici un mot, une syllabe, voire une lettre. Le poème demeure toujours inachevé. Comme notre histoire. Entre-temps, pour guider notre route quelquefois piégée, surgissent ici et là des prophètes, des mystiques, des artistes, des visionnaires qui nous rappellent à mesure l'essentiel de cette marche des siècles.

Non, nous n'en finirons jamais de croiser sur notre chemin d'autres voyageurs, d'autres pèlerins, disons : d'autres cultures. Ce temps de marche avec les autres est donné à notre liberté pour vérifier le sens de notre propre route, le sens de nos pas et de nos vies. À ce propos, le vœu de Paul de Tarse, converti de la dernière heure, contemporain de Jésus et du sage Sénèque, a de quoi nous rassurer : « Tout ce qu'il y a de vrai, tout ce qui est noble, juste, pur, digne d'être aimé, d'être honoré, ce qui mérite notre éloge, tout cela nous intéresse. »

De toute évidence, un nouveau temps de maturité est offert à notre peuple sur la route de sa jeune histoire qui ne date que du XVIe siècle. Le temps d'une ouverture à l'avenir. C'est la chance que nous avons d'affermir notre propre destin en intégrant le meilleur d'autres peuples dont l'histoire, pour plusieurs, est beaucoup plus ancienne que la nôtre. Ainsi nous participons à enrichir l'humanité tout entière et par là même à devenir plus libres et plus généreux.

Peut-être rejoignons-nous en fin de compte ces bergers avertis par les anges en cavale sur Bethléem chantant allégrement ce souhait jamais abandonné depuis la naissance du célèbre Petit : gloire à Dieu au plus haut des cieux et paix sur la terre pour l'humanité sa bien-aimée !

Samedi 22 mars 2008

En attendant les roses

Sitôt arrivée la fête de Pâques cette année, je me demande : « Serait-ce vraiment le printemps pour de bon, pour toujours ? Un printemps pour un jardin de fleurs – des roses en l'occurrence – qui n'en finiraient pas de s'épanouir ? » Un printemps de rêve, quoi. Un printemps éternel. Tel serait aussi le vœu implicite d'une chanson printanière venue de France (pourquoi pas en 1608 ?) : « Je voudrais que la rose fût encore au rosier… » Ah ! ces désirs jamais assouvis d'éterniser nos amours !

Mais la réalité est dure, implacable. Comme Pascal la perçoit : « Quand je considère la petite durée de ma vie absorbée dans l'éternité précédente et suivante, le petit espace que je remplis et même que je vois abîmé dans l'infinie immensité des espaces que j'ignore et qui m'ignorent, je m'effraye et m'étonne de me voir ici plutôt que là […] » (Pascal, *Pensées*, édition Brunschvicg, section III, 205). Pourtant, ce désir d'immortalité, désir universellement répandu d'une vie jamais close, persiste.

Trois grandes religions monothéistes s'appliquent à prévoir, et ce, jusqu'à la limite de l'imaginable, le retour possible de la vie, ma vie, après la mort. Une de ces religions, la religion chrétienne, envisage même une après-vie de notre corps. Croyance entêtée, archaïque à bien des égards, véhiculée de l'Orient mystique à l'Occident rationaliste, de Jérusalem à Rome. Cela depuis deux mille ans. À savoir, plutôt à croire, que Jésus de Nazareth, ce prophète mis à mort sur l'ordre du représentant local de l'empereur romain pour avoir trop parlé, avait promis au cours de sa vie en Palestine que sa propre mort ne mettrait pas le point final à sa vie, qu'il reviendrait et qu'il en serait de même pour chacun de nous. Pour mieux expliquer au peuple qui l'interrogeait, Jésus avait même adopté l'image du grain de blé mis en terre et qui meurt pour revivre, qui devient une racine, un tronc, voire un arbre printanier en floraison.

Démesure ? Abus de confiance ? Défi ? Oui et non. Est-ce si enfantin de croire ainsi qu'une énergie première d'existence reçue à notre naissance pourrait un jour transformer notre corps pour finalement le rendre à jamais vivant ? Puissance de la vie dès ses commencements ! Question d'amour ! Une alliance entre l'Éternel et l'humanité, ainsi que le proclament de très antiques livres sacrés. « Qui croit en moi, même s'il meurt, aura la vie éternelle. Je le ressusciterai au dernier jour. » C'est cette croyance en la résurrection du corps qui explique tant d'alléluias au cours des âges, les cantates de Pâques de Jean-Sébastien Bach, les *Chants de terre et de ciel* d'Olivier Messiaen. Des œuvres de peintres aussi : Michel-Ange, Raphaël, Giotto surtout, qui a représenté le corps du Ressuscité à la manière de Giacometti : corps essentiel, spirituel, lumineux.

Malgré l'impossible humain, ce désir divin d'une existence corporelle réhabilitée n'a rien de mesquin. Ni surtout d'égocentrique. Celui, celle qui aime vraiment a besoin de tout son être, de toute sa vie et même de toute son éternité pour dire et redire : « Je t'aime ! » Mais oui, l'amour est éternel, et Jésus le premier est entré dans cette perspective: «Je vous aime... Demeurez dans mon amour... Le plus grand amour que quelqu'un puisse montrer, c'est de donner sa vie pour ses amis.»

Mourir pour revivre? Mourir au temps humain, quantitatif et mesurable pour entrer dans un temps qualitatif et... éternel? Est-ce bien ce qu'a voulu dire cet ami longtemps secrétaire de l'image mortuaire préparée par son épouse Martine soudainement endeuillée en leur maison de Kamouraska? Je lis ces mots d'adieu, éblouissants et généreux comme leur auteur: «Mes vœux: que nous augmentions notre capacité de croire en la grandeur de l'humanité en construction jusqu'au moment de l'éternité, cette seconde où recommencera le temps non compté.»

Peut-être n'est-elle pas si naïve, après tout, la ronde de mon enfance au troisième rang de Saint-Michel-de-Bellechasse: «Je voudrais que la rose fût encore au rosier...», immortelle, symbole de l'amour, offrande de beauté sans fin!

Mercredi 24 décembre 2008

L'hiver qu'on aime

À Gilles Vigneault, 80 hivers en 2008

Au cours de l'hiver dernier, saison plutôt désespérante j'en conviens, un sociologue averti «au cabinet Technologia de Paris et Québécois exilé ayant vécu une trentaine d'hivers au pays» s'interroge gravement dans le très sérieux quotidien *Le Devoir* (14 avril 2008): «L'hiver n'est-il pas au cœur d'une partie refoulée, voire rejetée de l'identité québécoise?» Cette vieille rancune d'avoir été abandonnés par la France serait-elle la «bonne raison» pour laquelle nous avons pris l'étrange habitude de «maudire à la fois et l'hiver et les Français»? Sans oublier, messieurs et dames, que « le Canada a toujours eu une mauvaise image en France en raison de son climat glaçant ».

Peut-être y a-t-il d'autres manières de lire l'histoire de nos trop célèbres hivers ? Dans mon pays de Bellechasse, nous disions, il n'y a pas si longtemps, que le printemps avait été créé pour la sucrerie, l'été pour la fenaison, l'automne pour la récolte et l'hiver pour la fête. Si vrai que nos habitants de la Côte-du-Sud, assez bonnes gens pour la plupart quoique plutôt entêtés de nature, avaient décidé à l'unanimité, sans la permission officielle de monsieur le curé et encore moins de celle du gouvernement, que le jour de Noël s'étendrait de la minuit du 25 décembre jusqu'au mardi gras suivant. Plus la fête dure, plus elle est vraie. Il en serait de même à leur avis du bonheur et de l'amour. De toute façon, « les vraies amours ne gèlent pas en hiver ».

Voilà pourquoi, même quand ils frissonnent de froid et de gelure, ces hommes, ces femmes, ces enfants ont aimé « sans bon sens » leurs imprévisibles hivers. Saison attendue de leurs plus folles délinquances. Temps désiré pour toutes sortes de turluteries, chansons et parodies pas nécessairement « catholiques ». Péché ou pas, « c'est comm'ça qu'ça s'passe/dans l'temps des fêtes… »

Célébrer Noël, c'est amadouer l'hiver. Bien avant, dès la première neige, c'est l'excitation suprême chez les enfants. Pire encore chez les adolescents aux passions élémentaires. Vite les skis, les traîneaux, les planchettes, les toboggans, les raquettes… Les nerfs ! Les nerfs !

Depuis longtemps, nous sommes marqués culturellement. L'hiver ? Nelligan l'aime ; Félix y résiste, mais si peu ; Anne Hébert en rêve ; Jean-Paul Lemieux le peint. Pendant ce temps, Ferland chante : « Fais du feu dans la cheminée » et Charlebois appelle de toutes ses tripes : « Je reviendrai à Montréal…/J'ai besoin de revoir l'hiver/Et ses aurores boréales… » La saison est belle pour les travaux intérieurs, les arts durables, l'intimité, les conversations autour du feu. Vive la musique saisonnière ! Vivaldi, Albinoni, les joyeuses mozartiennes d'un André Gagnon… Quoi encore !

Eh oui, la majorité d'entre nous, « anciens Canadiens », avons aimé le temps des fêtes et l'aimons encore à cause d'une tradition tenace, à cause d'une date mémorable. Le 25 décembre serait le jour de la naissance d'un enfant héros du nom de Jésus. Jésus né en hiver ! Mon père disait : « Ce qu'il a dû en arracher, le pauvre petit, de geler tout rond dans une étable pas chauffée comme aujourd'hui ! » Sur un air venu des vieux pays, il entonnait allégrement : « Il est né l'p'tit enfant Jésus/Quand i'est né, i'avait du frimas d'sus/Si l'bon Joseph avait su/Ah ! j'crée ben qu'i'aurait attendu. »

Voici qu'aujourd'hui, en ce 25 décembre 2008, résonnent à nos oreilles d'autres voix, d'autres récits, d'autres traditions. Avant que ne vienne le jour où nous, les ultimes survivants de l'antique France, serons submergés, le temps n'est-il pas favorable à ce que nous nous informions les uns les autres de nos fêtes et de nos coutumes les plus sacrées ? Venus des quatre coins du monde, les nouveaux arrivés apportent leurs souvenirs, leurs chansons, leurs cultes. Peut-être aurions-nous avantage à nous rappeler tous ensemble qu'en tout pays civilisé religions, fêtes, croyances, mystère et imaginaire font le plus souvent bon ménage. De toute façon, vrai comme de vrai, sans traditions, sans religions avouées, les sociétés, les pays risquent, tels des arbres sans racines, de n'être que voyageurs de passage.

Pendant que nous écouterons cette nuit d'autres messages, d'autres musiques, d'autres artistes, une voix d'avant-pays, voix montagneuse qui ne peut être que celle de Gilles Vigneault, criera encore à sa manière, et malgré toutes les intempéries de notre histoire, les bienfaits de la proximité, de l'amour et de la paix promise à Noël à toute personne de bonne volonté :

« Dans la blanche cérémonie/où la neige au vent se marie/Dans ce pays de poudrerie/mon père a fait bâtir maison… » Maison du pays, maison ouverte, maison de l'amitié.

Étonnant, émouvant même qu'à près de neuf siècles de distance, un autre troubadour du nom de Bernard de Ventadour (XIIe siècle) ait chanté lui aussi, au temps de Noël dit-on, les noces glorieuses de l'amour et de l'hiver : « J'ai tant d'amour au cœur/de joie et de douceur/que l'hiver me semble fleur/et la neige verdure. »

Une fois encore, une fois de plus, une fois toujours, quand l'amour s'en mêle, la joie n'est pas loin.

Samedi 11 avril 2009

Corps de lumière

Orient, Occident, croyances ou pas, des mots s'imposent. Tous reliés au sens de Pâques : vie, mort, éternité, immortalité. Tout de suite, la question qui agresse : « Qu'arrivera-t-il à notre corps plus tard, plus tard, après notre mort ? Enterrement, crémation, réincarnation, réincorporation ou… tout simplement anéantissement ? »

Pauvre corps ! Un jour de déprime, appelé par nul autre que François d'Assise « Frère Âne ». Fragile. Vulnérable. La fatigue, la maladie, une infirmité, l'âge, quoi encore ? Qui, d'une certaine génération croyante, ne se souvient de ce sévère avertissement formulé au début d'un carême ritualisé à l'extrême : « Souviens-toi que tu es poussière et que tu retourneras en poussière. » Dans les pensionnats les plus exemplaires, c'est la capitulation : « Je n'ai qu'une âme qu'il faut sauver… »

Pauvre corps ! Et pourtant, c'est le mien et j'y tiens. Sans lui, je ne serais même pas une personne. Sans lui, qu'en serait-il de mes amours les plus intenses? Ou mieux, de ces désirs naturels, instinctifs, sexualisés à l'occasion, de l'immortalité réelle, corps et esprit réunis, à jamais ensemble? Malgré toutes les frayeurs sacrées face à la mort, oui, oui, j'y tiens à ce corps. Comme Molière dans *Les Femmes savantes*: «Guenille si l'on veut, ma guenille m'est chère.» Disons qu'en temps normal une certaine noblesse de l'esprit nous invite, chacun, chacune, au respect de notre corps jusqu'à lui refuser instinctivement l'idée même d'une destruction définitive.

Ce sont, j'en conviens, de bien graves questions. Pourquoi n'écouterions-nous pas cet avis d'un sage philosophe hindou, Swami Vivekananda (†1902): «Notre corps est une barque jusqu'à l'autre rive de l'océan de la vie: il faut en prendre soin.» Aussi poétique, du Moyen Âge français: «Garde bien son château qui garde bien son corps.» Il faut ajouter que, depuis très longtemps, et encore maintenant, des penseurs de diverses allégeances réfléchissent ouvertement à la survie possible du corps humain, après ce que François d'Assise appelle la mort corporelle. Survie à court terme, survie à long terme? Déjà plusieurs idéologues estiment, à la manière des savants du yoga, que notre corps est lié au cosmos à tel point qu'il devrait durer aussi longtemps que durera le cosmos: donc, assez longtemps.

Mais attention! Le corps n'est pas que nerfs, fibres et tissus; il est aussi, à sa façon, porteur de pensées, de mémoire et de conscience. Ce pouvoir spirituel ne pourrait-il pas lui assurer une certaine survivance, voire une possible transfiguration! Est-ce trop rêver? Telle est déjà la problématique d'un philosophe français fièrement laïque, du nom de Maurice Merleau-Ponty (†1961): «L'âme est si peu séparable du corps qu'elle emportera dans l'éternité un double rayonnant de son corps temporel.» Même intuition sinon croyance de la part de François Mitterrand (1996). De son testament: «Le corps rompu au bord de l'infini, un autre temps s'établit [...]. Le corps dominé par l'esprit, l'angoisse vaincue par la confiance, la plénitude du destin accompli [...]. La mort peut faire qu'un être devienne ce qu'il était appelé à devenir ; elle peut être, au plein sens du mot, un accomplissement. Et puis, n'y a-t-il pas en l'homme une part d'éternité, quelque chose que la mort met au monde, fait naître ailleurs ? » Tout dernièrement encore, le réputé sinologue François Cheng, récemment élu à l'Académie française, a écrit dans ses *Cinq méditations sur la beauté* (2008) : « Si l'on s'en tient au corps physique, c'est un espace terriblement restreint. Si l'on admet et accepte le corps spirituel, c'est-à-dire le corps animé par le souffle de l'esprit, l'infini est virtuellement là, encore faut-il que le corps spirituel s'éveille. »

Plus signifiant encore – l'avions-nous oublié ? – que les grandes religions qui nous sont le plus familières, le judaïsme, le christianisme et l'islamisme, prophétisent jusque dans l'au-delà de la mort, chacune à sa manière, la présence du corps défuntisé. Elles le font au nom de la puissance initiale de laquelle émergent la vie et l'amour. Même Nietzsche : « Dans le véritable amour, c'est l'âme qui enveloppe le corps. » Et l'amour, on l'a dit souvent, est plus fort que la mort. Devait-on enfin introduire l'étonnante promesse de Jésus de Nazareth à des proches : « Qui croit en moi, même s'il meurt, aura la vie éternelle et je le ressusciterai au dernier jour. » Parole traduite dans l'Apocalypse : « Je vis un ciel nouveau, une terre nouvelle, car le premier ciel et la première terre ont disparu. » Un ordre complètement nouveau ? Autre terre, autre ciel, même personne. Même corps ? Oui, mais autrement. Les mystiques ont déjà leurs mots : corps spirituel, corps glorieux, corps de lumière.

Voilà en fait que s'accomplirait étrangement devant nous, après des siècles et des siècles de questionnement sur la mort et l'au-delà, le rêve, sinon l'intuition taoïste, d'un « mourir sans peine » ou mieux d'un « mourir pour vivre ». « Mort, où est ta victoire ? » s'écrie Paul de Tarse, tandis que près de nous Félix Leclerc : « C'est grand la mort, c'est plein de vie dedans. » Et que dire du mot énigmatique de Gaston Miron : « Ô Mort ! Pays possible. »

Jeudi 24 décembre 2009

Laissez-les venir…

Ni hasard ni caprice. Tout simplement, qu'on les aime, les tout-petits, les toutes-petites. Leur candeur, leur fraîcheur, leur tendresse… S'il vous plaît, « Ne me dérangez pas je suis profondément occupé/Un enfant est en train de bâtir un village/C'est une ville, un comté/Et qui sait/Tantôt l'univers ». Ah ! les beaux mots de Saint-Denys Garneau, dans *Regards et jeux dans l'espace.*

Sans oublier ces mémorables compliments, de quoi encore faire chavirer nos cœurs : « Grand-maman, je t'aime gros comme le soleil… Papa, tu es mon Harry Potter, mon Maurice Richard, mon Tarzan… Maman, tu es ma reine, ma princesse, ma Diana », et ainsi de suite !

Tout ce qu'ils savent, les petits ! Ils savent tout ! Ils savent rire, pleurer, chanter, se taire, danser, cajoler. Tout autant, ils savent vous heurter, vous ignorer à l'occasion. Chers petits monstres !

Pour un seul qui vient au monde, tout l'univers s'en est mêlé : l'air, l'eau, la terre, la chaleur et finalement la lumière. On le dit, on ne le répétera jamais assez : sans eux, les enfants, pas de vie, pas d'avenir, pas de pays. En même temps, que d'énigmes, que de mystères ! Les apprivoiser à mesure ? Khalil

Gibran : « Leurs âmes habitent les maisons de demain et vous ne pouvez les visiter. » L'enfance est une île.

Cela constaté et l'humanité ne pouvant être autrement que ce qu'elle est et ce qu'elle a toujours été, un fait historique demeure : on continuera encore longtemps à dater chacune de nos vies à partir d'un 25 décembre, date toujours possible de la naissance d'un enfant miracle. On note dans nos calendriers que ce 25 décembre serait peut-être celui de l'an premier de notre ère, A. D., qui se traduit : année du Seigneur, en l'occurrence Jésus-Christ.

Or ce même enfant, Jésus de Nazareth, accordera plus tard aux enfants, à tous les enfants de la planète sans distinction, une attention toute particulière. Avec des mots admiratifs, implorants, il dit en Galilée, en Judée : « Laissez-les venir à moi, ne les empêchez pas. Le royaume des cieux est à ceux qui sont comme eux [...]. Ce que vous faites à l'un de ces petits d'entre les miens, c'est à moi que vous le faites [...]. Qui donne à boire même un seul verre d'eau fraîche à l'un de ces petits en mon nom recevra sa récompense. »

Dès lors, n'y aurait-il pas lieu aujourd'hui, et au-delà de tout réflexe emprunté ou reçu, d'admirer la grande sagesse, la sagesse profonde du cœur humain, qui a greffé au 25 décembre, jour d'une célébration cosmique du retour de la lumière, l'anniversaire de la naissance à Bethléem de cet enfant Jésus nommé aussi par des proches Dieu-avec-nous, Emmanuel ?

Étranges croyances, nous en convenons : est-il normal que Dieu, le Dieu éternel des juifs, le Dieu tout-puissant des musulmans, arrive ici en notre humanité déguisé ou, mieux, incarné dans un enfant, « un enfant emmailloté dans une crèche », ainsi que le raconte la tradition orale ? Pour nos ancêtres croyants francophones, c'est aussitôt l'occasion de corriger la sévérité parfois glaciale d'une foi dogmatisée à l'extrême.

L'auteur de *Maria Chapdelaine* (1921), Louis Hémon, ressuscite à sa manière idyllique la vie à Péribonka (Québec). « Pour les enfants, Jésus de Nazareth était toujours "le petit Jésus", l'enfantelet bouclé des images pieuses ; et en vérité pour les parents aussi, c'était cela que son nom représentait le plus souvent. Non pas le Christ douloureux… mais quelqu'un de plus familier et de moins grand : un nouveau-né dans les bras de sa mère, ou tout au plus un très petit enfant que l'on pouvait aimer sans grand effort d'esprit […]. »

Bien vrai, les temps ont beaucoup changé. Maria Chapdelaine est arrivée en ville, elle a vieilli et sa mémoire chancelle. Mais nous l'aimons encore, presque malgré nous. N'y a-t-il pas plutôt de quoi nous féliciter de ce que le même 25 décembre, nommé congé civique, congé laïque, congé tout court, demeure, non seulement pour nous mais pour plusieurs pays au monde, la fête de Noël, la fête des tout-petits ?

Voici qui rejoint, en fin de compte, une généreuse pensée du grand poète hindou Tagore (†1941), à savoir que toute naissance d'un enfant est un acte divin. La citation exacte, je la trouve à la page 42 d'un recueil d'aphorismes, *Les Oiseaux de passage*, bellement présenté aux Éditions du Noroît, en 2008, par l'essayiste et professeur Normand Baillargeon : « Chaque enfant qui naît apporte avec lui le message que Dieu n'est pas découragé des hommes. »

S'il vous plaît, laissez-les venir !

Samedi le 3 avril 2010

Amour désarmé

Armé ou pas, au meilleur ou au pire, l'amour demeure ce qu'il a toujours été : unique, infini, indicible. Obsessif aussi. Avec un goût naturel de contourner le plus grand des malheurs, nommé la mort. À ce propos, il est raconté, dans un Évangile bien identifié, que de bon matin, à la suite de la fin tragique de celui qui semble être devenu sur le tard son meilleur ami, Jésus de Nazareth, Marie Madeleine, sorte d'Antigone juive, a tout de go couru au tombeau. Elle veut le revoir, le toucher. Elle l'aime, elle l'aime encore, elle l'aimera toujours. L'amour à son paroxysme. Inconditionnel, irréversible. Quelques heures plus tard, il est là. Mais est-ce bien lui ? Son Jésus de Nazareth, son Emmanuel, semble habiter un corps plutôt éthéré. « Ne me touche pas », qu'il lui aurait dit.

Nous y voilà. Un amour violemment désarmé par la mort peut-il de sa propre énergie ressusciter un cœur meurtri, un visage, voire une vie ? Ou mieux : l'amour, un vrai amour, peut-il durer au-delà d'une irréversible mort ? Au-delà des apparences ? Chloé chante encore son Gilles Carle. C'est qu'il existe depuis longtemps d'étonnantes croyances que voisinent de plus étonnantes certitudes encore : l'amour peut renaître de ses cendres. Jusqu'à intégrer et contredire ce que le gentil François d'Assise appelle la « mort temporelle ». Même qu'il est écrit, dans un texte des années 500 avant notre ère et justement nommé le Cantique des Cantiques : « Amour est fort comme Mort [...]. Ses flammes sont des flammes ardentes. Les grandes eaux ne pourraient éteindre l'amour, ni les fleuves le submerger » (8, 6-7).

Que j'aime ces légendes du Moyen Âge courtois à propos des inséparables dont aucune bataille, aucune mort ne saurait venir à bout. Aussitôt entendue la trompette du Jugement dernier à la fin des temps, les deux amoureux se lèveraient et, du même amour enfin comblé, s'embrasseraient.

Nous exagérons ? Pas tellement. Qui vraiment aime toujours aime. Il en est ainsi depuis des temps immémoriaux : des stèles, des mausolées, des jardins-cimetières, des épitaphes, tant d'artéfacts signifient à quel point nos désirs d'immortalité et le goût d'aimer à jamais nos préférés demeurent. On dirait leur départ provisoire et leur mort tout simplement partielle. Rien n'y fait : « Nous nous aimerons toujours. »

Pourtant, l'histoire de l'humanité en a connu, en connaît, de ces brisures, divorces, séparations, petites morts, « qui n'en finissent pas d'habiter des cœurs meurtris ». Il en est même ainsi, quelquefois, de nos amours au quotidien : raison et passion, faute et pardon, coups de cœur à répétition. Qui n'aimait plus hier se retrouve aujourd'hui plus amoureux que jamais. Des lois, des coutumes ont été contournées. Pas d'âge. Les doutes ont fondu. « Je t'aime : ne me dis plus rien. » Laotseu l'a souvent énoncé : des malheurs d'hier naissent les bonheurs d'aujourd'hui. On sait que le grain jeté en terre en avril va mourir pour renaître fleur de mai. De la mort, une fois encore, surgit la vie.

Est-ce la magie de la fête chrétienne de Pâques, toujours célébrée au printemps, de relier à la mort temporelle de Jésus de Nazareth la perspective d'un éclatement de la vie ? Cet amour crucifié un vendredi provoque ici et là depuis 2000 ans et plus des sursauts d'amour et de générosité partagée. Lui-même, célèbre prophète en Israël, n'en finit plus de dire et de redire : « Je suis venu allumer un feu sur la terre et comme je voudrais qu'il soit déjà allumé. » « C'est qu'il n'y a pas de plus grand amour que de donner sa vie pour ses amis. » Ronsard, beaucoup plus tard : « Belle fin fait/qui meurt en bien aimant. »

Ces sages réflexions, les devons-nous à François Cheng, cet étonnant taoïste d'origine chinoise, depuis quelque temps de l'Académie française ? Voilà que notre académicien s'émeut et écrit au souvenir de tous « ceux qui ont dû, à des degrés divers, affronter le mal au nom de la paix et de l'amour, on pense, bien sûr – quelles que soient notre conviction ou notre croyance – au Christ qui, afin de montrer que l'amour absolu est possible et qu'aucun mal ne peut l'atteindre, a accepté librement de mourir sur la croix. Ce fut là sans doute un des plus beaux gestes que l'humanité ait connu » (*Cinq méditations sur la beauté*, Paris, 2008, p. 38).

Pour revenir à l'exubérante Marie Madeleine des Évangiles, c'est qu'elle s'est ressaisie : l'extase, c'est lui, c'est son ami. L'amour. Toujours l'amour. Plus fort que la mort. Ce que la foi peut voir, ou peut savoir, qui le verra, qui le saura ? Celui, celle qui aime de tout son cœur, qui a aimé, sait déjà de quoi peut vivre ou survivre un amour désarmé ou purifié par l'épreuve.

Ah ! la belle folie d'aimer !…

Vendredi 24 décembre 2010

Elle !

Depuis deux mille ans qu'on en parle. Sans elle, Marie de Bethléem, Marie de Nazareth, ou simplement Myriam, il n'y aurait aujourd'hui ni congé, ni fête, ni Noël. Entre-temps, tout ce que l'on dit, tout ce que l'on pense, tout ce que l'on croit. Compatriote identifiée des grandes héroïnes de l'espérance messianique, Sara, Léa, Rachel, Rébecca, Ruth, Esther, Judith, Marie de Nazareth, la mère de Jésus ne cesse, tant en Orient qu'en Occident, d'habiter l'imaginaire des arts et de la culture. Sa vie, et même sa mort en l'an 50 (?), baigne souvent dans le merveilleux. Pourquoi pas ?

Ici, partout, aujourd'hui encore, voici des litanies de mots et de titres en son honneur, qui s'embranchent les uns avec les autres. Elle serait à la fois jeune fille, femme, fiancée, épouse, mère… et vierge, vierge pendant, avant, après. En plus, mais cette fois selon les âges et les époques, elle est reine, châtelaine, suzeraine, dame exemplaire et même, nous ne nous y attendions pas, avocate qui tient tête au diable et à Dieu. Il faut préciser que ce Dieu, au Moyen Âge, avait parfois la réputation peu enviable d'abuser de sa toute-puissance. Quant au diable, concurrent éternel de Marie, il lui en voudrait à mort, jusqu'à souhaiter se faire ermite un jour pour mieux la séduire. Une fois de plus, peine perdue !

Sait-on aussi que l'islam accorde à Marie une place de choix, assez proche de la tradition chrétienne ? Plus de six cents occurrences dans le Coran. Même une sourate entière – la dix-neuvième – lui est attribuée en tant que mère de Jésus. Survient l'ange Gabriel, « signe du ciel ». Elle lui dit : « Comment aurais-je un fils quand aucun homme ne m'a touchée ? » (sourate 19, 20). « Ô Marie, Allah t'a élue au-dessus des femmes du monde » (sourate 3, 42).

Voilà qui renvoie étrangement aux plus antiques croyances chrétiennes de Noël. Selon les textes qui les résument : « Le sixième mois, l'ange Gabriel fut envoyé par Dieu à une jeune fille accordée en mariage à un homme nommé Joseph. […] Voici que tu vas être enceinte. » Elle, tout bonnement : « Comment cela se fera-t-il puisque je suis vierge ? » (Luc 1, 26-34).

C'est depuis ce jour qu'elle, Marie, est partout magnifiée. On dirait même qu'elle l'avait pressenti : « Toutes les générations me diront bienheureuse » (Luc 1, 48).

Pourquoi ainsi revenir en arrière ? Est-ce volonté de convaincre ? Pourquoi aller si loin, ailleurs, quand ici au pays, et depuis la fondation de la Nouvelle-France, nous avons nos récits, nos légendes, nos croyances. Montréal ne s'est-elle pas nommée d'abord Ville-Marie ? Tous ces espaces grandioses qui lui sont consacrés, tels Notre-Dame-de-Bon-Secours, Notre-Dame-des-Flots, Notre-Dame-des-Monts ou, même en été, Notre-Dame-des-Neiges ! Pensons aussi à tous ces cantiques et cantilènes marqués si souvent d'une heureuse joyeuseté… « Au ciel ! Au ciel ! J'irai la voir un jour. » Plus récemment, sur les ondes de Radio Ville-Marie, nos mots et nos chansons sont diffusés jusqu'à Rimouski. Et l'imagerie, donc, qui va dans tous les sens ! Les madones de Médard Bourgault (†1967) et de Sylvia Daoust (†2004). En littérature : prières, poèmes, contes en quantité quasi démesurée. Il y a Rina Lasnier, Cécile Chabot, d'autres poétesses oubliées, la grande Anne Hébert qui, toute jeune, s'exerce à l'écriture en griffonnant ses *Songes en équilibre*. Des strophes entières congratulant Marie, Marie à Bethléem, Marie à Cana.

Sécularisation, laïcisation, irréligiosité, athéisme, nihilisme, nous n'y pouvons rien. L'histoire nous hante. Voici donc une tradition entêtée, en un sens irréfutable. Encore aujourd'hui, en concert, reviennent les inévitables *Ave Maria* de Gounod, de Schubert, pour ne nommer que ceux-là. Tout récemment, un Québécois pure laine, le musicien Gilles Tremblay, a reçu de grands honneurs pour avoir composé des *Vêpres de la Vierge*. C'est heureux à plusieurs égards que la musique et les arts, qui, à leur façon, voisinent le mystère marial, le protègent de trop faciles déviations. Avouons que cette histoire jamais terminée de Myriam nous rappelle à sa manière les désirs et les vœux, mais aussi les rêves d'une humanité parfaite, d'une femme parfaite. C'est d'ailleurs l'intuition à haut risque de Nietzsche dans *Humain trop humain* : « La femme parfaite est un type plus élevé de l'humanité que l'homme parfait : c'est quelque chose de plus rare. »

En fin de compte, peut-être y a-t-il dans ce culte multiséculaire à Marie mère de Jésus quelques avis prophétiques :

comme un hommage toujours possible à la femme et à sa puissance d'aimer. Ou comme un appel, un autre appel à un partenariat sans frontières avec elle. Dans l'égalité des réciprocités intégrées. Dans l'amour. Dans le respect. Amen.

Joyeuses Fêtes ! Joyeux Noël !

Ainsi dit un livre sacré, le Qohélet : « Il y a un temps pour parler, il y a un temps pour se taire » (Qo 3,7).

C'était mon dernier éditorial. À 95 ans ! Merci à toute l'équipe de rédaction, aux lectrices et aux lecteurs de ce journal.

TABLE DES MATIÈRES

DU MÊME AUTEUR

- *La mer récompense le fleuve. Parcours de Benoît Lacroix.* Conversations avec Simone Saumur-Lambert et Pierrot Lambert (Fides, 2009)
- *Nous, les vieux. Dialogue sur la vie et ses choses entre Marguerite Lescop et Benoît Lacroix*, par François Lescop (Fides, 2006)
- *Mort et survie des religions* (Bellarmin, 2006)
- *Trésor des prières catholiques*, choix de prières et préface de Benoît Lacroix (Fides, 2004)
- *Alzheimer et spiritualité*, Benoît Lacroix, avec la coll. de Denise Lallich et d'Édith Fournier (Fides, 2002)
- *La foi de ma mère • La religion de mon père* (Bellarmin, 2002)
- *La foi de ma mère* (Bellarmin, 1999)
- *La religion de mon père* (Bellarmin, 1985)

Ce livre a été imprimé au Québec en septembre 2012
sur du papier entièrement recyclé
sur les presses de Marquis imprimeur.